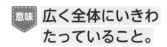

中学教科書ワーク　学習カー

ポケットスタデ

Pocket Study

対義語

国語 1 年

意味　広くいきわたっていること。

例文　一般の読者の意見を集めて，発表する。

1

対義語は？

☆☆☆

往　路

〈おうろ〉

意味　行きに通る道。

例文　往路は上り坂が続いた。

2

対義語は？

☆☆

革　新

〈かくしん〉

意味　古いやり方を改め新しくすること。

例文　通信技術の革新が進んでいる。

3

対義語は？

☆☆☆

拡　大

〈かくだい〉

意味　より大きく広げること。

例文　写真を拡大する。

4

対義語は？

☆☆

既　知

〈きち〉

意味　既（すで）に知っていること。

例文　既知の生物には当てはまらない。

5

対義語は？

☆☆☆

許　可

〈きょか〉

意味　願いを聞き入れて，許すこと。

例文　体育館を使用する許可が下りる。

6

対義語は？

☆☆☆

偶　然

〈ぐうぜん〉

意味　たまたま起こること。

例文　ばったり会うなんて，偶然だね。

7

対義語は？

☆☆☆

具　体

〈ぐたい〉

意味　目に見える形をもっていること。

例文　具体的に希望を述べる。

8

対義語は？

☆☆☆

形　式

〈けいしき〉

意味　決まったしかた。見かけ。

例文　同じ形式で書類を作成する。

9

対義語は？

☆☆☆

決　定

〈けってい〉

意味　はっきりと決まること。

例文　今年の目標が決定する。

10

対義語は？

☆☆☆

原　因

〈げんいん〉

意味　物事が生じるもとになるもの。

例文　失敗した原因は，無理をしすぎたからだ。

11

対義語は？

☆☆☆

特　殊

〈とくしゅ〉

意味 **普通とは違っていること。**

ポイント

「特殊」の類義語は「特別」。

使い方

- ミシン目で切り取り，穴をあけてリングなどを通して使いましょう。
- カード１枚で１組の対義語が覚えられます。それぞれが反対の面の答えです。

対義語は？

☆☆

保　守

〈ほしゅ〉

意味 **今までのやり方を守ること。**

ポイント

「革新」の「革」は，「改める」という意味を表す。

対義語は？

☆☆☆

復　路

〈ふくろ〉

意味 **帰り道。**

ポイント

「往復」は，反対の意味の字を組み合わせた熟語。「行って帰ること」という意味。

対義語は？

☆☆☆

未　知

〈みち〉

意味 **まだ知らないこと。**

ポイント

「既」は「すでに起きていること」，「未」は「まだ～ない」という意味。

対義語は？

☆☆☆

縮　小

〈しゅくしょう〉

意味 **より小さく縮めること。**

ポイント

「拡大」の類義語は「拡張」。どちらも対義語は「縮小」になる。

対義語は？

☆☆☆

必　然

〈ひつぜん〉

意味 **必ずそうなること。**

ポイント

「偶然」の「偶」は「たまたま」の意味，「必然」の「必」は「かならず」の意味。

対義語は？

☆☆☆

禁　止

〈きんし〉

意味 **やってはいけないと止めること。**

ポイント

「許可」は打ち消しの語を付けて「不許可」という対義語を作れる。

対義語は？

☆☆☆

内　容

〈ないよう〉

意味 **言葉などで表されたもの。中身。**

ポイント

「形式的」で，中身がなくうわべだけという意味を表すときの対義語は「実質的」。

対義語は？

☆☆☆

抽　象

〈ちゅうしょう〉

意味 **共通項を抜き出してまとめること。**

ポイント

「具体的・抽象的」「具体化・抽象化」などと使われる。「具体」の類義語は「具象」。

対義語は？

☆☆☆

結　果

〈けっか〉

意味 **あることから生じた事柄。**

ポイント

「物事の原因と結果」という意味を一語で表したのが，「因果」。

対義語は？

☆☆☆

未　定

〈みてい〉

意味 **まだ決まらないこと。**

ポイント

「文化祭の日時は未定だ。」のように使う。「未定」の対義語には「既定」もある。

対義語は？

☆☆

建　設

〈けんせつ〉

意味　建物などを新たに作ること。

例文　大規模な橋の建設計画。

12

対義語は？

☆☆☆

権　利

〈けんり〉

意味　決まりで認められた資格。

例文　意見を述べる権利がある。

13

対義語は？

☆☆☆

肯　定

〈こうてい〉

意味　そのとおりであると認めること。

例文　事実関係を肯定する。

14

対義語は？

☆☆☆

質　疑

〈しつぎ〉

意味　疑問点を尋（たず）ねること。

例文　最後に質疑の時間を設けます。

15

対義語は？

☆☆☆

集　中

〈しゅうちゅう〉

意味　一つにまとめること。

例文　集中して夏休みの課題を進める。

16

対義語は？

☆☆

重　視

〈じゅうし〉

意味　大切であると考えること。

例文　人柄（ひとがら）を重視して決める。

17

対義語は？

☆☆☆

収　入

〈しゅうにゅう〉

意味　お金が入ること。

例文　毎月の収入を記録する。

18

対義語は？

☆☆☆

主　観

〈しゅかん〉

意味　自分だけの見方・考え方。

例文　主観を入れずに検討する。

19

対義語は？

☆☆☆

守　備

〈しゅび〉

意味　守ること。

例文　ゴール前の守備を固める。

20

対義語は？

☆☆☆

需　要

〈じゅよう〉

意味　必要な物を求めること。

例文　果物の需要が増える。

21

対義語は？

☆☆

慎　重

〈しんちょう〉

意味　注意深く，物事を行うこと。

例文　荷物を慎重に運ぶ。

22

対義語は？

☆☆☆

成　功

〈せいこう〉

意味　物事がうまくいくこと。

例文　宇宙計画が成功する。

23

対義語は？

☆☆☆

義務

〈ぎむ〉

意味 決まりでしなければならないこと。

ポイント

「勤労は国民の義務である。」のように使う。

対義語は？

☆☆

破壊

〈はかい〉

意味 壊（こわ）すこと。壊れること。

ポイント

「建設的」(物事をよくしようと積極的に臨（のぞ）む)←→「破壊的」(物事を打ち壊す)。

対義語は？

☆☆☆

応答

〈おうとう〉

意味 尋（たず）ねられたことに答えること。

ポイント

「質疑」の類義語は「質問」。「質疑応答」という四字熟語で使うことも多い。

対義語は？

☆☆☆

否定

〈ひてい〉

意味 そうではないと打ち消すこと。

ポイント

「肯（こう）」には「うなずく・聞き入れる」,「否」には「認めない」という意味がある。

対義語は？

☆☆

軽視

〈けいし〉

意味 大切ではないと軽く見ること。

ポイント

対（つい）である「重」←→「軽」を使った熟語は,「重度」←→「軽度」,「重厚（じゅうこう）」←→「軽薄（けいはく）」など。

対義語は？

☆☆☆

分散

〈ぶんさん〉

意味 分かれて散らばること。

ポイント

「集中」を精神的なものに使う場合の対義語は「散漫（さんまん）」。

対義語は？

☆☆☆

客観

〈きゃっかん〉

意味 自分の考えを入れずに見ること。

ポイント

「主客」とすると「主なものと付け足し」の意で,「主客（しゅかく）転倒（てんとう）」という四字熟語がある。

対義語は？

☆☆☆

支出

〈ししゅつ〉

意味 お金を支払（しはら）うこと。

ポイント

「収」には「お金が入ること」,「支」には「支払うこと」という意味がある。

対義語は？

☆☆☆

供給

〈きょうきゅう〉

意味 必要な物を与（あた）えること。

ポイント

経済用語の「需要（じゅよう）」は市場から物を買おうとすること,「供給」は市場に物を出して売ること。

対義語は？

☆☆☆

攻撃

〈こうげき〉

意味 攻（せ）めること。

ポイント

「攻守（こうしゅ）」(攻めることと守ること）という熟語も覚えよう。

対義語は？

☆☆☆

失敗

〈しっぱい〉

意味 物事をやり損（そこ）なうこと。

ポイント

ことわざ「失敗は成功のもと」は,「失敗から学ぶことが,後の成功につながる」意。

対義語は？

☆☆☆

軽率

〈けいそつ〉

意味 深く考えず，物事を行うこと。

ポイント

「軽率」は,「軽卒」と書かないように注意する。

対義語は？

☆☆☆

生　産
〈せいさん〉

意味 生活に必要な物を作ること。

例文 町には，りんごを生産する農家が多い。

24

対義語は？

☆☆

精　密
〈せいみつ〉

意味 細かなところまで正確であること。

例文 精密な機械を組み立てる。

25

対義語は？

☆☆☆

積　極
〈せっきょく〉

意味 物事を自ら進んですること。

例文 体育祭の運営に積極的に関わった。

26

対義語は？

☆☆

前　進
〈ぜんしん〉

意味 前に進むこと。

例文 作品の完成に向けて，一歩前進する。

27

対義語は？

☆☆☆

全　体
〈ぜんたい〉

意味 ある事柄の全て。

例文 学校全体で，美化運動に取り組む。

28

対義語は？

☆☆☆

増　加
〈ぞうか〉

意味 増えること。

例文 市の人口は年々増加している。

29

対義語は？

☆☆☆

総　合
〈そうごう〉

意味 多くのものを一つにまとめること。

例文 みんなの考えを総合して発表する。

30

対義語は？

☆☆

創　造
〈そうぞう〉

意味 新しいものを初めて作り出すこと。

例文 新たな舞台を創造する。

31

対義語は？

☆☆☆

相　対
〈そうたい〉

意味 他のものとの関係で成り立つこと。

例文 相対的に女性の人数が多い。

32

対義語は？

☆☆☆

単　純
〈たんじゅん〉

意味 込み入っていないこと。

例文 単純な発想だが，着眼点がおもしろい。

33

対義語は？

☆☆☆

長　所
〈ちょうしょ〉

意味 優れているところ。

例文 彼の長所はおおらかなところだ。

34

対義語は？

☆☆☆

直　接
〈ちょくせつ〉

意味 間に何も入れないこと。

例文 会場へ直接連絡してください。

35

対義語は？

☆☆

粗雑

〈そざつ〉

意味　荒っぽくていいかげんなこと。

ポイント

「粗」「雑」は，どちらも「雑で，丁寧でない様子」を表す。

対義語は？

☆☆

後退

〈こうたい〉

意味　後ろへ下がること。

ポイント

「前」←→「後」，「進」←→「退」と，それぞれの漢字も対の関係になっている。

対義語は？

☆☆☆

減少

〈げんしょう〉

意味　減ること。

ポイント

「増えることと減ること」を一語で示すのが「増減」。

対義語は？

☆☆☆

模倣

〈もほう〉

意味　まねること。似せること。

ポイント

「先生のお手本を模倣して書道の練習をした。」のように使う。

対義語は？

☆☆☆

複雑

〈ふくざつ〉

意味　込み入っていること。

ポイント

「単純」の類義語の「簡単」も「複雑」の対義語である。

対義語は？

☆☆☆

間接

〈かんせつ〉

意味　間に別のものを入れること。

ポイント

「彼を間接的に知っている。」とは，他の人から彼のことを聞いて知っている，の意。

対義語は？

☆☆☆

消費

〈しょうひ〉

意味　物などを使ってなくすこと。

ポイント

「生産者」←→「消費者」という使い方もある。

対義語は？

☆☆☆

消極

〈しょうきょく〉

意味　物事を自ら進んでしないこと。

ポイント

「積極的・消極的」，「積極性・消極性」などと使う。「積極的」の類義語は「意欲的」。

対義語は？

☆☆☆

部分

〈ぶぶん〉

意味　幾つかに分けたうちの一つ。

ポイント

「全体」には「全部」「全面」，また「部分」には「一部」の類義語がある。

対義語は？

☆☆☆

分析

〈ぶんせき〉

意味　細かく分けて調べること。

ポイント

「分析」の「析」には，「細かく分ける」という意味がある。

対義語は？

☆☆☆

絶対

〈ぜったい〉

意味　他に比べるものがないこと。

ポイント

接尾語「的」(〜の性質をもつ)を付けて，「相対的」←→「絶対的」のように使われる。

対義語は？

☆☆☆

短所

〈たんしょ〉

意味　劣っているところ。

ポイント

「長所」＝「美点」←→「短所」＝「欠点」。

対義語は？

☆☆☆

鈍感

〈どんかん〉

意味　感じ方が鈍(にぶ)いこと。

例文　弟は痛みに鈍感だ。

36

対義語は？

☆☆☆

能動

〈のうどう〉

意味　自分から働きかけること。

例文　何事にも能動的に挑戦(ちょうせん)したい。

37

対義語は？

☆☆

平凡

〈へいぼん〉

意味　ありふれていること。

例文　平凡な仕上がりの曲だった。

38

対義語は？

☆☆☆

便利

〈べんり〉

意味　役に立って，都合がよいこと。

例文　この道具は，とても便利だね。

39

対義語は？

☆☆

有名

〈ゆうめい〉

意味　世間によく知られていること。

例文　祖父は剣道(けんどう)の達人として有名だ。

40

対義語は？

☆☆☆

有利

〈ゆうり〉

意味　都合がよいこと。得なこと。

例文　人数の多いチームが有利だ。

41

対義語は？

☆☆☆

容易

〈ようい〉

意味　たやすいこと。易しいこと。

例文　工夫(くふう)して持ち運びが容易な形状にした。

42

対義語は？

☆☆☆

楽観

〈らっかん〉

意味　物事は全てうまくいくと思うこと。

例文　試験前は，必ず合格すると楽観的な気持ちでいた。

43

対義語は？

☆☆☆

利益

〈りえき〉

意味　もうけ。役に立つこと。

例文　バザーの利益は全額寄付した。

44

対義語は？

☆☆☆

理性

〈りせい〉

意味　冷静に，筋道立てて判断する能力。

例文　理性に従って行動する。

45

対義語は？

☆☆☆

理想

〈りそう〉

意味　考えられる限り最も望ましい状態。

例文　理想の部屋になるように，模様替(が)えした。

46

対義語は？

☆☆☆

冷静

〈れいせい〉

意味　気持ちが落ち着いている様子。

例文　冷静に判断して，状況(じょうきょう)を捉(とら)える。

47

対義語は？

☆☆☆

受　動

〈じゅどう〉

意味 **他からの働きかけを受けること。**

ポイント

「受動的な態度の参加者が多い。」のように，「的」を付けて使うことが多い。

対義語は？

☆☆☆

敏　感

〈びんかん〉

意味 **感じ方がすばやいこと。**

ポイント

「鈍」は，「にぶい」のほか，「とがっていない」意もあり，対になる字は「鋭」。

対義語は？

☆☆☆

不　便

〈ふべん〉

意味 **便利でないこと。都合が悪いこと。**

ポイント

「不」は，言葉の前に付けて「～ない」と打ち消す意味を表す。

対義語は？

☆☆☆

非　凡

〈ひぼん〉

意味 **普通よりかなり優れていること。**

ポイント

「非」は，言葉の前に付けて「～ではない」と打ち消す意味を表す。

対義語は？

☆☆☆

不　利

〈ふり〉

意味 **都合が悪いこと。損をしそうなこと。**

ポイント

「向かい風という不利な条件の中，懸命に走った。」のように使う。

対義語は？

☆☆☆

無　名

〈むめい〉

意味 **名が知られていないこと。**

ポイント

「無」は，言葉の前に付けて「ない」ことを表す。「有無」のように「有（ある）」と対になる。

対義語は？

☆☆☆

悲　観

〈ひかん〉

意味 **物事がうまくいかないと失望すること。**

ポイント

「楽観的」「悲観的」など，三字熟語でも使われる。

対義語は？

☆☆☆

困　難

〈こんなん〉

意味 **とても難しいこと。**

ポイント

「難しいことと易しいこと」を一語で表す熟語は「難易」。

対義語は？

☆☆☆

感　情

〈かんじょう〉

意味 **心の中に起こる気持ち。**

ポイント

「感情」は，喜び・悲しみ・怒り・楽しさなどの心の動きを表す。「感情的」⟷「理性的」。

対義語は？

☆☆☆

損　失

〈そんしつ〉

意味 **損をすること。なくすこと。**

ポイント

「損失と利益」は「損益」。「損」は「得」も対になる字で，「損得」また「損失」⟷「利得」がある。

対義語は？

☆☆☆

興　奮

〈こうふん〉

意味 **気持ちが高ぶること。**

ポイント

「興」は盛んになる，「奮」は心をふるい起こす，という意味。

対義語は？

☆☆☆

現　実

〈げんじつ〉

意味 **いま目の前にあらわれている状態。**

ポイント

「理想的」「現実的」など，三字熟語でも使われる。「現実的」は「現実に合う様子」。

三省堂版

もくじ 国語1年

ステージ3　ステージ2　ステージ1

【写真提供】アフロ，ピクスタ　【イラスト】artbox

確認のワーク ステージ1

朝のリレー

学習のねらい
- 詩の構成や表現の効果に着目しながら読もう。
- 詩の情景を捉えながら読もう。

解答 1ページ

教科書の要点

1 詩の種類　この詩に合うものに○をつけなさい。

この詩は用語で分類すると、現代の話し言葉で書かれているので、{ア 文語詩／イ 口語詩}となり、形式で分類すると、各行の音数にきまりがなく、自由に書かれているので、{ア 定型詩／イ 自由詩}となる。

2 表現方法　（　）に漢数字を書き入れなさい。

- 対句…語形や意味が対応するように言葉を並べて表す方法。
  →第（①）連では「……とき〜する（している）」という形で、同じ組み立ての句を並べている。
- 隠喩（暗喩）…「〜ようだ」などの形を使わずにたとえる方法。
  →第（②）連では次々と朝がはじまる様子を、「朝をリレーする」とリレーにたとえている。
- 倒置…普通の語順を逆にして表す方法。
  →第（③）連「ぼくらは朝をリレーするのだ／経度から経度へと」

3 構成のまとめ　（　）に言葉を書き入れなさい。　教 p.16〜17

まとまり		内容
第一連	地球上の具体的な様子	夜 カムチャッカの若者 → 夢を見ている 朝 （①）の娘 → 朝もやの中 夜 ニューヨークの少女 → 寝がえりをうつ 朝 （②）の少年 → 朝陽にウインク この地球ではいつもどこかで朝がはじまっている
第二連	作者の思い	▼ぼくらは朝を（③）する …そうしていわば交替で地球を守る 夜 眠る前のひととき耳をすます 朝 どこか遠くで目覚時計のベルが鳴ってる あなたの送った朝を誰かが受けとめた証拠

おさえよう

主題　この（ア 地球　イ 宇宙）では、いつもどこかで（ア 夢　イ 朝）がはじまっている。私たちは朝をリレーするようにつなげて（ア 探して　イ 受けとめて）おり、人は互いにつながりをもって生きている。

★ 基本問題

次の詩を読んで、問題に答えなさい。

教 p.16～17

朝のリレー

谷川 俊太郎

カムチャッカの若者が
きりんの夢を見ているとき
メキシコの娘は
朝もやの中でバスを待っている
【ニューヨークの少女が
ほほえみながら寝がえりをうつとき】
ローマの少年は
柱頭を染める朝陽にウインクする
この地球では
いつもどこかで朝がはじまっている

ぼくらは①朝をリレーするのだ
経度から経度へと
そうしていわば交替で地球を守る
眠る前のひととき耳をすますと
②どこか遠くで目覚時計のベルが鳴ってる
それはあなたの送った朝を
誰かがしっかりと受けとめた証拠なのだ

---

1 【　】の部分と対応する形で書かれている二行を、詩の中からそのまま抜き出しなさい。

（　　　　）

2 第一連で、作者はどのようなことを伝えようとしていますか。□にあてはまる言葉を、詩の中から抜き出しなさい。

□上では、必ずどこかの場所が□を迎えているということ。

（　　　　）

3 攻略！ 第一連をまとめている部分に着目する。

よく出る ①朝をリレーする とありますが、これを別の表現で言いかえている部分を、詩の中から八字で抜き出しなさい。

□□□□□□□□

4 記述 ②どこか遠くで目覚時計のベルが鳴ってる は、どのような様子を表していますか。書きなさい。

（　　　　）

5 この詩から読み取れることとして適切なものを次から一つ選び、記号で答えなさい。

ア 地球のさまざまな場所には、異なる文化があるということ。
イ 丸い地球に生きる私たちには、つながりがあるということ。
ウ 私たちは、身のまわりの環境に感謝すべきだということ。
エ どの国でも毎日の規則正しい生活が大切だということ。

（　　　　）

知識の泉 Q「猿も木から落ちる」の意味は？

確認のワーク ステージ1
竜

漢字と言葉

1 漢字の読み 読み仮名を横に書きなさい。

＊は新出漢字 ▼は新出音訓・◎は熟字訓

①＊竜（音読み） ②＊駆ける ③＊沼 ④入れ＊換える
⑤＊潜る ⑥＊釣り ⑦＊湿り気 ⑧▼推す
⑨一＊匹 ⑩＊抜かす ⑪＊沈む ⑫＊微▼笑

2 漢字の書き 漢字に直して書きなさい。

①（こし）をのばす。 ②夕日が（しず）む。
③月が（かく）れる。 ④池に（う）かべる。
⑤順番を（ぬ）かす。 ⑥手を（つ）き出す。

3 語句の意味 意味を下から選んで、線で結びなさい。

①骨が折れる　・　・ア 何もせずに引きこもる。
②くすぶる　・　・イ 程度がはなはだしい様子。
③おびただしい　・　・ウ 労力が必要である。

教科書の要点

1 登場人物 （　）に言葉を書き入れなさい。 教p.20〜22

①（　　）…物語の主人公。気が弱い。
②（　　）…主人公の父親。
③（　　）…村の釣りてんぐの一人。

2 あらすじ 正しい順番になるように、番号を書きなさい。 教p.20〜27

（　）三太郎は竜大王の見回りのときにも隠れているので、竜大王にかんしゃくを起こされる。

（　）三太郎は田畑一面に大雨を降らせ、結果的に、日照りに苦しんでいた百姓たちを助ける。

（　）楢やんが三太郎のことを言いふらしたのか、村人が竜見物に来るようになる。

（　）三太郎は、沼の底で息をころして生活している。

（　）三太郎は前よりもひっそりと我慢を続けたが、人の気配がなくなったので、外に飛び出す決意を固める。

（　）ある日、三太郎は沼で釣りをしていた楢やんに姿を見られる。

学習のねらい

●描写を味わいながら、三太郎の心情の変化を捉えよう。
●擬態語などの表現に着目し、その効果について考えよう。

解答 1ページ　スピードチェック 2ページ　予想問題 122ページ

知識の泉 **A 名人もときには失敗する。** 「河童の川流れ」「弘法(に)も筆の誤り」も同義。

3 構成のまとめ （　）に教科書の言葉を書き入れなさい。教p.20～27

場面	場面1	場面2	場面2	場面3	場面3
	教はじめ～p.21・⑱	p.22・①～24・⑭	p.24・⑮～25・⑪	p.25・⑫～26・⑩	p.26・⑪～終わり
	三太郎の日常	村人に見つかり沼が変化	沼が静かに	三太郎沼の外へ	三太郎のその後
できごと	●竜の子三太郎はいつも沼の底で息をころしている。 ●五十年に一度、父親の竜大王が見回りに来る。	●沼に釣りに来ていた樵やんに姿を見られる。 ●沼の周りに人がうろうろし始める。	●何日か後、ざわついていた沼の周りが以前どおりにしんとしている。 ●明くる日も、また明くる日も人の来る様子はない。	●それから三日たった真夜中、三太郎はものすごい勢いで沼の底から飛び出した。 ●沼のまん中から竜巻が起こり、雲を呼んで駆ける三太郎の下の田畑に大雨を降らせた。	●百姓たちは、三太郎を⑦（　）としてたてまつる。
三太郎の心情や様子	▼真夜中に鼻先だけを突き出し、胸の中の空気を入れ換える。 ▼竜大王も三太郎を見つけられず、①（　）を起こす。 →気の②（　）三太郎は、人に見つからずに暮らしたい。	▼樵やんも腰を抜かしたが、三太郎はもっと③（　）。 →**前よりもひっそりと息をころして**、上の様子をうかがう。 ▼三太郎は空気の入れ換えができず、胸が④（　）。 →**少しでも人のいないおりに鼻先を出そうと**、やっと心に決める。	▼三太郎は用心深く、夜半に鼻先を出して胸の空気を入れ換える。 →そのときの夜の空気の⑤（　）こと。 ▼三太郎は⑥（　）なり、**思い切って飛び出そう**と決心。	▼**百姓たち** 日照り続きに頭を抱えていたので、**躍り上がって喜んだ**。 「あの沼から⑦（　）が飛び上がったちゅうど。」 ▼**三太郎** 久しぶりに風呂に入ったように⑧（　）**気持ち**。	▼けがの功名とはいえ、三太郎はまんざら⑨（　）でもない。 ▼竜大王にも少しは⑩（　）が立つ。 →気の弱そうな苦笑いを浮かべて、あくびをする。

おさえよう

主題 気の（ア 弱い　イ 強い）三太郎は、自分のためにした行動により（ア 思いどおりに　イ 思いがけず）力を示すことができてたてまつられる。認められることの心地よさを感じた三太郎の中には、わずかな自信が芽生える。

知識の泉 Q ――線を漢字で書くと？　試ケン・ケン査・危ケン

実力判定テストA ステージ2

竜

30分

自分の得点まで色をぬろう！ 合格！ もう一歩 がんばろう！ /100

解答 1ページ

1 次の文章を読んで、問題に答えなさい。

教p.22・⑦〜23・⑦

時間のことなどかまわなかったが、さすがにくたびれた楢（なら）やんが、ふと手を休めて前を見ると、①途方（とほう）もなく大きなうなぎがにょろりと泳いでおる。

――これまあ、つきについとるど……。

と、舟（ふね）をそろりと寄せようとしたとき、沼の面（おもて）に、どでかい穴が、二つ開いたかと思うと、なま暖かい空気が、ぶわあっと辺り一面に広がった。

三太郎（さんたろう）が、たまっていた息を吐（は）いたのである。

そして、よほど気が大きくなっていたときなのか、三太郎は、ちょいと顔を突き出してみたのだ。

うなぎがひょろりと立ち上がった。そいつが三太郎のひげだったことは、いうまでもない。

楢やんの目が、ふだんの十倍ほどにも見開かれたが、三太郎の目は、その何百倍も大きかった。②楢やんは、わああっとわめいて、へたへたと腰を抜かしてしまった。

しかし、三太郎のほうはもっと驚（おどろ）いた。人に見つかっただけでなく、そいつに、わああっと脅（おど）かされたのだからたまらない。こちらも、きゃっとわめいて、飛び上がった。

といっても、そこがそれ、山を二巻きもできるほどどでかい竜のこと、沼の水は泡（あわ）だち逆巻き立ち上り、楢やんは舟ごと岸にふっ飛ばされてしもうた。

楢やんがやっと気がついたときには、三太郎はとっくに沼の底深く沈み、前よりももっとひっそりと息をころして、③上の様子をうかがっておった。

〈今江（いまえ）祥智（よしとも）「竜」による〉

1 ①途方もなく大きなうなぎ とは、何だったのですか。文章中から抜き出しなさい。（10点）

（　　　　）

2 ②楢やんは、……腰を抜かしてしまった。 とありますが、楢やんのこの様子を見て、三太郎は何をされたと感じましたか。文章中から十字で抜き出しなさい。（20点）

攻略！ 楢やんの驚きが、三太郎にとってはどうだったのかを考えよう。

3 よく出る ③上の様子をうかがっておった とありますが、三太郎はなぜそうしたのですか。次から一つ選び、記号で答えなさい。（10点）

ア　次は自分が楢やんを脅かして仕返しをするため。
イ　父親の竜大王（りゅうだいおう）に叱（しか）られないようにするため。
ウ　これ以上誰（だれ）にも見つからないようにするため。
エ　沼の外ににげ出すチャンスを見つけるため。

（　　）

知識の泉 **A** 駿・検・険。 部首の違（ちが）いに注意して書き分けよう。

2 次の文章を読んで、問題に答えなさい。

教p.24・⑩〜25・⑭

とはいうものの、いくら三太郎が気が弱いといっても、そんなに何日も何日も潜りっぱなしでは、胸がつまってくる。胸の中に灰色の砂漠が広がり、舌がざらざらしてくる。三太郎は大きな目をぎょろんとさせ、長い耳をぴんと立てて、上の様子をうかがった。少しでも人のいないおりがあれば、思いきって鼻先を出そうと、やっと心に決めたのである。①しんぼう我慢にも、きりがある。

さて、そんな日が何日続いたあとだったか。不思議なことに、あれほどざわついていた沼の周りが、いつやら、以前どおりに、しんとしているではないか。

三太郎は、それでも用心深く、夜半になってから、②そろそろそろそろと鼻先を突き出した。

ああそのときの夜の空気のうまかったこと。

そのときは、慌ててまた潜ったが、③明くる日も、また明くる日も、沼の周りに人の来る様子はない。三太郎はすっかりうれしくなって、ひとつ思いきって飛び出してやろうと決心した。

なにしろ、何日も何日も沼の底にくすぶっていたものだから、体中、藻だらけ水ごけだらけ。ぬるぬるねちねちして、気持ちの悪いことおびただしい。そんなときには思いきって飛び上がり、雲に乗って一駆けすればさっぱりするのだ。

④三太郎はとうとう心を決め、それから三日したある真夜中、ものすごい勢いで沼の底から飛び出した。

〈今江祥智「竜」による〉

1 ①しんぼう我慢にも、きりがある。とありますが、三太郎がしんぼう我慢をしているときの様子を、たとえを用いて表している部分を文章中から一文で抜き出し、はじめの五字を書きなさい。（10点）

2 よく出る ②そろそろそろそろと とありますが、この部分から三太郎のどんな様子がわかりますか。次から一つ選び、記号で答えなさい。（10点）

ア 嫌なことは早く済ませて沼に戻ろうとしている様子。
イ 夜の空気を胸いっぱいにまでは吸わなかった様子。
ウ 少しずつゆっくりと、鼻先を突き出している様子。
エ 人に見られてもしかたがないと開き直っている様子。

（　　）

3 ③明くる日も、……人の来る様子はない とありますが、この様子を見た三太郎は、どんな気持ちを固めましたか。文章中から十六字で抜き出しなさい。（20点）

攻略！ 三太郎の気持ちがどのように変わったかを読み取ろう。

4 記述 ④三太郎はとうとう……飛び出した。とありますが、三太郎が沼から飛び出したのは何のためですか。（20点）

（　　）

攻略！ 飛び出すことで、三太郎が何をしたかったのかを考えよう。

知識の泉 Q「どう扱ってよいかわからずもて余す」という意味の慣用句は？ □を焼く

確認のワーク ステージ1

グループディスカッション　話題や展開にそって話し合いをつなげる
言葉発見①　音声のしくみとはたらき（漢字を身につけよう❶）

学習のねらい
- 話題や展開にそって話し合いをつなげるための方法を理解しよう。
- 日本語の音節について知ろう。

解答 2ページ　スピードチェック 2ページ

漢字

1 漢字の読み　読み仮名(がな)を横に書きなさい。

＊は新出漢字 ▼は新出音訓・◎は熟字訓

❶ ＊紹 ＊介　❷ ＊冒頭　❸ ＊飾る　❹ 要 ＊旨
❺ ＊掲示　❻ ＊獲得　❼ 新 ＊鮮　❽ 殺 ＊菌

2 漢字の書き　漢字に直して書きなさい。

❶（ゆうしゅう）な成績。　❷ 部員を（ぼしゅう）する。
❸ 内容を（とら）える。　❹ 情報を取り（あつか）う。

教科書の要点　グループディスカッション

1 話し合い　グループディスカッションについて、（　）に教科書の言葉を書き入れなさい。　教 p.30〜33

グループディスカッションとは、テーマについて立場や考えの（　）人たちが、少人数で意見を（　）すること。提案、確認、質問、促(うなが)しの四つのこつを意識するとよい。

★ 基本問題　グループディスカッション

次の話し合いを読んで、問題に答えなさい。

テーマ　クラスの学級目標は何がよいか考えよう

山田　クラスの絆(きずな)が深まるような学級目標にするために、具体的な行事での入賞を目標に取り入れたいな。
野口　じゃあ、体育大会の入賞を目標にするのはどうかな。
山田　体育大会はクラスが団結するから、よさそうだね。
川村　松下さんの考えはどう？
松下　①美化コンクールの入賞はどうかな。
山田　どうして？
松下　そうじや整理整頓(せいとん)は、毎日クラス全員が行うことだから、ふだんから目標を意識しやすいと思うんだ。
山田　②川村さんはどう思う？
川村　美化コンクールの入賞を学級目標にするのは、とてもいいと思う。それにもう少し工夫を加えたいな。
野口　③それってどういうこと？
川村　美化コンクールは九月に行われるから、コンクールが終わったあとまで意識できる目標を追加したいと思うの。

知識の泉　A 手。〈例〉やんちゃな弟に手を焼く。

1 よく出る ——線①、②の発言は「話し合いのこつ」のどれにあたりますか。[ ]から言葉を選び、( )に書き入れなさい。

① 「どうして?」 ( )

② 「川村さんはどう思う?」 ( )

アイデアの提案　理由の質問
発言内容の確認　発言の促し(うなが)

2 話し合いでの発言とその効果を書いた次のメモの[ ]A・Bにあてはまる言葉を、話し合いの中からそれぞれ抜き出しなさい。

発言	発言者	こつ	効果
[A]	[B]	提案	更に新たなアイデアを考えるきっかけになった。

A ( )　B ( )

攻略! 「更に新たなアイデア」は、二つめのアイデアを指しているよ。

3 ——線③「それってどういうこと?」という発言のここでの効果として、最も適切なものを次から一つ選び、記号で答えなさい。

ア 他の人の発言を引き出せた。　イ 発言の内容を確かめた。
ウ 次のアイデアを引き出せた。　エ 反論の理由がわかった。

( )

教科書の要点 言葉発見①

1 音節 ( )に教科書の言葉を書き入れなさい。 教p.34

( )とは、言葉の音の数のことで、数はほぼ仮名文字の( )と一致する。ただし、拗音(ようおん)(小さい「ゃ」「ゅ」「ょ」)は、それだけでは一つの音節とならない。

2 五十音図 ( )に教科書の言葉を書き入れなさい。 教p.34~35

日本語の音節を整理し、規則的に並べた五十音図では、縦の列(行)にはk・s・tなど同じ( )の仮名、横の列(段)にはa・i・uなど同じ( )の仮名が並ぶ。

基本問題 言葉発見①

1 ——線の音節を何といいますか。あとから選び、記号で答えなさい。

① ポケット ( )　② ぎゅうにゅう ( )
③ きっぷ ( )　④ ガラス ( )
⑤ でんたく ( )　⑥ とけい ( )
⑦ ケーキ ( )

ア 清音　イ 濁音(だくおん)　ウ 半濁音　エ 拗音(ようおん)
オ 撥音(はつおん)　カ 促音(そくおん)　キ 長音

2 次の言葉の音節の数を、漢数字で書きなさい。

① 家族 ( )　② 教科書 ( )
③ シャッター ( )

確認のワーク ステージ1 ペンギンの防寒着

解答 3ページ　スピードチェック 3ページ

学習のねらい
● 説明文の基本構造を捉えよう。
● 問題提起を捉えて、その答えを読み取ろう。

漢字と言葉

1 漢字の読み　読み仮名を横に書きなさい。

❶*彼ら　❷*違う　❸*抱く　❹*脂*肪　❺*占める　❻*塗る　❼*餌（訓読み）　❽*奪う

*は新出漢字　▼は新出音訓・◎は熟字訓

2 漢字の書き　漢字に直して書きなさい。

❶（しぼう）がつく。　❷希望を（いだ）く。
❸意見が（ちが）う。　❹自由を（うば）う。
❺（えさ）を与える。　❻色を（ぬ）る。

3 語句の意味　意味を下から選んで、線で結びなさい。

❶ しのぐ　・　　・ア たとえて言うならば。
❷ 備わる　・　　・イ 困難や苦難を乗りこえる。
❸ 占める　・　　・ウ 全体の中である割合をもつ。
❹ たるむ　・　　・エ 張っていたものがゆるむ。
❺ いわば　・　　・オ 必要なものが整っている。

教科書の要点

1 問題提起　この文章はどのような問いについて述べていますか。（　）に教科書の言葉を書き入れなさい。　教p.40

南極のペンギンたちは、どのようにしてマイナス六〇度にもなる厳しい（　　　）を（　　　）のかということ。

2 内容理解　成鳥のペンギンと異なり、まだしっかり羽根の生えていないヒナの保温効果の主役は何ですか。（　）に教科書の言葉を書き入れなさい。　教p.41

体重の約四〇パーセントを占める（　　　）。

3 結論　ペンギンの「保温のしくみ」としてあげられているものを、体の内側から順に五つ書きなさい。　教p.42

（　　　）→（　　　）→（　　　）→（　　　）→（　　　）

この五つの層を「高性能の防寒着」といっているよ。

4 構成のまとめ

（　）に教科書の言葉を書き入れなさい。（各段落に1〜8の番号をつけて読みましょう。）教 p.40〜42

	序論	本論			結論
まとまり	背景説明 問題提起	本論1	本論2	本論3	高性能の防寒着
		保温のしくみ			
	1〜2段落	3段落	4〜6段落	7段落	8段落
内容	問い ペンギンたちはどのようにして厳しい寒さをしのいでいるのでしょうか。 →「ペンギンの体に備わった（①　　）」を探っていきましょう。	●保温のしくみ1「羽根」……成鳥のペンギンの保温効果の主役 （保温効果全体の八〇〜九〇パーセントを占める） ・一枚一枚の羽根が小さくびっしり生えており、体をほぼ隙間なく覆っている。 ・水にぬれたり水圧がかかったりすると、一枚の柔らかい布のようにつながる。 ↓外からの寒さを防ぐ。 ↓羽根と皮膚との間に（②　　）をつくり、（③　　）を防ぐ。	●保温のしくみ2「脂肪層」……しっかり羽根の生えていないヒナの保温効果の主役 （ヒナの体重の約四〇パーセントが脂肪層） ・（④　　）を温めるために、成鳥のペンギンにとっても重要。	●保温のしくみ3「羽根に塗る脂」 ・尾羽根のつけ根の器官から出る脂を羽根の表面に塗りつける。 ↓体の（⑤　　）が奪われるのを防ぐ。（水中ではとくに重要。）	問いに対する答え 「高性能の防寒着」に身を包んで寒さから身を守っている。 ← 脂肪層・皮膚・（⑥　　）・羽根・羽根に塗られた（⑦　　）
着目点	■問いかけの文末表現 →「……でしょうか。」	■順序を表す言葉 →展開を捉える手がかり ・一つめは…… ・二つめの…… ・三つめは……	■具体的な数字 →説得力を高める ・約四〇パーセント ・マイナス六〇度 ・秒速五〇メートル など		

おさえよう

要旨 ペンギンの成鳥は主に（ア 羽根　イ 皮膚）のしくみ、ヒナは（ア 空気層　イ 脂肪層）により、厳しい寒さをしのいでおり、その他の三つの層とあわせて、筆者は「高性能の防寒着」といっている。

知識の泉 Q 慣用句「目が回る」に意味が近い熟語は？　ア＝疲労　イ＝多忙

実力判定テストA ステージ2

ペンギンの防寒着

30分

自分の得点まで色をぬろう!
100点 合格! 80 もう一歩 60 がんばろう! 0
/100

解答 3ページ

★ 次の文章を読んで、問題に答えなさい。 教p.40・①〜42・⑩

南極のペンギンたちは、真冬にはマイナス六〇度にもなる厳しい寒さの中で暮らしています。人間であれば、ダウンジャケットや厚手のコートなしでは外に出ることさえできない寒さです。

ペンギンたちはどのようにしてこの厳しい寒さをしのいでいるのでしょうか。彼らの体に備わった保温のしくみを探っていきましょう。

一つめは羽根です。ペンギンは鳥類に属していますが、①その羽根は空を飛ぶ鳥のものとは少し違います。一枚一枚の羽根が小さくびっしり生えています。ペンギンの体をほぼ隙間なく覆っているこの羽根は、水にぬれたり海中に潜って水圧がかかったりすると、まるで全体が一枚の柔らかい布のようにつながるというしくみになっています。つまり、ペンギンの羽根は、②防水性のコートやウエットスーツの役目を果たしているのです。一枚の皮のようになった羽根は、外からの寒さを防ぐとともに、その下の皮膚との間に空気を閉じ込めて、体温の低下を防ぐ空気の層をつくります。成鳥のペンギンの場合、保温効果全体の八〇〜九〇パーセントが、こうした羽根のしくみによるものとされています。

③それでは、まだしっかり羽根の生えていないヒナの場合などではどうなるのかと疑問を抱く人もいるでしょう。

その疑問を解決するのが二つめの保温のしくみ、脂肪層です。例えば、キングペンギンのヒナの場合には、体重の約四〇パーセントを占める脂肪層が保温効果の主役となります。

④この脂肪層は、ヒナだけでなく成鳥のペンギンにとっても重要なのです。例えば、エンペラーペンギンの場合は、マイナス六〇度・秒速五〇メートルを超える吹雪の中、卵やヒナをお腹のたるんだ皮で覆うようにして温めるのですが、子育て時の親鳥の皮の脂肪層の厚さは二〜三センチメートルにも達します。

保温のしくみの三つめは羽根に塗る脂です。ペンギンは陸上でも海上でも時間があればいつもくちばしで羽根の乱れを直します。尾羽根のつけ根の器官から出る脂をくちばしですくい取っては、羽根の表面に塗りつけているのです。羽根に脂を塗るという行動は、冷たい海の中に潜って餌となる魚をとるときにはいっそう重要性を増します。もし羽づくろいをせず、羽根の表面を覆う脂がなければ、水中で熱を奪われる量は倍増してしまうという研究データがあります。

このように、ペンギンは、脂肪層、皮膚、空気層、羽根、羽根に塗られた脂という、いわば五枚の層によってつくられた⑤高性能の防寒着に身を包んで寒さから身を守っているというわけです。

〈上田一生「ペンギンの防寒着」による〉

知識の泉 A イ。〈例〉目が回るほど忙しい毎日を過ごしている。

1 筆者は、この文章で何について述べようとしていますか。次の□にあてはまる言葉を文章中から抜き出しなさい。（10点）

ペンギンの体の□について。

攻略！ 問い（問題提起）の段落に着目しよう。

2 よく出る ①その羽根は……違います とありますが、ペンギンの羽根は水にぬれるとどうなる特性をもっていますか。文章中から十九字で抜き出し、はじめと終わりの五字を書きなさい。（10点）

□～□

3 記述 ②防水性のコートやウエットスーツの役目を果たしている とありますが、それは具体的にどのような役目ですか。四十字以内で書きなさい。（20点）

4 よく出る ③それでは、……抱く人もいるでしょう。とありますが、この段落は、この文章でどのような役割を果たしていますか。次から一つ選び、記号で答えなさい。（10点）

ア 予想される反論を示して読み手の関心をひく役割。
イ 具体的な例をあげて筆者の主張を補強する役割。
ウ 問いかけに対する筆者の答えを述べる役割。
エ 前の段落で述べられた内容を要約する役割。

（　）

5 ④この脂肪層は、……成鳥のペンギンにとっても重要なのです。とありますが、それはなぜですか。簡潔に書きなさい。（20点）

（　）

6 ⑤高性能の防寒着 とは、具体的に何を指していますか。（10点）

（　）

攻略！ ペンギンの身を包んでいる「五枚の層」を抜き出そう。

7 この文章の内容に合うものを次から一つ選び、記号で答えなさい。（10点）

ア ヒナの場合、保温効果の約四〇パーセントは脂肪層による。
イ 羽根に塗る脂は、水中での体温低下の防止に役立っている。
ウ 成鳥のペンギンの羽根は、すべてつながって生えている。
エ ペンギンの保温効果の主役は皮膚のしくみである。

（　）

8 よく出る この文章を三つに分けるとすると、二つめはどこからどこまでですか。はじめと終わりの五字を抜き出しなさい。（10点）

□～□

知識の泉 Q「冷たい石でも，三年座（すわ）り続ければ温まる」ことからできたことわざは？

確認のワーク ステージ1

クジラの飲み水
漢字のしくみ1 活字と手書き文字・画数・筆順

解答 3ページ ｜ スピードチェック 3ページ ｜ 予想問題 123ページ

学習のねらい
- 段落の関係に着目して文章の展開を捉えよう。
- 読み手にわかりやすく伝えるための、表現の工夫を捉えよう。

漢字と言葉

1 漢字の読み 読み仮名(がな)を横に書きなさい。

＊は新出漢字 ▼は新出音訓・◎は熟字訓

❶＊塊（訓読み） ❷＊哺乳類 ❸＊環境 ❹＊汗（訓読み）
❺＊渇く ❻＊乾＊燥 ❼一＊緒 ❽＊蓄える
❾＊汗＊腺 ❿＊亜熱帯 ⓫行＊為 ⓬＊飽和

2 漢字の書き 漢字に直して書きなさい。

❶ 広大な（さばく）。 ❷（ひつじゅ）品を買う。
❸（にょう）を出す。 ❹ 人を（たよ）る。
❺ 水を（ふく）む。 ❻ 失敗を（は）じる。

3 語句の意味 意味を下から選んで、線で結びなさい。

❶ 乏(とぼ)しい・　　・ア 苦痛などをなおす。軽くする。
❷ 癒(い)やす・　　・イ 十分でない。足りない。
❸ 蓄える・　　・ウ あとのためにためておく。

4 活字と手書き文字 次の活字のフォントの名前をあとから一つずつ選び、記号で答えなさい。

❶ 代（　） ❷ 代（　） ❸ 代（　）

ア 明朝(みんちょう)体　イ ゴシック体　ウ 教科書体

教科書の要点 クジラの飲み水

1 問題提起 この文章はどのような問題を提起していますか。（　）に教科書の言葉を書き入れなさい。 教p.45

海の中で生きる（　）は、どのようにして（　）を得ているのか、ということ。

2 内容理解 クジラの体の水分が失われる主な要因は、呼吸・発汗・排(はい)せつのうちのどれですか。（　）に言葉を書き入れなさい。 教p.48

（　）

3 結論 問題提起に対する答えをまとめなさい。 教p.44〜48

クジラは外部から水分を得るのではなく、食べ物や体内に蓄えられた多くの（　）を（　）して、自らの（　）で水を作っている。

4 構成のまとめ

（　）に教科書の言葉を書き入れなさい。（各段落に1〜18の番号をつけて読みましょう。）教 p.44〜48

まとまり	序論	本論			結論
	背景説明 問題提起	二つの仮説と結果		体のしくみ	
	1〜5段落	6〜7段落	8〜12段落	13〜17段落	18段落
内容	哺乳類の体液に含まれる塩分の割合は、海水に比べるとはるかに少ない。 ↓よって、体液より塩分の多い海水を飲むと危険なことになる。 問い（問題提起）「いったいクジラはどのようにして（①　　）を得ているのであろうか。」	●第一の仮説「塩分の多い海水を飲むことができるのではないか」 ↓検証結果……海水を飲み水とすることはできない。 結果の根拠 ▼体液と海水の塩分の割合が異なるから。 ▼海水を淡水に変える機能はないから。	●第二の仮説「食べ物となる（②　　）の体の中に含まれる水分を利用しているのではないか」 ↓検証結果……生物に含まれる水分は利用できない。（食べ物は口の中や喉で絞って胃に送り、海水は吐き出している。） 結果の根拠 ▼食べ物となる生物の体液は、塩分の割合が海水とほぼ同じであるから。	●残された答え「クジラは自らの体内で水を作る」 ・食べ物を消化して、脂肪や炭水化物やタンパク質を分解するときにできる水を利用する。 ・体内に蓄えられた（③　　）を分解して水を得る。 ◎クジラの体は水分をできるだけ失わないようになっている。 →呼吸によって失われる量は極めて少ない。 →（④　　）がないため、発汗しない。 ◎水分は主に（⑤　　）によって失われる。 ↓余分な塩分や老廃物を排出する重要な役目。	●クジラは、生きるために必要な水は自分の（⑥　　）で作り、その水分をできるだけ失わないように暮らしている。

要旨 海で生活するクジラも陸にすむ哺乳類と同じく、塩分の多い海水を飲むことはできない。そのため、クジラは、〔ア 体内で脂肪などを分解して　イ 体内で海水を淡水に変えて〕水分を得ている。また、その貴重な水分をなるべく失わないように、クジラの体は〔ア 汗をかかない　イ 尿を出さない〕しくみとなっている。

知識の泉 Q 「つじつまが合わない」という意味を表す故事成語は？

実力判定テストA　ステージ2

クジラの飲み水

30分

自分の得点まで色をぬろう！
100点 合格！ 80 もう一歩 60 がんばろう！ 0
/100

解答 4ページ

1 次の文章を読んで、問題に答えなさい。　教 p.45・⑧〜46・②

それでは、いったいクジラはどのようにして飲み水を得ているのであろうか。

第一に考えられるのは、クジラは、塩分の多い海水を飲むことができるのではないかということだ。

確かにクジラの体は、海の環境に適応して体の形やはたらきがいろいろに変化したが、体液中の塩分は海水と同じような割合になっていないし、海水を淡水（たんすい）に変えるような体のはたらきも備わっていない。つまり、飲み水に関しては、陸にすむ哺乳類とほとんど変わらず、クジラも海水を飲んで喉（のど）の渇きを癒（い）やすことはできないのである。

〈大隅（おおすみ） 清治（せいじ）「クジラの飲み水」による〉

1 よく出る　この文章では、どんなことを問題として取り上げていますか。（10点）

攻略！ 文末の表現に着目して探そう。

2 よく出る　筆者は、**1**の問題に対してどのような仮説を立てましたか。文章中から十七字で抜き出しなさい。（10点）

3 **2**の仮説の検証結果について答えなさい。

(1) 検証結果を文章中から二十五字で抜き出し、はじめと終わりの五字を書きなさい。（10点）

〜

(2) 筆者は、検証における根拠（こんきょ）の一つをどのように説明していますか。次から一つ選び、記号で答えなさい。（10点）

ア 体のしくみが大昔からまったく変化していないため。
イ 体液中の塩分の割合が海水とほぼ同じであるため。
ウ 海水にはクジラに害のある物質が含まれているため。
エ 体内で海水を淡水に変えることができないため。（　）

(3) 筆者は、検証における根拠を(2)の他にどのように説明していますか。文章中から二十四字で抜き出し、はじめと終わりの五字を抜き出しなさい。（10点）

〜

攻略！ 結果（結論）を述べる前に根拠を述べている。

知識の泉　A 矛盾（むじゅん）。〈例〉今の話は，昨日までの話と矛盾している。

2 次の文章を読んで、問題に答えなさい。

教p.46・③〜47・⑦

第二に考えられるのは、クジラは食べ物となる生物の体の中に含まれる水分を利用しているのではないかということである。

　クジラの食べ物となる動物プランクトンや魚介類の体は八〇パーセント近くが水でできている。この水分を飲み水の代わりに利用するという方法である。陸上の哺乳類でも、アフリカの乾燥地帯にすむアダックスなどは、食べ物にする植物に含まれている水分に頼って生活している。

　けれども、クジラにはこの方法は使えない。それは、含まれる塩分の量が、植物と動物とでは違うからである。植物に含まれる塩分の割合は非常に少ない。これに対して、クジラの食べ物となる動物プランクトンやイカなどの体液は、塩分の割合が海水とほぼ同じなのである。

　それでは、塩分を多く含んだ食べ物を海水と一緒に食べてもクジラは平気なのかという疑問をもつ人がいるだろう。

　クジラは、捕(と)らえた食べ物を口の中や喉(のど)でぎゅっと絞(しぼ)り、海水は吐(は)き出し、食べ物だけを胃に送っている。実際クジラの胃を調べてみると、食べ物は絞って固められた状態で入っており、海水はほとんど含まれないのである。

　そうなると残された道は、クジラが自らの体内で水を作るということになる。


〈大隅(おおすみ)清治(せいじ)「クジラの飲み水」による〉

1 (1) **記述** この方法について答えなさい。わかりやすく書きなさい。
どのような方法ですか。（15点）

（　　　　　　）

攻略！ どのような水分を利用しているのかを読み取ろう。

(2) (1)の方法を利用している例としてあげられている動物を、文章中から抜き出しなさい。（10点）

（　　　　　　）

(3) (1)の方法をクジラが使えないのはなぜですか。次の□にあてはまる言葉を、二十字以内で書きなさい。（15点）
クジラの食べ物となる生物は、□から。

攻略！ 植物と動物に含まれる塩分の量の違いを読み取ろう。

2 この文章の内容に合うものを次から一つ選び、記号で答えなさい。（10点）

ア クジラは食べ物となる生物から飲み水を得ることができない。
イ クジラは海水を飲み、塩分だけを吐き出すことができる。
ウ クジラは水分の多い生物を食べて喉の渇きを癒(い)やしている。
エ クジラは海の中で生活しているため、水分を必要としない。

（　　　）

知識の泉 Q「おおざと」と「者」を組み合わせてできる漢字は？

実力判定テストB　ステージ3

クジラの飲み水

30分

自分の得点まで色をぬろう！
100点　80　60　0
合格！　もう一歩　がんばろう！
/100

解答 4ページ

次の文章を読んで、問題に答えなさい。　教 p.47・⑦〜48・⑯

そうなると残された道は、クジラが自らの体内で水を作るということになる。

一般（いっぱん）に動物は食べ物を消化して、脂肪や炭水化物やタンパク質を分解する。そのときにエネルギーと水ができるのだ。クジラは①この水を利用しているのである。特に脂肪が体内で分解されるときには、炭水化物やタンパク質に比べ、多くの水が生まれる。②幸運なことに、クジラの食べ物には多量の脂肪分が含まれているのである。

また、クジラの体には多くの脂肪が蓄えられている。だから、食べ物を口にしないときも、クジラはこの脂肪を分解して水を得ることができるのである。③砂漠にいるラクダも、背中のこぶにためた脂肪を分解して水を得ることによって、長時間水を飲まずに暮らすことができる。

しかし、食べ物や体内に蓄えた脂肪から、あり余るほどの水ができるわけではない。この貴重な水分を有効に使うため、④クジラの体はできるだけ余分な水分を失わないようになっている。

陸上の動物の場合、体の水分が失われる要因としては、呼吸・発汗・排（はい）せつの三つがある。だが、海洋では水蒸気が比較的多く、湿度が非常に高いので、呼吸によって失われる水分の量は極（きわ）めて少ない。また、クジラには汗腺がないため、汗によって水分が失われることはない。したがって、クジラの場合、貴重な水分は主に排せつによって失われることになる。これは⑤もったいない話のように思える。けれども、尿を出すことは、どうしても体内に取り込んでしまう余分な塩分や老廃物（ろうはいぶつ）を排出するという重要な役目を果たしているのである。

このように、クジラは人間と同じ哺乳類でありながら、「飲み水」としての水を飲むことがない。生きるために必要な水は自分の体内で作り、その水分をできるだけ失わないようにして暮らしているのである。

〈大隅（おおすみ）清治（せいじ）「クジラの飲み水」による〉

1 レベルUP　①この水　とは、どんな水のことですか。文章中の言葉を使って書きなさい。（15点）

知識の泉　**A　都。**「おおざと」は右側，「こざとへん」は左側と覚えよう。

2 よく出る ②幸運なこと とは、どんなことですか。書きなさい。（15点）

（　　　）

3 ③砂漠にいるラクダ は、クジラとどのようなことが共通していますか。次の文の□にあてはまる言葉を、文章中からそれぞれ抜き出しなさい。（完答10点）

食べ物を口にしないときも、クジラと同様に、□に蓄えた□を□して水を得られること。

4 ④クジラの体はできるだけ余分な水分を失わないようになっている について答えなさい。

(1) 陸上の動物の場合に、体の水分が失われる要因としてあげられているものを、文章中から全て抜き出しなさい。（10点）

（　　　）

(2) クジラが余分な水分を失わないでいられるのは、どのような生活環境のなかで暮らしているからですか。次から一つ選び、記号で答えなさい。（10点）

ア 水温の変化が少ない。
イ 湿度が非常に高い。
ウ 気候が安定している。
エ 直射日光が当たらない。

（　　　）

(3) 体の水分を失わないことにつながるクジラの特徴（とくちょう）を、文章中から五字で抜き出しなさい。（10点）

□□□□□

(4) よく出る クジラは何によって最も多くの水分を失っていますか。文章中から抜き出しなさい。（5点）

（　　　）

5 記述 ⑤もったいない とありますが、どのようなことがもったいないのですか。「脂肪」という言葉を使って三十五字以内で書きなさい。（10点）

（解答欄）

6 この文章の内容に合うものを次から一つ選び、記号で答えなさい。（15点）

ア クジラは食べ物となる生物の水分を飲み水に利用している。
イ クジラは主に体内の炭水化物を分解して、多量の水を得ている。
ウ クジラの体は、呼吸と発汗により水分を失うことはない。
エ クジラは体のしくみにより、水を飲まなくても生きていける。

（　　　）

知識の泉 Q 次の□にあてはまる漢字は？　クラスの意見をまとめるのは□が折れた。

確認のワーク ステージ1

レポート　調べたことを整理してわかりやすくまとめる
言葉発見②　話し言葉と書き言葉（漢字を身につけよう❷）

解答 5ページ　スピードチェック 4ページ

学習のねらい
- 情報の集め方や整理の仕方を学ぼう。
- 表・グラフ・イラストなどの効果的な用い方を学ぼう。

漢字と言葉

1 漢字の読み　読み仮名（がな）を横に書きなさい。

＊は新出漢字
▼は新出音訓・◎は熟字訓

❶ ＊卑近　❷ ＊煩雑　❸ ＊陳謝　❹ ＊鈴（訓読み）
❺ ＊蜜＊蜂　❻ ＊雌しべ　❼ 追＊随　❽ 一＊掃

2 漢字の書き　漢字に直して書きなさい。

❶（ほくと）七星の光。　❷ 文を（ていせい）する。
❸（ひごろ）の習慣。　❹ 天を（あお）ぐ。
❺ 橋が（か）かる。　❻ 風景を（えが）く。

3 話し言葉と書き言葉　書き言葉に直しなさい。

❶ あんまり（　　）　❷ ちゃんと（　　）

4 話し言葉の意味のこめ方　（　）に言葉を入れなさい。

❶（　　）…文末の上げ下げの口調。
❷（　　）…文の一部分を強調して発音すること。

教科書の要点　レポート

1 課題を決める　課題を決めるときのポイントについて、あてはまる言葉を［　］から選び、書き入れなさい。　教 p.55

① 関心のある事柄（ことがら）を（　　）あげて選ぶ。
② 明らかにしたいことを（　　）にして、内容をしぼる。
③（　　）の関心も考え合わせて選ぶ。

［　抽象的（ちゅうしょう）　読み手　明確　複数　］

2 情報探しの方法　あてはまる方法を選び、記号で答えなさい。　教 p.56／276〜281

① 調べたい事柄に詳（くわ）しい人から直接聞きたいとき（　）
② 広い範囲（はんい）から最新の情報を得たいとき（　）
③ 多くの人の意見の傾向（けいこう）を知りたいとき（　）

ア インターネット　イ アンケート　ウ インタビュー

3 引用　引用について、正しいものに○、正しくないものに×をつけなさい。　教 p.56／282〜283

①（　）専門の書籍（しょせき）から、できるだけ多くの範囲を引用する。
②（　）書籍の場合は奥付（おくづけ）を見て、出所を書き記す。
③（　）もとの文章を書き換えずに、そのまま書き写す。

知識の泉　A 骨。「骨が折れる」＝苦労する。めんどうだ。

基本問題 レポート

次のレポートの一部を読んで、問題に答えなさい。

1.はじめに

先日，テレビ番組の中で若者のテレビ離れについて取り上げられていた。私自身は友人とよくテレビの話題で盛り上がるので，疑問に思い，調べることにした。

2. 調査方法

A　総務省のウェブページで，年代別のメディアの利用時間を調べた。

B　クラス内で休日にしていることについて，アンケートを実施した。

3. 調査結果

3.1.　若者はテレビを見ないのか

まずは，若者が本当にテレビ離れしているのかを知るため，利用時間を調べた。

右に示すのは，休日の主なメディアの平均利用時間を年代別に表したグラフだ。ア10代のテレビ視聴時間は全年代の平均の半分以下であり，年代が上がるにつれて増えていく実態が読み取れる。

[令和元年度]（休日）主なメディアの平均利用時間（全年代・年代別）

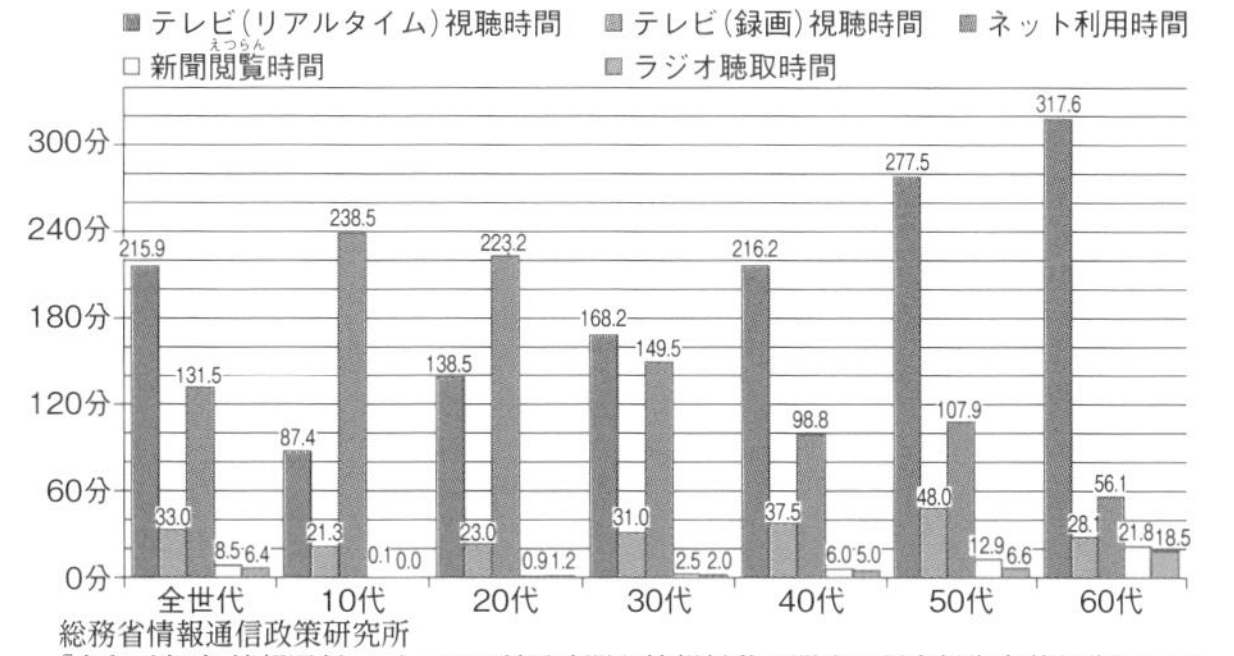

総務省情報通信政策研究所
『令和元年度 情報通信メディアの利用時間と情報行動に関する調査報告書〈概要〉』による

3.2.　若者はテレビを見ない時間に何をしているのか

イ同じグラフを見ると，ネットの利用時間がテレビとは対照的な結果になっている。10代のネットの利用時間は，平均の2倍近くあり，年代が上がるにつれて減っていく傾向にある。ウ若者は，自由なときに見られるインターネットが好きなようだ。

3.3.　若者はインターネットを何に利用しているのか

1 よく出る 「3. 調査結果」の——線ア～ウのうち、資料から読み取れる事実ではないものを一つ選び、記号で答えなさい。（　　）

攻略！ 事実ではなく、自分の考えを書いているものはどれだろう。

2 よく出る レポート3.3.の見出しの内容を説明する図表を入れる場合、どんな図表がふさわしいですか。次から一つ選び、記号で答えなさい。（　　）

ア　インターネットを利用するときに、パソコン・スマートフォンなど、どの機器を使うかの人数を調べた円グラフ。

イ　インターネットの動画でよく見るものを調べた棒グラフと、さらに好きな理由として代表的なものをまとめた棒グラフ。

ウ　インターネットを利用するのはどの時間帯が多いのかを、利用する項目別に調べた帯グラフ。

エ　調べものをする・動画を見るなど、インターネットを利用する目的別の人数を調べた棒グラフ。

攻略！ 3.3.では、インターネットですることの内容を調べようとしている。

3 記述 ここまでのレポートの「まとめ」を次のように書くとき、□にはどんな内容が入りますか。「3. 調査結果」を参考にして、二十字以内で書きなさい。

若者のテレビ離れの原因には、テレビを見る時間よりも□ことがある。これは、自由なときに使えて好まれるからだと考えられる。

知識の泉 Q「よけいな心配をすること」を表す故事成語は？　ア＝杞憂　イ＝守株

確認のワーク ステージ1
空中ブランコ乗りのキキ

解答 6ページ ｜ スピードチェック 5ページ ｜ 予想問題 124ページ

学習のねらい
- 場面の展開や人物の相互関係を捉えよう。
- 登場人物の判断や行動を読み取ろう。

漢字と言葉

1 漢字の読み 読み仮名を横に書きなさい。

＊は新出漢字　▼は新出音訓・◎は熟字訓

❶ *跳ねる　❷ *誰　❸ *懸命　❹ *寂しい
❺ 片*隅　❻ ▼座る　❼ *吹く　❽ *黙る
❾ *澄む　❿ ▼盛大　⓫ *揺れる　⓬ *瞬間

2 漢字の書き 漢字に直して書きなさい。

❶ （よゆう）がない。　❷ （むだ）な時間。
❸ 大きな（はくしゅ）。　❹ （かた）が痛い。
❺ 体を（の）ばす。　❻ 日が（のぼ）る。

3 語句の意味 意味を書きなさい。

❶ もちきり（　　　）
❷ つぐむ（　　　）

教科書の要点

1 登場人物 （　）に教科書の言葉を書き入れなさい。 教p.64〜67

① （　　）…物語の主人公。空中ブランコ乗り。
② （　　）…金星サーカスの空中ブランコ乗り。
③ （　　）…主人公の仲間。同じサーカス団のピエロ。

2 あらすじ キキの行動や考え方が正しい順番になるように、番号を書きなさい。 教p.64〜72

（　）人気が落ちることを心配し四回宙返りの練習をする。

（　）明日の晩に四回宙返りをやることを決意する。

（　）テントの上から白い大きな鳥が海の方へ飛んでいく。

（　）ピピが三回宙返りを成功させたことを聞く。

（　）世界でたった一人、三回宙返りができるブランコ乗りとして、人々の評判の中で幸福を感じている。

（　）一度だけ四回宙返りができる薬をもらう。

（　）観客の前で四回宙返りをする。


キキの考え方や気持ちの変化に注意して読もう。

知識の泉 A ア。「守株」＝いつまでも古い習慣にとらわれ，進歩がないこと。

3 構成のまとめ

（　）に教科書の言葉を書き入れなさい。教p.64〜72

場面	場面1	場面2	場面3	場面4
	教はじめ〜p.66・②	p.66・③〜66・⑮	p.66・⑯〜69・⑩	p.69・⑪〜終わり
	幸福と心配	考えの違い	キキの決意	消えるキキ
できごと	●キキ……（①　）ができる世界一のブランコ乗り。観客の割れるような拍手。どこの町でも大入り満員。 【キキが似ていることを表す表現】 「まるで、鳥みたい」「ひょうですね」「お魚さ」	●休みの日に（③　）の練習をするキキと、練習を見にきたロロ。 ●もう少しというところまでいくが落ちてしまう。（失敗）	●おばあさんから、ピピが三回宙返りを成功させたことを聞く。 ↓「おまえさんの三回宙返りの人気も、（⑤　）さ……」。 ●おばあさんから「澄んだ青い水の入った小瓶」をもらう。 ↓一度だけ（⑥　）ができるが、それで終わりという薬。＝死を意味する薬	●おばあさんからもらった薬を飲み、四回宙返りに挑む。↑ロロや団長はやめるように忠告。 ←「大きな白い鳥」「むち」「花」「お魚」「ひょう」のように宙返りをするキキ。（成功） ●キキの四回宙返りに、涙を流しながら、肩をたたき合う観客。 ← ●キキがいなくなる。↓翌朝（⑦　）が海の方へ飛んでいった。 ↑ 《町の人々のうわさ》キキだったのかもしれない。
キキの心情や様子	▼人々の（②　）の中でいつも幸福だった。 誰かが三回宙返りを始めたら、私の人気は落ちてしまう。 ⋮キキの心配 ⋮「四回宙返りをしなければいけないのだろうか……」。	▼ロロ……「人気なんて落ちたって死にやしない。」 ▼キキ……「お客さんに拍手してもらえないくらいなら、私は（④　）……。」	⋮驚き→不安・あせり→決意 ▼「明日の晩四回宙返りをやる」と決意する。 ▼「お客さんに大きな拍手をもらいたい」 ▼「ただそれだけのために死ぬ」のでもいい。	

おさえよう

主題 世界一の空中ブランコ乗りとして、〔ア 仲間との友情　イ 観客の拍手〕を得るために〔ア 命　イ 人気〕と引きかえに四回宙返りに挑んだキキの、はかなく純粋な生き方を描いた作品である。

知識の泉 Q ――線を正しく書き直すと？　中学生を対照とした企画である。

実力判定テストA ステージ2

空中ブランコ乗りのキキ

30分

自分の得点まで色をぬろう!
100点 合格! 80 もう一歩 60 がんばろう! 0
/100

解答 6ページ

次の文章を読んで、問題に答えなさい。

教 p.67・⑬〜69・⑩

①「おまえさんは知っているかね?」
「何をです?」

「今夜、この先の町にかかっている金星サーカスのピピが、三回宙返りをやったよ。」

「本当ですか。」

「とうとう成功したのさ。みごとな三回宙返りだったそうだよ。」

「そうですか……。」

「その評判を書いた新聞が、今、定期船でこの町へ向かって走っている。明日の朝にはこの町に着いて、みんなに配られる。おまえさんの三回宙返りの人気も、今夜限りさ……。」

「そうですね……。」

「そうだよ。明日の晩の、拍手は、今夜の拍手ほど大きくはないだろうね。」

「でもね、おばあさん。金星サーカスのピピがやったとしても、②まだ世界には三回宙返りをやれる人は、二人しかいないんですよ。」

「今までは、おまえさん一人しかできなかったのさ。それが、ピピにもできるようになったんだからね。お客さんは、それじゃ練習さえすれば、誰にでもできるんじゃないかな、って考え始めるよ。」

キキは黙ってぼんやりと海の方を見ました。しかし③まもなく振り返ってほんのちょっとほほえんでみせると、そのままゆっくり歩き始めました。

「おやすみなさい。おばあさん。」

「お待ち。」

キキは立ち止まりました。

「おまえさんは、明日の晩四回宙返りをやるつもりだね。」

「ええそうです。」

「死ぬよ。」
④「いいんです。死んでも。」
「おまえさんは、お客さんから大きな拍手をもらいたいという、ただそれだけのために死ぬのかね。」

「そうです。」

「いいよ。それほどまで考えてるんだったら、おまえさんに四回宙返りをやらせてあげよう。おいで……。」

おばあさんは、かたわらの小さなテントの中に入り、やがて、⑤澄んだ青い水の入った小瓶を持って現れました。

「これを、やる前にお飲み。でも、いいかね。一度しかできないよ。一度やって世界中のどんなブランコ乗りも受けたことのない盛大な拍手をもらって……それで終わりさ。それでもいいなら、おやり。」

〈別役(べつやく) 実(みのる)「空中ブランコ乗りのキキ」による〉

知識の泉 A 対象。「対象」=相手・目標。同音異義語は「対照」=比べ合わせる,「対称(たいしょう)」=つり合う。

1 ①おまえさんは知っているかね？　とありますが、おばあさんはキキにどんなことを教えましたか。（10点）

（　　　）

2 よく出る ②まだ世界には三回宙返りをやれる人は、二人しかいないんですよ　とありますが、ここからキキのどのような気持ちが読み取れますか。次から一つ選び、記号で答えなさい。（10点）

ア　今後三回宙返りを成功させる人はいないと確信する気持ち。
イ　次回から自分は四回宙返りを成功させると意気込む気持ち。
ウ　三回宙返りができる自分の人気はまだ続くと期待する気持ち。
エ　同じ三回宙返りでも自分のほうがみごとだと誇る気持ち。

（　　）

3 ③まもなく振り返って……歩き始めました　について答えなさい。

(1) よく出る　このときキキはどんなことを決めましたか。（15点）

（　　　）

(2) キキが(1)のことを決めたのは、どんなことをさけたかったからですか。「……ということ。」につながるように、文章中から、十四字と二十三字で抜き出し、それぞれはじめと終わりの五字を書きなさい。10点×2（20点）

□□□□□〜□□□□□
□□□□□〜□□□□□
ということ。

4 記述 ④いいんです。死んでも。という言葉から、キキについてどのようなことがわかりますか。次の□にあてはまる言葉を二十五字以内で書きなさい。（20点）

キキは自分の命よりも、□と考えていること。

5 ⑤澄んだ青い水の入った小瓶　とありますが、この小瓶にはどんな薬が入っていますか。次から一つ選び、記号で答えなさい。（10点）

ア　一度の四回宙返りと引きかえにこの世を去ることになる薬。
イ　どんな演技をしても盛大な拍手をしてもらえるようになる薬。
ウ　四回宙返りは一度成功するが、拍手はもらえないという薬。
エ　世界一すばらしいブランコ乗りだと評判や人気が上がる薬。

（　　）

6 攻略！おばあさんがキキに渡すときに、何と言っていたか読み取ろう。
この文章中で、キキの気持ちはどのように変化していますか。次から一つ選び、記号で答えなさい。（15点）

ア　不安→決意→自信
イ　驚き→あせり→決意
ウ　決意→自信→不安
エ　あせり→決意→驚き

（　　）

3　ものの見方・感性を養う

知識の泉　Q「違いが大きい」という意味のことわざは？　□とすっぽん

実力判定テストB ステージ3　空中ブランコ乗りのキキ

30分

自分の得点まで色をぬろう！　合格！ 100点 80 もう一歩 60 がんばろう！ 0　/100

解答 6ページ

次の文章を読んで、問題に答えなさい。　教p.69・⑪〜72・⑩

次の日、その港町では、金星サーカスのピピがついに三回宙返りに成功したという話題でもちきりでした。

でも、午後になると、その町の中央広場のまん中に、大きな看板が現れました。

「今夜、キキは、四回宙返りをやります。」

町の人々は、一斉に口をつぐんでしまいました。そしてその看板を見たあと、①ピピのことを口にする者は誰もいなくなりました。

夕食が終わると、ほとんど町中の人々がキキのサーカスのテントに集まってきました。

「おい、およしよ。死んでしまうよ。」

ピエロのロロがテントの陰で出番を待っているキキに近づいてきてささやきます。

「練習でも、まだ一度も成功していないんだろう？」

陽気な団長さんまでが、心配そうにキキを止めようとします。

「だいじょうぶですよ。きっとうまくゆきます。心配しないでください。」

音楽が高らかに鳴って、キキは白鳥のようにとび出してゆきました。

テントの高い所にあるブランコまで、縄ばしごをするすると登ってゆくと、お客さんにはそれが、②天に昇ってゆく白い魂（たましい）のように見えました。ブランコの上で、キキは、お客さんを見下ろして、ゆっくり右手を上げながら心の中でつぶやきました。

「見ててください。四回宙返りは、この一回しかできないのです。」

ブランコが揺れるたびに、キキは、世界全体がゆっくり揺れているように思えました。薬を口の中に入れました。

「あのおばあさんも、このテントのどこかで見ているのかな……。」

キキは、ぼんやり考えました。

しかし、次の瞬間、③キキは、大きくブランコを振って、真っ暗な天井の奥へ向かってとび出していました。

ひどくゆっくりと、大きな白い鳥が滑らかに空を滑るように、キキは手足を伸ばしました。それがむちのようにしなって、一回転します。また花が開くように手足が伸びて、抱き抱えるようにつぼんで……二回転。今度は水から跳び上がるお魚のように跳ねて……三回転。④お客さんは、はっと息をのみました。

しかしキキは、やっぱり緩やかに、ひょうのような手足を弾ませると、次のブランコまでたっぷり余裕を残して、四つめの宙返りをしておりました。

人々のどよめきが、潮鳴りのように町中を揺るがして、その古い港町を久しぶりに活気づけました。人々はみんな思わず涙を流しながら、辺りにいる人々と、肩をたたき合いました。

でもそのとき、誰も気づかなかったのですが、キキはもうどこ

知識の泉　A　月。　月もすっぽんも形は丸いが，全然違うものであることから。

にもいなかったのです。お客さんがみんな満足して帰ったあと、がらんとしたテントの中を、団長さんをはじめ、サーカス中の人々が必死になって捜し回ったのですが、無駄でした。

翌朝、サーカスの大テントのてっぺんに白い大きな鳥が止まっていて、それが悲しそうに鳴きながら、海の方へと飛んでいったといいます。

もしかしたらそれがキキだったのかもしれないと、⑤町の人々はうわさしておりました。

〈別役実(べつやくみのる)「空中ブランコ乗りのキキ」による〉

1 ①ピピのことを口にする者は誰もいなくなりました　とありますが、それはなぜですか。次から一つ選び、記号で答えなさい。（15点）

ア　ピピの三回宙返りよりも、やはりキキの三回宙返りのほうがすばらしいと思ったから。

イ　実際にピピの三回宙返りを見ていないので、本当にできたのかどうかわからないから。

ウ　いつまでもキキの後を追いかけているだけのピピのことを、気の毒に思ったから。

エ　ピピの三回宙返りよりも、キキの四回宙返りのことのほうに関心が移ったから。

（　　）

2 ②天に昇ってゆく白い魂のように見えました　とありますが、この表現はキキのどのような運命を暗示していますか。文章中から漢字一字で抜き出しなさい。（15点）

□

3 よく出る ③キキは、大きくブランコを振って、真っ暗な天井の奥へ向かってとび出していきました　とありますが、このあとの様子を、いろいろなものにたとえて表現しています。次のものにたとえているのは、キキのどんな様子ですか。簡潔に書きなさい。10点×3（30点）

① むち（　　）

② 花（　　）

③ 魚（　　）

4 レベルUP ④お客さんは、はっと息をのみました。とありますが、それはなぜですか。考えて書きなさい。（20点）

（　　）

5 ⑤町の人々はうわさしておりました　とありますが、それはどのようなうわさですか。次の（　）にあてはまる言葉を、文章中から抜き出しなさい。10点×2（20点）

（　　）が、テントの上から飛んでいった（　　）といううわさ。

知識の泉　Q「伸」の部首名は？

確認のワーク ステージ1

文法の窓1 言葉の単位・文節の関係

解答 7ページ スピードチェック 18ページ

学習のねらい
- 言葉の単位を理解しよう。
- 文節の種類や文節どうしの関係を理解して、文法の知識を深めよう。

教科書の要点

1 言葉の単位　（　）に言葉を書き入れなさい。　教 p.226

言葉の単位	内容
①（　）・談話	●書き言葉や話し言葉で表現された、ひとまとまりの全体。書き言葉のものを①、話し言葉のものを**談話**という。
②（　）	●文章や談話の中の内容的なひとまとまり。 ・**形式段落**…一行めの最初の一字を下げて書くことによって示されるまとまり。 ・**意味段落**…複数の形式段落を、意味や内容などからまとめたまとまり。
③（　）	●考えやできごとなどを表し、句点（。）でくぎられるひと続きの言葉のまとまり。
④（　）	●文を、発音や意味のうえで不自然にならないよう、できるだけ小さくくぎったときのまとまり。切れめに「ネ」などを挟（はさ）むことができる。
⑤（　）	●文節を組み立てている一つ一つの言葉。

2 文節の種類　（　）に言葉を書き入れなさい。　教 p.227〜228

文節の種類	はたらき・語例
①（　）	●「何・誰（だれ）が（は）」を表す文節。
②（　）	●「どうする・どんなだ・何だ・ある・いる」を表す文節。
③（　）	●「いつ・どこで・どのように・どんな」など、他の文節を詳（くわ）しく説明する文節。 ・**連体修飾語**（しゅうしょく）…体言（人や事物などを表す言葉）が中心の文節を修飾する文節。 例 りっぱな　絵だ。 ・**連用修飾語**…用言（動作や作用、状態や性質、気持ちなどを表す言葉）が中心の文節を修飾する文節。 例 じっと　見つめる。 ＊修飾される文節を**被**（ひ）**修飾語**ということがある。
④（　）	●文と文、文節と文節とを**つなぐ**はたらきをする文節。 例 晴れたので、暖かくなった。〔原因・理由〕 今日は天気がよい。しかし、寒い。〔逆接〕 曇（くも）ると、暖かくならない。〔条件〕

知識の泉 **A にんべん。**「人」の意味を表す。

⑤（　　）	●他の文節とは結びつかず、それだけで独立している文節。 例 はい、そうです。〔応答〕 こんにちは、よい天気ですね。〔挨拶（あいさつ）〕 ねえ、公園に行こうよ。〔呼びかけ〕

3 連文節の種類　（　　）に言葉を書き入れなさい。　教p.228〜229

＊連文節＝二つ以上の文節がひとまとまりになって、主語・述語・修飾語などの文節と同じはたらきをするもの。

連文節の種類	はたらき・語例
①（　　）	●主語と同じはたらきをする。 例 白い　ばらが　きれいだ。
②（　　）	●述語と同じはたらきをする。 例 犬が　大きな　声で　ほえて　いる。
③（　　）	●修飾語と同じはたらきをする。 例 わが家の　庭に　池が　ある。
④（　　）	●接続語と同じはたらきをする。 例 急いで　走ったが、間に合わなかった。
⑤（　　）	●独立語と同じはたらきをする。 例 元気な　挨拶、それが　大切だ。

4 文節の関係　（　　）に言葉を書き入れなさい。　教p.227〜229

文節の関係	はたらき・語例
主述の関係	●主語と述語が作る関係。 例 父が（主語）　語る。（述語）
修飾・被修飾の関係	●修飾する文節（＝修飾語）と修飾される文節が作る関係。 例 さわやかな（修飾語）　風が　吹く。
①（　　）の関係	●二つ以上の文節が対等に並ぶ関係。 〔主語と同じはたらき〕 例 父と　母が　一緒に　散歩する。 〔述語と同じはたらき〕 例 水面は　青くて　静かだ。 〔修飾語と同じはたらき〕 例 きれいで　長い　髪（かみ）の毛だ。
②（　　）の関係	●実質的な意味を表す文節と、補助的な意味をそえる文節との関係。 〔述語と同じはたらき〕 例 教科書に　目を　通して　おく。 〔修飾語と同じはたらき〕 例 木に　止まって　いる　鳥を　見た。 〔接続語と同じはたらき〕 例 寒く　なったので、セーターを　着た。

5 文の成分　（　　）に言葉を書き入れなさい。　教p.229〜230

文節や①（　　）のような、文を組み立てるうえでの一つの意味の②（　　）を、文の成分という。

知識の泉　Q ――を漢字で書くと？　シコウ錯誤（さくご）して決める。

実力判定テストA ステージ2

文法の窓1 言葉の単位・文節の関係

30分

自分の得点まで色をぬろう!
100点 合格! 80 もう一歩 60 がんばろう! 0
/100

解答 7ページ

1 次の文章を読んで、問題に答えなさい。

> ①体育祭で百メートル走に出場した。スタートで出遅れた。もうだめかと思ったが、前の人の背中を追うことだけを考えた。②しだいに一人ずつ追い抜いていく。最終コーナーで最後の一人に追いつき、一位でゴールした。③とてもうれしかった。④一生懸命走ったことがよかったと思う。

(1) この文章はいくつの形式段落からできていますか。漢数字で書きなさい。（2点）（　　）

(2) この文章はいくつの文からできていますか。漢数字で書きなさい。（2点）（　　）

(3) 例にならって、――線①・②を「／」で文節に分けなさい。2点×2（4点）

例 赤い／花が／さいた。

① 体育祭で百メートル走に出場した。

② しだいに一人ずつ追い抜いていく。

(4) 例にならって、――線③・④を｜線で単語に分けなさい。2点×2（4点）

例 赤い｜花｜が｜さい｜た。

③ とてもうれしかった。

④ 一生懸命走ったことがよかったと思う。

2 よく出る 次の文を「／」で文節に分けなさい。また、単語に分けて、――線を引きなさい。3点×6（18点）

① 私はクラスでいちばん背が高い。

② 妹は父と買い物に行った。

③ 葉っぱがひらひら風にまっている。

④ 今日は午後から雨が降るようだ。

⑤ 赤ちゃんがにっこり笑いかけた。

⑥ 春になると公園にたくさん花がさく。

3 次の文の主語には――線、述語には＝＝線を引きなさい。2点×6（12点）

① 楽しい時間はあっという間に過ぎた。

② 秋にはぶどうの木に多くの実がつく。

③ 校庭のほうは、三班がそうじをする。

④ 私だって話を聞いたときには喜んだ。

⑤ この部屋では誰も話をしない。

⑥ 来年に完成するそうだ、あの映画館が。

4 よく出る 次の――線の文節が修飾する文節を一つずつ選び、記号で答えなさい。 3点×7（21点）

① 我々は ア険しい イ山に ウこれから エ登る。
② 父の ア大きな イかばんを ウゆかに エ置いた。
③ ぼくは アボールを イ近くの ウ選手に エパスした。
④ かなり ア早い イ時間に ウ朝食を エ食べた。
⑤ 明日は アきっと イよく ウ晴れると エ思う。
⑥ 突然 ア強い イ雨が ウザーザー エ降り出した。
⑦ もし ア私が イ遅れたら ウ先に エ行ってね。

（　）（　）（　）（　）（　）（　）（　）

5 次の文から接続語を一文節で抜き出しなさい。 2点×4（8点）

攻略！ 意味がうまくつながる文節を考えよう。

① 気温が上がった。すると、氷がとけ始めた。
② 暑いので、涼しい木陰でしばらく休んだ。
③ 疲れたが、なぜかあまりよく眠れない。
④ 雨になった。けれども、試合は決行する。

（　）（　）（　）（　）

6 次の文から独立語を一文節で抜き出しなさい。 2点×4（8点）

① いいえ、それはぼくの本ではありません。
② おはよう、冷たい水が心地よい朝だね。
③ 富士山、それは日本でいちばん高い山だ。
④ そんなところで何をしているんだ、おい。

（　）（　）（　）（　）

7 よく出る 次の――線の文節の関係をあとから一つずつ選び、記号で答えなさい。 2点×4（8点）

① 健康で ほがらかな 子どもたちが 歌って いる。
② 昨夜は 急激に 気温が 下がった。
③ 夏休みの 宿題は 全て 終わって しまった。
④ 弟の かいた 絵が コンクールに 入選した。

ア 主述の関係　イ 修飾・被修飾の関係
ウ 並立の関係　エ 補助の関係

（　）（　）（　）（　）

8 よく出る 次の――線の文節の関係と同じものをあとから一つずつ選び、記号で答えなさい。 3点×3（9点）

① 手伝って くれて 本当に 助かりました。
② おみやげに 花やら ケーキやらを もらった。
③ 母も 買い物に 行きたいと 言って いる。

ア 何度も 挑戦して みる。　イ 私を 先生が 指名した。
ウ さっそく 手紙を 書いた。　エ 犬も ねこも 好きだ。

（　）（　）（　）

9 次の――線の文の成分をあとから一つずつ選び、記号で答えなさい。 1点×4（4点）

攻略！ まず、選択肢の文節の関係を考えよう。

① 明日の朝、ぼくはこの場所を出発する。
② 歩く百科事典、それが私たちの校長先生の異名だ。
③ このことは誰にも秘密だ。
④ きれいな水がこんこんとわき出している。

ア 主語　イ 述語　ウ 修飾語　エ 接続語　オ 独立語
カ 主部　キ 述部　ク 修飾部　ケ 接続部　コ 独立部

（　）（　）（　）（　）

知識の泉 Q 「五十歩百歩」の意味は？

確認のワーク ステージ1

字のない葉書（はがき）

解答 7ページ｜スピードチェック 6ページ｜予想問題 125ページ

学習のねらい
- 場面と心情の変化を結びつけて捉えよう。
- 人物の行動を表す描写に注目し、人物像を捉えよう。

漢字と言葉

1 漢字の読み
読み仮名（がな）を横に書きなさい。

＊は新出漢字 ▼は新出音訓・◎は熟字訓

❶ ＊殿（訓読み） ❷ ＊添える ❸ ＊威厳 ❹ 十三＊歳
❺ ＊疎開 ❻ 全＊滅 ❼ ＊肌着 ❽ 赤＊鉛筆
❾ ＊茎（訓読み） ❿ 三＊畳 ⓫ ＊寝る ⓬ 収＊穫

2 漢字の書き
漢字に直して書きなさい。

❶ 学童（そかい）の日。 ❷ 父の（いげん）。
❸ 十三（さい）の子。 ❹ 米を（しゅうかく）する。
❺ （ね）る時間。 ❻ 手紙を（そ）える。

3 語句の意味
意味を下から選んで、線で結びなさい。

❶ こそばゆい ・　　・ア 命だけは失わずかろうじて。
❷ 折りめ正しい ・　　・イ 礼儀（れいぎ）や作法にかなっている。
❸ 命からがら ・　　・ウ くすぐったい。照れくさい。

教科書の要点

1 内容理解
「字のない葉書（はがき）」で取り上げられている二つの思い出について答えなさい。 教p.78〜81

(1) それぞれ誰が、どうしたときの思い出ですか。

① 「私」が女学校一年で初めて、（　　）を離（はな）れたとき。

② 末の（　　）が終戦の年、（　　）をしたとき。

(2) それぞれの思い出に共通しているのは、どんなことですか。

（　　）と手紙に関する思い出であること。

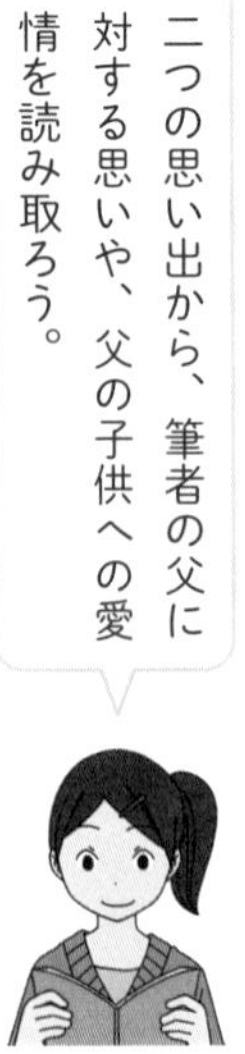

二つの思い出から、筆者の父に対する思いや、父の子供への愛情を読み取ろう。

2 題名
「字のない葉書」とは、どのような葉書のことですか。 教p.80

（　　）に教科書の言葉を書き入れなさい。

宛名（あてな）を（　　）が書き、まだ字の書けない（　　）が、（　　）やバツを書いた葉書。

3 構成のまとめ

（　）に教科書の言葉を書き入れなさい。教p.78～81

	父からの手紙	妹からの「字のない葉書」		
まとまり	教はじめ～p.79・⑭	p.79・⑮～終わり		
	手紙の中の父親	妹の疎開	葉書の内容	妹の帰宅
できごとや様子／描き方の特徴	● 親元を離れた筆者に、三日にあげず手紙をよこす父。 ● いつもの父……暴君 ・「おい邦子！」と呼び捨て。罵声やげんこつが日常。 ・大酒を飲み、かんしゃくを起こして手を上げる。 ↔ ● 手紙の中の父親 ・（①　　）と愛情にあふれた非の打ちどころのない父親。 ・文中では筆者を貴女と呼び、訓戒も添えられている。	● 末の妹が学童疎開をすることになる。 ● 父 葉書に自分宛ての宛名を書き、「（④　　）な日はマルを書いて、毎日一枚ずつポストに入れなさい。」と言って持たせる。 …子を案じる気持ち	● 初めての葉書は威勢のいい（⑤　　）だった。 次の日からマルは急激に小さくなる。…妹の心情の変化 《変化》情けない黒鉛筆の小マル→バツ→葉書が来なくなる。	● 筆者 弟 家庭菜園のかぼちゃを全部収穫する。 弟 夜遅く、出窓で妹の帰りを見張る。→妹 帰宅。 父・はだしで表へとび出した。 ・痩せた妹の肩を抱き、（⑥　　）。
	人柄や心情を直接的に表現	人物の言動や様子を描写することで心情を間接的に表現		
心情	▼筆者「向田邦子殿」と書かれた表書きを初めて見たときは、ひどく（②　　）すると同時に、こそばゆいような（③　　）ような気分になった。 ▼筆者 日頃気恥ずかしくて演じられない父親を、手紙の中でやってみたのかもしれないと思った。			▼筆者 弟 妹を喜ばせたい。 ▼筆者 父が、大人の男が声をたてて泣くのを初めて見た。…筆者の驚きと感動

おさえよう

主題 手紙と葉書の思い出を通して、いつもは〔ア 暴君であった　イ 優しかった〕亡き父が、本当はとても〔ア 心の弱い　イ 愛情の深い〕父だったことが描かれている。筆者は、そんな父のことをなつかしく思い出しながら、家族のきずなを感じている。

知識の泉 Q □に共通して入る数は？　三つ子の魂□まで・雀□まで踊り忘れず

実力判定テストA ステージ2

字のない葉書

30分

自分の得点まで色をぬろう!
100点 80 60 0
/100

解答 8ページ

次の文章を読んで、問題に答えなさい。 教p.79・⑮〜81・⑪

終戦の年の四月、小学校一年の末の妹が甲府に学童疎開をすることになった。すでに前の年の秋、同じ小学校に通っていた上の妹は疎開をしていたが、下の妹は余りに幼く不憫だというので、両親が手放さなかったのである。ところが三月十日の東京大空襲で、家こそ焼け残ったものの命からがらの目に遭い、このまま一家全滅するよりは、と①心を決めたらしい。

妹の出発が決まると、暗幕を垂らした暗い電灯の下で、母は当時貴重品になっていたキャラコで肌着を縫って名札をつけ、父はおびただしい葉書にきちょうめんな筆で②自分宛ての宛名を書いた。

③「元気な日はマルを書いて、毎日一枚ずつポストに入れなさい。」

と言ってきかせた。妹は、まだ字が書けなかった。

宛名だけ書かれたかさ高な葉書の束をリュックサックに入れ、雑炊用の丼を抱えて、妹は遠足にでも行くようにはしゃいで出かけていった。

一週間ほどで、初めての葉書が着いた。紙いっぱいはみ出すほどの、④威勢のいい赤鉛筆の大マルである。付き添っていった人の話では、地元婦人会が赤飯やぼた餅をふるまって歓迎してくださったとかで、かぼちゃの茎まで食べていた東京に比べれば大マルにちがいなかった。

ところが、次の日から⑤マルは急激に小さくなっていった。情けない黒鉛筆の小マルはついにバツに変わった。その頃、少し離れた所に疎開していた上の妹が、下の妹に会いに行った。

下の妹は、校舎の壁に寄り掛かって梅干しの種をしゃぶっていたが、姉の姿を見ると種をぺっと吐き出して泣いたそうな。

まもなくバツの葉書も来なくなった。三月めに母が迎えに行ったとき、百日ぜきを患っていた妹は、しらみだらけの頭で三畳の布団部屋に寝かされていたという。

妹が帰ってくる日、⑥私と弟は家庭菜園のかぼちゃを全部収穫した。小さいのに手をつけると叱る父も、この日は何も言わなかった。私と弟は、一抱えもある大物からてのひらに載るうらなりまで、二十数個のかぼちゃを一列に客間に並べた。これくらいしか妹を喜ばせる方法がなかったのだ。

夜遅く、出窓で見張っていた弟が、

「帰ってきたよ!」

と叫んだ。茶の間に座っていた父は、はだしで表へとび出した。防火用水桶の前で、痩せた妹の肩を抱き、声をあげて泣いた。⑦私は父が、大人の男が声をたてて泣くのを初めて見た。

〈向田 邦子「字のない葉書」による〉

知識の泉 A 百。 どちらも「幼いとき身についたことは一生変わらない」ということ。

1 ①心を決めたらしい　とありますが、両親はどんなことを決心したのですか。次の□にあてはまる言葉を、文章中から抜き出しなさい。（10点）

下の妹を□させること。

2 ②自分宛ての宛名を書いた　とありますが、なぜ、宛名を書く必要があったのですか。理由が書かれた一文を、文章中から抜き出しなさい。（10点）

（　　）

3 ③元気な日はマルを書いて、毎日一枚ずつポストに入れなさい。という言葉から、父のどのような気持ちがわかりますか。次から一つ選び、記号で答えなさい。（10点）

ア 親から離れても、規則正しく暮らしてほしいという気持ち。

イ 手紙を書くのが好きな人に育ってもらいたいという気持ち。

ウ 周りに迷惑をかけず立派に生きていくようにという気持ち。

エ 遠くへ行かせる幼い娘が心配でしかたがないという気持ち。

（　　）

攻略！ 幼く不憫だと考え、それまで手放さなかったことから考える。

4 ④威勢のいい赤鉛筆の大マル　について答えなさい。

(1) 妹はなぜ「威勢のいい赤鉛筆の大マル」を書いたのですか。その理由がわかる一文を文章中から抜き出し、初めの五字を書きなさい。（10点）

□□□□□

(2) 対照的な表現を、文章中から抜き出しなさい。（10点）

（　　）

5 **記述** ⑤マルは急激に小さくなっていった　とありますが、ここから妹のどんな様子がわかりますか。考えて書きなさい。（20点）

（　　）

6 **よく出る** ⑥私と弟は家庭菜園のかぼちゃを全部収穫した　とありますが、このようなことをしたのは、何のためですか。（10点）

（　　）

攻略！ 疎開先から帰ってくる妹を思いやった行動である。

7 妹に対する父の思いが、その行動に強く表れている部分はどこですか。連続する二文を文章中から抜き出し、一文めのはじめの五字を書きなさい。（10点）

□□□□□

8 **よく出る** ⑦私は父が、大人の男が声をたてて泣くのを初めて見た。とありますが、このときの筆者の心情を次から一つ選び、記号で答えなさい。（10点）

ア 父にかわいがられている妹を、うらやましいと思っている。

イ 自分たちが父に愛されていたことを知り、安心している。

ウ 子供に対する父の愛情の深さに驚き、心を打たれている。

エ 本当は気が弱い父を、恥ずかしく情けないと思っている。

（　　）

知識の泉 Q □にあてはまる反対の意味の漢字は？　帯に□し たすきに□し

確認のワーク ステージ1

漢字のしくみ2 部首と成り立ち
随筆 体験に向き合い意味づける（漢字を身につけよう③）

解答 8ページ ｜ スピードチェック 6ページ

学習のねらい
- 漢字の部首や成り立ちを知り、漢字の理解を深めよう。
- 体験したことを効果的に文章にまとめる方法を学ぼう。

漢字

1 漢字の読み 読み仮名（がな）を横に書きなさい。

＊は新出漢字 ▼は新出音訓・◎は熟字訓

❶ *偉大　❷ 破*綻　❸ *焦点　❹ *疫病
❺ 送*迎　❻ *遂行　❼ *超越　❽ 発*泡
❾ *漆黒　❿ *肝要　⓫ *雰囲気　⓬ 朗*詠
⓭ *叙述　⓮ *乏しい　⓯ *豪雨　⓰ *喚起
⓱ *虚*偽　⓲ *催*促　⓳ 健*闘　⓴ 親*睦

2 漢字の書き 漢字に直して書きなさい。

❶ （だいたん）な行動。
❷ 県外に（えんせい）する。
❸ （こんきょ）を示す。
❹ 我（わ）が家は（あんたい）だ。
❺ 恩師を（した）う。
❻ （たが）いをよく知る。

基本問題 漢字のしくみ2

1 （　）に教科書の言葉を書き入れなさい。 教 p.85

部首の場所	部首の種類	部首の例
左側	①（　）	言［ごんべん］
右側	つくり	隹［ふるとり］
上方	②（　）	宀［うかんむり］
下方	③（　）	心［こころ］
上方～左側	④（　）	厂［がんだれ］
左側～下方	にょう	廴［えんにょう］
外側を囲む	⑤（　）	門［もんがまえ］

2 次の漢字の成り立ちをあとから一つずつ選び、記号で答えなさい。

① 下（　）　② 信（　）　③ 源（　）
④ 羽（　）　⑤ 張（　）　⑥ 林（　）

ア 象形…物の形をかたどって表すこと。
イ 指事…抽象（ちゅうしょう）的な事柄（ことがら）を図形のように表すこと。
ウ 会意…意味のうえから字を組み合わせて漢字を作ること。
エ 形声…意味と音を表す部分を組み合わせて漢字を作ること。

知識の泉 A 短・長。 「帯に短し たすきに長し」＝中途半端（ちゅうとはんぱ）で役に立たない。

基本問題 随筆

★ 山口さんは先週の体験を振り返りながら次のようにメモに書き出し、あとの随筆を書きました。これらを読んで問題に答えなさい。

・何をしたか…お年寄りに親切にした。
・感じたこと…それまでは最悪の気分だったが、人の役に立つことができて、気持ちが晴れやかになった。
・体験から得た考え方…余裕がないときこそ、相手を思いやることが大切。

余裕がないときこそ

山口ゆりか

①その日、気分は最悪だった。勉強せずに母にしかられ、その後に出かけたピアノのレッスンでも失敗してしまったからだ。

②電車を降りて帰り道を急ぐ。すると、知らないおばあさんに駅までの道を聞かれた。方言交じりで、この辺りの人ではなさそうだ。正直に言うと、めんどうくさかった。だから、駅までの道は少し複雑だったけれど、だいたいの行き方を伝えて歩き出した。曲がり角で振り返ると、おばあさんは最初の交差点ですでに迷っている。このまま家に帰るか、駅まで案内するか、私の心は揺れた。早く家に帰りたい。③でも、でも、でも……！

走っておばあさんのところへ行き、駅まで付き添った。とても感謝され、別れた帰り道で、買い物帰りの母とばったり会った。いきさつを話すと、「おばあさん、ほっとしたでしょうね」。

人の役に立てて晴れやかな気持ちになったうえに、□の大切さがわかって、私の心に刻まれるできごととなった。

1 ①その日、気分は最悪だった。という書き出しの工夫によって、読み手はどのようなことができますか。次から一つ選び、記号で答えなさい。

ア なるほどと、筆者の気持ちに共感できる。
イ 何があったのかと、文章の続きに興味をもてる。
ウ 自分もそうだったと、筆者を身近に感じられる。
エ 何が起こったのか、できごとをすぐに把握(はあく)できる。（　　）

2 よく出る ②電車を降りて帰り道を急ぐ。のように、過去のことを現在形の文末にして表すことで、どのような効果がありますか。次から一つ選び、記号で答えなさい。

ア 文にテンポのよいリズムを生む効果。
イ 情景をわかりやすく伝える効果。
ウ 当時の様子をいきいきと表現する効果。
エ そのときの心情を印象的に表現する効果。（　　）

3 ③でも、でも、でも……！とありますが、この表現により、筆者のどんな気持ちが伝わりますか。考えて書きなさい。

攻略！「急いだ」と表現したときとの印象の違いを比べてみよう。

（　　）

4 最後の段落の□には、どんな内容が入りますか。メモを参考にして、二十字以内で書きなさい。

知識の泉 Q「予定より費用がかかる」という意味の慣用句は？ □が出る

確認のワーク ステージ1
玄関扉

漢字と言葉

1 漢字の読み
読み仮名(がな)を横に書きなさい。

＊は新出漢字 ▼は新出音訓・◎は熟字訓

❶ ＊玄関＊扉　❷ 一＊般的　❸ ＊排出　❹ 現▼役
❺ ＊侵入　❻ 戸＊棚　❼ ＊頑固　❽ 近＊隣
❾ ＊融合　❿ ＊普通　⓫ ＊軌＊跡　⓬ ＊挨＊拶

2 漢字の書き
漢字に直して書きなさい。

❶ （　きょ　）離(り)を測る。　❷ （　しゅうねん　）深い。
❸ （　あくしゅ　）をする。　❹ 虫を（　きら　）う。
❺ 要求を（　こば　）む。　❻ 服を（　ぬ　）ぐ。

3 語句の意味
意味を下から選んで、線で結びなさい。

❶ 難点 ・　　・ア なごやかに親しみ、なじむこと。
❷ 執念 ・　　・イ よくないところ。
❸ 親和 ・　　・ウ 一つのことを思いつめる心。

解答 9ページ｜スピードチェック 7ページ｜予想問題 126ページ

学習のねらい
● 文章の内容を捉え、筆者の考えを読み取ろう。
● 論理の展開から、「外開き」が肯(こう)定(てい)される過程を捉えよう。

教科書の要点

1 話題 この文章の話題は何ですか。（　）に教科書の言葉を書き入れなさい。 教p.96

なぜ日本の玄関ドアは（　　）なのかということ。

2 内容理解 筆者は、欧米と日本の玄関の開き方の違いについて、どのような視点から考察していますか。（　）に教科書の言葉を書き入れなさい。 教p.96～100

生活様式や（　　）の違いという視点。

玄関の扉の開き方が日本と欧米では違う理由を、筆者はどのような視点から、どのように解釈しているか、しっかり読み取ろう。

3 筆者の考え 筆者は外開きのドアについてどのように考えていますか。（　）に教科書の言葉を書き入れなさい。 教p.99～100

（　　）の習慣のある日本人はドアから離(はな)れて立つため、外開きのドアに（　　）とは感じていないのではないか。

知識の泉 **A 足。** 〈例〉予想以上に材料費がかかり，予算からかなり<u>足が出</u>てしまった。

4 構成のまとめ

（　）に教科書の言葉を書き入れなさい。（各段落に1〜9の番号をつけて読みましょう。） 教p.96〜100

まとまり

まとまり	段落	内容
事実　玄関ドアの違い	1〜2段落	**日本** ●玄関ドア「外開き」 ↓外開きのドアは客を（①　　　）ように開く。 **欧米** ●玄関ドア「内開き」《解釈1》 ↓内開きのドアは客を（②　　　）ように開く。
考察1　生活様式の違い	3〜4段落	▼問題提起「なぜ日本の玄関のドアは外に開くのか」 **外開きのドア** ・脱いである履き物にドアが引っかからない。 ・玄関の土間を水洗いする場合、水勾配をとれば、水をスムーズに排出できる。 ・隙間風やほこりが入らない。 **内開きのドア** ・日本の住宅規模では、履き物にドアが引っかかる。 ・水勾配をとると、ドアの下端が土間の高い部分をこする。 ・隙間が必要→隙間風やほこりが入る。 ◆玄関ドアの外開きは「（③　　　）」。「土間を水洗いしたい。」「隙間風を嫌う。」という日本人の生活様式に適した現実的な解決といえる。
考察2　生活習慣の違い	5〜7段落	**日本** ●引き戸 相対する者のどちらの位置も侵さない。 ↓自然や近隣の人々に対して（④　　　）、融合的な日本人の態度にふさわしい。 **欧米** ●玄関ドア「内開き」《解釈2》 外来者を敵として拒む。（⑤　　　）を防ぐ。 ↓敵対的な存在を厳しく締め出そうとするヨーロッパ的な考え方の反映ではないか。
	8〜9段落	**日本** ●挨拶距離 （⑥　　　）をするために戸口から離れて立つ。 ◆日本人は外開きのドアに対して「押しのけられる」とは感じていないのではないか。 **欧米** ●挨拶距離 （⑦　　　）をするために戸口に近づいて立つ。 ◆外開きのドアが「客を押しのける」というのは、欧米人の挨拶距離を基準とした解釈なのではないか。

おさえよう

要旨 日本の玄関ドアは、〔ア 内　イ 外〕開きのほうが、履き物を脱ぐなどの生活〔ア 様式　イ 習慣〕や、おじぎをして挨拶をする生活〔ア 様式　イ 習慣〕に適している。

知識の泉　Q ——線を漢字で書くと？　出発がノびる。

実力判定テストA ステージ2

玄関扉

30分

自分の得点まで色をぬろう！
100点 合格！ 80 もう一歩 60 がんばろう！ 0
/100

解答 9ページ

次の文章を読んで、問題に答えなさい。

教 p.96・①〜97・⑱

①日本の住宅のドア、特に玄関のドアのあり方は、欧米とかなり違っている。日本の玄関のドアはたいてい外に開くのに対し、欧米では例外なくといっていいほど内側に開くのである。

外開きか内開きかということになると、②客を迎える際にはどうも内開きのほうがぐあいがよさそうだ。外に開くドアは、ドアの開かれるのを待っている客を押しのけることになる。それに比べると内開きのドアは、ちょうど「いらっしゃいませ。」とでもいうように、客を招き入れるように開くからはるかに感じがよい。

それなのに、③なぜ日本の玄関のドアは外に開くのか。その理由は明快で、日本人は玄関で履き物を脱ぐからだ。もし、ドアが内側へ開くと、脱いである履き物に引っかかりやすい。もちろん広さにゆとりがあって、きちんと整理されている玄関なら、④何も問題はなかろうが、現在の一般的な住宅の規模では、引っかかるおそれが多い。もう一つの理由として、⑤玄関土間の水洗いの問題も絡(から)んでくる。玄関に流した水をスムーズに排出するためには、ドアの方向に向かって、土間に水勾配(みずこうばい)をとるのが最も常識的な方法である。こうすると土間は奥のほうが少し高くなるので、ぴったりと閉まっているドアが内側へ開いていくと、ドアの下端(かたん)が土間の高い部分をこすることになる。この難点を避けるためには、ドアの下に、土間の床の高さの変化に応じた隙間(すきま)をつくっておくほかないが、そうすれば隙間風やほこりが入ってくる。

これに比べると、外開きのドアは技術的処理がずっと楽である。子供が脱ぎ散らかした履き物に、ドアが引っかかる心配をしなくてすむし、ドアに向かって水勾配をとれば水はスムーズに流れだす。土間の勾配を考えてドアの下に隙間をつくる必要がないばかりでなく、土間とドアの外のポーチの間に僅(わず)かの段差をつけて、戸当たりを兼(か)ねさせると、風が吹けば風圧でドアが戸当たりにぴったり押しつけられることになるから、隙間風やほこりも効果的にシャットアウトできる。つまり、玄関ドアの外開きは「履き物を脱ぐ。」「土間を水洗いしたい。」「隙間風を嫌う。」という日本人の生活様式に適した、⑥現実的な解決ということになろう。

〈渡辺(わたなべ) 武信(たけのぶ)「玄関扉」による〉

1 ①日本の住宅のドア、特に玄関のドアのあり方は、欧米とかなり違っている。とありますが、どう違っているのですか。それぞれの特徴として□にあてはまる言葉を文章中から抜き出しなさい。　5点×2（10点）

日本…□

欧米…□

2 ②客を迎える……ぐあいがよさそうだ とありますが、それはなぜですか。次の□にあてはまる言葉を文章中から抜き出しなさい。　5点×2（10点）

知識の泉　A 延。「延びる」＝時間が長びく。「伸びる」＝そのものが長くなる。成長する。発展する。

外開きの玄関ドアは、外で待つ客を［　　　　　］ように開くが、内開きのドアは客を［　　　　　］ように開くので、客にとって感じがよいから。

3 よく出る ③なぜ日本の玄関のドアは外に開くのか　とありますが、筆者はその理由をどのように考えていますか。次の（　）にあてはまる言葉を書きなさい。　10点×3（30点）

・日本人は玄関で（　　　　　）。

・日本人は玄関の土間を（　　　　　）。

・日本人は玄関から入る（　　　　　）。

攻略！ 文章の最後に「つまり」でまとめられた、日本人の生活様式に着目しよう。

4 ④何も問題はなかろう　とありますが、ここでの問題とはどのようなことですか。次から一つ選び、記号で答えなさい。（10点）

ア 子供たちが、玄関で履き物をきちんとそろえないこと。

イ 玄関に履き物が置いてあるため、水洗いができないこと。

ウ 内開きのドアは、外開きに比べ技術的処理が難しいこと。

エ 脱いである履き物に、開いたドアがあたってしまうこと。

（　　）

攻略！ 玄関ドアが、内側に開いたときに起こる問題を捉えよう。

---

5 よく出る ⑤玄関土間の水洗いの問題　について答えなさい。

(1) 土間を水洗いするとき、流した水をスムーズに排出するにはどうすればよいですか。文章中から抜き出しなさい。（10点）

（　　　　　）

(2) (1)の方法をとった場合、内開きのドアではどんな問題が起こりますか。（10点）

（　　　　　）

(3) 「水洗いの問題」を取り上げて、筆者はどのようなことを述べていますか。次から一つ選び、記号で答えなさい。（10点）

ア 水洗いを考えた場合、ドアは内開きよりも外開きのほうがよいということ。

イ 水洗いをするとき、脱いである履き物は事前に片付けたほうがよいということ。

ウ 排水のために、ドアは内開きにして隙間をつくったほうがよいということ。

エ 玄関は砂やほこりなどでよごれやすいため、水洗いしたほうがよいということ。

（　　）

6 ⑥現実的な解決　とはどうすることですか。（10点）

（　　　　　）

知識の泉　**Q**「庫」の部首名はどっち？　ア＝やまいだれ　イ＝まだれ

実力判定テストB ステージ3 玄関扉

30分

自分の得点まで色をぬろう!
100点 合格! 80 もう一歩 60 がんばろう! 0
/100

解答 10ページ

★ 次の文章を読んで、問題に答えなさい。 教 p.98・⑧〜99・⑨

内開きのドアは、体当たりによって押し破られもするが、外からの力に負けずに押し返せば、開かない。外部からの侵入を防ぐために、ドアの内側に戸棚などを斜めに立てかけるのは、映画の場面によく出てくる。①このようにすれば、内開きのドアは、例えば鍵を壊されても侵入を阻止できる。これを、外開きのドアの場合に置き換えてみると、侵入しようとする者と中にいる人が、②両側からドアを引っぱり合うかたちになって、なんともさまにならない。内開きのドアの場合は、ドアを挟んで、外からの力と内からの力がぶつかり合う。それは引っぱり合うのに比べてずっと直接的な闘争の表現となる。内開きのドアは外来者に対して「いらっしゃいませ。」と開くばかりでなく、ときには外来者を敵として頑固に拒みもするのだ。つまり、欧米人が内開きを選択したのは外敵の侵入を防ぐため、ともいえる。それは家を厚い壁で囲い、都市に市壁をめぐらして自分の領域を明確に示し、敵対的な存在を厳しく締め出そうとするヨーロッパ的な考え方を反映しているのだろう。

一方、日本はどうかというと、古来、ドア形式が全くなかったわけではないが、③圧倒的に多かったのは引き戸である。相対する者のどちらの位置も侵さず、横に軽やかに滑って視界から消える、という引き戸の特徴は、自然に対しても近隣の人々に対しても親和的、融合的な日本人の態度にいかにもふさわしいといえよう。

〈渡辺武信「玄関扉」による〉

1 ①このようにすれば、内開きのドアは、例えば鍵を壊されても侵入を阻止できる。について答えなさい。

(1) 「このようにすれば」とは、どのようにすることを指していますか。書きなさい。 (10点)

(　　　　)

(2) 内開きのドアが鍵を壊されても侵入を阻止できるのは、どのような特徴があるからですか。「……という特徴。」につながるように、文章中から二十字で抜き出しなさい。 (10点)

という特徴。

知識の泉 **A** イ。 形の似ている部首に注意。やまいだれ→「疒」，がんだれ→「厂」。

2 ②両側からドアを引っぱり合うかたち について答えなさい。

(1) このかたちについて、筆者はどのように感じていますか。文章中から十字以内で抜き出しなさい。（10点）

(2) よく出る このかたちが表す力関係を、内開きのドアに置きかえるとどうなりますか。「……かたち。」につながるように、文章中から抜き出しなさい。（10点）

（　　　　）かたち。

(3) 筆者は、(2)の様子を何と表していますか。文章中から九字で抜き出しなさい。（10点）

3 筆者は、内開きのドアをどのように解釈できると述べていますか。次から二つ選び、記号で答えなさい。5点×2（10点）

ア 外来者が味方だと判明するまでは、簡単には開かない。
イ 外来者を侵入者と見なすと、中から頑固に拒む。
ウ 自分と外来者のそれぞれの空間を、適度に保つ。
エ ドアの内側にいる外来者を、外へと押し出す。
オ ドアの外側にいる外来者を、内側の空間に招き入れようとする。

（　　）（　　）

4 よく出る ③圧倒的に多かったのは引き戸 とありますが、筆者は引き戸にはどんな特徴があると考えていますか。次から一つ選び、記号で答えなさい。（10点）

ア 内と外の両方の者の位置をじゃましないという特徴。
イ 内にいても外にいても身を守りやすいという特徴。
ウ 内開きのドアよりもたやすく開け閉めができるという特徴。
エ 内からも外からも自由に開け閉めできるという特徴。（　　）

5 記述 筆者は、引き戸が日本に根づいた理由をどのように考えていますか。次の文の□にあてはまる言葉を、三十字以内で考えて書きなさい。（15点）

引き戸の特徴が、□から。

6 レベルUP この文章で、筆者は二つの考え方を対比しています。それを説明した次の文の□にあてはまる言葉を文章中から抜き出しなさい。（完答15点）

自分の領域を囲い、□から自分を守ろうとするヨーロッパ的な考え方と、仕切りを消し、□も尊重しようとする日本的な考え方。

確認のワーク ステージ1

言葉発見③ 接続する語句・指示する語句
スピーチ 構成を工夫して魅力を伝える（漢字を身につけよう❹）

解答 10ページ　スピードチェック 8ページ

学習のねらい
● 接続する語句・指示する語句を知り、活用できるようになろう。
● 読み手を意識した構成や表現の工夫を捉えよう。

漢字

1 漢字の読み 読み仮名を横に書きなさい。

＊は新出漢字　▼は新出音訓・◎は熟字訓

❶ 連＊携　❷ ＊惜敗　❸ 均＊衡　❹ ＊措置

基本問題　言葉発見③

1 （　）に教科書の言葉を書き入れなさい。 教p.106

種類	つながり方・例
①（　）	●前に述べた事柄があとに述べる事柄の原因や理由になる。例だから・したがって・そこで
②（　）	●あとに述べる事柄が前に述べた事柄と逆になる。例しかし・ところが・でも
③・累加（　）	●前に述べた事柄にあとに述べる事柄を並べる・つけ加える。例そして・また・そのうえ
④・補足（　）	●前に述べた事柄をあとに述べる事柄でまとめる・補う。例つまり・なぜなら・ただし
⑤・選択（　）	●前に述べた事柄とあとに述べる事柄とを比べる・選択する。例または・あるいは・それとも
⑥（　）	●前に述べた事柄から話題を変えてあとに続ける。例さて・ところで・では

2 よく出る 次の文の□にあてはまる、接続する語句をあとから選び、記号で答えなさい。

① とても眠い。□、昨夜は夜ふかししたからだ。（　）
② 雨が降ってきた。□、急いで家に帰った。（　）
③ 黒、□青のボールペンで記入してください。（　）
④ 母が最初に部屋に入った。□、私が続いた。（　）
⑤ 駅まで走った。□、予定の電車に乗れなかった。（　）
⑥ 久しぶりだね。□、お母さんはお元気ですか。（　）

ア それから　イ けれども　ウ なぜなら
エ ところで　オ または　カ だから

3 （　）に教科書の言葉を書き入れなさい。 教p.107

	近称	中称	遠称	不定称
事物	これ	①（　）	あれ	どれ
場所	ここ	そこ	②（　）	どこ
方向	こちら ③（　）	そちら そっち	あちら あっち	④（　） どっち
状態	こんな こう	⑤（　） そう	あんな ⑥（　）	どんな どう
指定	⑦（　）	その	あの	⑧（　）

4 次の――線部が指し示す語句を、文中から抜き出しなさい。

① 駅前に大きなビルが完成した。そこにはたくさんの店が入るそうだ。（　　）

② 学校の近くに公園がある。あそこには野球場もあって、いつも小学生が練習をしている。（　　）

③ 新しいシャツを着た。これは、母が誕生日に買ってくれたものだ。（　　）

基本問題 スピーチ

★ **林さんは「最近熱中していること」をテーマにスピーチをしました。これを読んで、問題に答えなさい。**

皆さんは、読書は好きですか。僕は、最近、よく本を読むようになりました。きっかけは、父の本棚に、国語の教科書で読んだ作者の名前を発見したからです。それは、芥川龍之介。教科書には「トロッコ」が載っていますが、父の本棚には「鼻」「羅生門」など、気になるタイトルの作品が並んでいて、どんな内容か興味を引かれました。

最初は漢字が多くて大変かなと思いましたが、読み始めるとテンポのよさに引き込まれ、作品の世界に入りこんでいました。短編が多いので、いろいろな作品を楽しんでいます。でも、いちばんのポイントは、明治・大正時代の作家なのに、今の僕たちも共感できるような心情やその変化が書かれていることです。

皆さんにもおすすめします。一緒に芥川龍之介を読みましょう。

1 よく出る 林さんはスピーチの冒頭部分でどのような工夫をしていますか。次から一つ選び、記号で答えなさい。

ア 聞き手が知らないことについて、知識を与えている。
イ 聞き手が知っていることを取り上げて、共感を得ている。
ウ 聞き手に呼びかけて、自分の話に引き込んでいる。
エ 聞き手に実物を見せて、興味を引き出している。

（　　）

2 それは、芥川龍之介。の部分は、どのように話すと聞き手の興味を引くのに効果的ですか。次から一つ選び、記号で答えなさい。

ア 聞き取りやすさに気を付けて、スピードを変えずに話す。
イ 「それは、」で少し間をとって、続きを聞きたくなるように話す。
ウ スピーチ原稿を見ながら、間違いのないように話す。
エ 自分の主張に疑問を抱かせないよう、すばやく話す。

（　　）

攻略！ スピーチで最も重要なことは、聞き手に思いを届けることだよ。

3 林さんはどんなことがきっかけで芥川龍之介を読むようになりましたか。次の□にあてはまる言葉をスピーチの中から抜き出しなさい。

父の本棚に、□□□□で読んだ作者の名前を発見し、作品の□□□□からどんな内容か興味をもったこと。

4 林さんが芥川龍之介の作品に熱中する最も大きな理由を、簡潔に書きなさい。

（　　）

知識の泉 Q「知り合いが多い」という意味の慣用句は？　□が広い

確認のワーク ステージ1

月を思う心

学習のねらい

- 昔から現在までの私たちの生活と月との関わりを知ろう。
- 月の異名や旧暦など、月に関する古典知識を身につけよう。

解答 11ページ

教科書の要点

1 月の異名 （　）に教科書の言葉を書き入れなさい。 教p.115

季節	月（旧暦）	異名	由来（※諸説ある。）	現在の暦の目安
春	一月	①（　）	●「親類一同集まって睦み合う月」ということから。	二月
	二月	②（　）	●「寒さが残り、衣を更に着る月」の意の「衣更着」から。	三月
	三月	③（　）	●「木草弥生茂る（木や草がいよいよ生い茂る）」から。	四月
夏	四月	④（　）	●「卯の花がさく月」から。	五月
	五月	⑤（　）	●田植えの季節の「早苗月」から。	六月
	六月	⑥（　）	●「無」は「の」の意味。田に水を入れる「水の月」から。	七月
秋	七月	⑦（　）	●七夕の夜、文をさらす習慣から。	八月
	八月	⑧（　）	●「葉落ち月」から。	九月
	九月	⑨（　）	●夜が長くなる「夜長月」から。	十月
冬	十月	⑩（　）	●十月に神が出雲大社に集まって不在になることから。	十一月
	十一月	⑪（　）	●「霜が降りる月」から。	十二月
	十二月	⑫（　）	●「師匠が忙しく走り回る」から。	一月

2 構成のまとめ （　）に教科書の言葉を書き入れなさい。 教p.114～115

まとまり		内容
序論	1段落	●①（　）の「月」と一月・二月の「月」がある。
本論	2～4段落	●昔は、月の満ち欠けに合わせた暦を使っていた。 ●月は多くの②（　）や句に詠まれてきた。
結論	5段落	●時代が変わっても、人々は月を眺め続けていく。

おさえよう

要旨 昔の人々は〔ア 月の満ち欠け　イ 太陽の動き〕に合わせた暦を使い、季節感や生活習慣に基づく呼び名を用いていた。時代は変わっても、変わることのない〔ア 四季　イ 月〕を私たちは眺め続けていくだろう。

知識の泉 **A 顔。** 〈例〉父は，この土地ではとても顔が広い。

基本問題

次の文章を読んで、問題に答えなさい。 教p.114・①〜115・⑧

日本語では、空に浮かぶ「月」も、一月、二月というときの「月」も、どちらも「月」と書きます。昔から伝わる次の歌の中の「月」のうち、どの月が空の月で、どの月が一月、二月の月か、わかるでしょうか。

月月に月見る月は多けれど月見る月はこの月の月　…A

月ごとに月を見て楽しむ月は多いけれど、名月として見る月といえば今月の月だね。

現在と違って、昔は、月の満ち欠けに合わせた暦を使っていました。新月になる日を月の始まりと考え、各月の一日としました。一月、二月、三月という名前以外にも、各月には①呼び名（異名）があります。例えば、一月は「睦月」。親類一同集まって睦み合う月ということが由来とされます。二月は「如月」。まだ寒さが残り、衣を更に着る月という意味の「衣更着」からそう呼ばれるようになりました。いずれも、昔の人々の季節感や生活習慣などをもとに名づけられたものです。

昔の人が使っていた暦（旧暦）は、現在の暦とは、一か月ほど後ろにずれています。季節は、春を一月から三月、夏を四月から六月、秋を七月から九月、冬を十月から十二月と分けていました。古典の文章は、②そのような季節分けに基づいて書かれています。

〈「月を思う心」による〉

1 よく出る　Aの歌の══線ⓐ〜ⓗのうち、「一月、二月というときの『月』」はどれですか。あてはまるものを全て選び、記号で答えなさい。

（　　　）

2 よく出る　①呼び名（異名）とありますが、月の呼び名の由来についてまとめた次の文の□にあてはまる言葉を、文章中から抜き出しなさい。

一月は、親類一同が□、二月は、寒さが残り□が由来とされ、昔の暦では、各月の一日は□になる日であった。

3 ②そのような季節分けとありますが、どのように分けますか。十二か月をそれぞれの季節に分けて、漢数字で書きなさい。

春…（　　）〜（　　）月　夏…（　　）〜（　　）月
秋…（　　）〜（　　）月　冬…（　　）〜（　　）月

4 この文章に述べられていることにあてはまらないものを次から一つ選び、記号で答えなさい。

ア　昔の人の暦は、現代の暦よりも一か月ほど前にずれていた。
イ　各月の季節分けは、古典の文章と現代とで異なっている。
ウ　月の異名は、昔の人々の季節感や生活習慣を由来としている。
エ　昔の人の暦は、新月になる日を各月の始まりとしていた。

（　　　）

知識の泉　Q「川を背に陣を取り，勝利を収めた」という故事がもとになった故事成語は？

確認のワーク ステージ1

竹取物語
古文の読み方 古典の仮名遣《かなづか》い

学習のねらい
●古文の仮名遣いやリズムに注意して基礎《きそ》知識を身につけよう。
●登場人物の関係性の中に、現代にも通じる人間の心情を読み取ろう。

解答 11ページ スピードチェック 9・16ページ 予想問題 127ページ

漢字

1 漢字の読み 読み仮名《がな》を横に書きなさい。

＊は新出漢字 ▼は新出音訓・◎は熟字訓

❶＊継ぐ　❷＊筒（訓読み）　❸＊嘆く　❹＊遣わす
❺＊髪（訓読み）　❻＊錠　❼＊伴う　❽＊託す
❾＊献上　❿＊尋ねる　⓫＊吐き出す　⓬＊煙（訓読み）

2 漢字の書き 漢字に直して書きなさい。

❶（　　）《けんじょう》する。　❷（　　）《なげ》く。
❸名前を（　　）《たず》ねる。　❹人を（　　）《つか》わす。

教科書の要点

1 作品 「竹取物語」についてまとめなさい。 教p.127

成立	（①　　）時代の前期に作られたとされる。 作者はわからない。
特徴	現在に伝わる日本最古の（②　　）といわれている。

2 歴史的仮名遣《かなづか》い （　　）に現代仮名遣いを入れなさい。 教p.129

① ゐ・ゑ・を→（　　）・（　　）・（　　）
例 ゐたり→いたり　こゑ→こえ（声）　うを→うお（魚）

② ぢ・づ→（　　）・（　　）
例 はぢ→はじ（恥）　みづ→みず（水）

③ （語頭以外の）は・ひ・ふ・へ・ほ
→（　　）・（　　）・（　　）・（　　）・（　　）
例 あはれ→あわれ　向かひて→向かいて　いふ→いう
ひとへ→ひとえ　ものぐるほしけれ→ものぐるおしけれ

④ ア段＋う・ふ→オ段＋（　　）
例 からうじて→かろうじて　やうやう→ようよう

⑤ イ段＋う・ふ→イ段＋（　　）
例 あやしう→あやしゅう　きふに→きゅうに（急に）

⑥ エ段＋う・ふ→イ段＋（　　）
例 せうそく→しょうそく（消息）　けふ→きょう（今日）

⑦ くわ・ぐわ→（　　）・が
例 くわじ→かじ（火事）

⑧ む→（　　）
例 なむ→なん

＊「つ・や・ゆ・よ」→歴史的仮名遣いでは「つ・や・ゆ・よ」

知識の泉
A 背水《はいすい》の陣《じん》。　歴史書『史記』の故事に由来。「絶体絶命の状況《じょうきょう》で事にあたること」。

3 古典の言葉　次の言葉の意味を[　　]から選び、書き入れなさい。　教p.117・122

注意する点	古典語の例	意味
意味が変化した言葉	あやしがる	①（　　）
	うつくし	②（　　）
	ゐる	③（　　）
古典語だけに使われる言葉	よろづ	④（　　）
	いと	⑤（　　）
	まかる	⑥（　　）
	本意なし	⑦（　　）

いろいろ　かわいらしい　退去する　不思議に思う
たいそう　残念に思う　きれいだ　座る

4 構成のまとめ　（　）に言葉を書き入れなさい。　教p.117〜124

場面	できごと
かぐや姫の生い立ち 教p.117〜118	●竹取の翁が根もとの光る（①　　）を見つけて近寄ると、中に三寸ほどの人が座っていた。 ●子どもを授かったと喜ぶ翁と媼が大切に育てると、三月ばかりで一人前の娘に成長した。
貴公子の求婚 p.118〜119 125〜126	●美しいかぐや姫のうわさを聞き、（②　　）人の貴公子が求婚した。 ●かぐや姫は結婚の条件の品を示したが、誰も持って来られず、求婚は全て失敗に終わった。
月を見て嘆くかぐや姫 p.119〜120	●かぐや姫は帝の招きにも応じず、月日が経つ。 ●三年ほど過ぎた頃、かぐや姫は月を見て泣くようになり、自分は（③　　）の者で、帰らなければならないことを話した。
天人たちの出現 p.120〜121	●かぐや姫が月へ帰るという八月十五日、帝は二千人の兵を翁の家に派遣する。 ●大空から天人たちが（④　　）に乗って下りてきた。翁の家を守っていた人たちは、それを見て戦う気持ちを失ってしまった。
かぐや姫の昇天と帝の嘆き p.122〜124	●かぐや姫は翁と媼に（⑤　　）を書き置き、帝に手紙と不死の薬を残した後、天の羽衣を着て人間の感情をなくし、天に昇っていった。 ●帝は手紙と不死の薬を天にいちばん近い、駿河の国の山で燃やすように命じた。その山に多くの兵士が登り、士に富む山、（⑥　　）（不死の山）と呼ばれるようになった。

おさえよう

主題　〔ア 月　イ 竹〕から生まれたかぐや姫が、貴公子たちの求婚や帝の招きを退けて、〔ア 月　イ 山〕へ帰る物語。今と変わらない人間の欲望やずるさ、喜びや〔ア 悲しみ　イ 賢さ〕が描かれている。

実力判定テストA ステージ2

竹取物語

古文の読み方 古典の仮名遣(かなづか)い

30分

自分の得点まで色をぬろう!
合格! もう一歩 がんばろう!
100点 80 60 0
/100

解答 11ページ

★ 次の文章を読んで、問題に答えなさい。 教 p.117・上①〜118・⑥

今は昔、①竹取の翁(おきな)といふ者ありけり。

野山にまじりて②竹を取りつつ、ⓐよろづのことに使ひけり。

名をば、さぬきの造(みやつこ)とⓑなむいひける。

その竹の中に、もと光る竹なむ一筋ありける。

あやしがりて、③寄りて見るに、筒の中光りたり。

それを見れば、三寸ばかりなる人、ⓒいとうつくしうてゐたり。

［現代語訳］

A 、竹取の翁という者がいた。

野山に分け入って竹を取っては、いろいろなことに使っていた。

名は、さぬきの造といった。

その竹の中に、根もとの光る竹が一本あった。

［　　］、近寄って見ると、筒の中が光っている。

それを見ると、三寸ほどの大きさの人が、 B 様子で座っている。

翁は、「きっと自分の子になる方だ。」と喜んで、手の中に入れて家に帰り、あまりに小さいので籠(かご)に入れ、④媼(おうな)とともに育てた。


さて、二人がこの子を育て始めてから、翁は、黄金(こがね)の入った竹をたびたび見つけるようになり、たちまち豊かになった。

この子は、すくすくと成長し、三月(みつき)ばかりで一人前の娘(むすめ)になった。輝(かがや)くばかりの美しさで、家の中は光に満ち、翁は、この子を見ると、気分が悪く苦しいことも吹き飛んでしまうのだった。

やがて、⑤かぐや姫と名づけられる。


〈「竹取物語」による〉

1 よく出る 〜〜線ⓐ〜ⓒを現代仮名遣(かなづか)いに直し、全て平仮名で書きなさい。 5点×3（15点）

ⓐ
ⓑ
ⓒ

2 ①竹取の翁の名前は、何といいますか。古文の中から五字で抜き出しなさい。（6点）

3 ②竹を取りつつ　とありますが、竹を取るのは何をするためですか。現代語で書きなさい。（10点）

（　　　　）

攻略！ 現代語訳を参考にしてまとめる。

4 ③寄りて見る　について答えなさい。

(1) この動作を行ったのは誰ですか。（5点）

（　　　　）

(2) 何へ寄ったのですか。古文の中から五字で抜き出しなさい。（7点）

(3) **よく出る** □にあてはまる、この動作を行った人のこのときの気持ちを次から一つ選び、記号で答えなさい。（8点）

ア 不思議に思って
イ 恐ろしく思って
ウ うれしく思って
エ 悲しく思って

（　　　　）

5 **よく出る** □A・Bにあてはまる現代語訳をそれぞれ一つずつ選び、記号で答えなさい。8点×2（16点）

A
ア 今が昔のように思われるが
イ 今となっては昔のことだが
ウ 今も昔も変わらないことだが
エ 今からでは間に合わないことだが

（　　　　）

B
ア そっと身をひそめる
イ 無口でおとなしい
ウ 美しくきらびやかな
エ たいそうかわいらしい

（　　　　）

攻略！ まず、A・Bに対応する古語を見つけて、意味を考えよう。

6 **記述** ④媼とともに育てた　とありますが、子供を育て始めてから、翁と媼の暮らしはどのように変化しましたか。理由とともに書きなさい。（15点）

（　　　　）

攻略！ 「どんな理由でどうなった」という形でまとめる。

7 ⑤かぐや姫と名づけられる　について答えなさい。

(1) かぐや姫の成長の度合いを表している一文を探し、初めの五字を抜き出しなさい。（8点）

(2) 美しいかぐや姫のことを、翁はどのように感じていますか。文章中から二十五字以上三十字以内で抜き出しなさい。（10点）

知識の泉 Q 「しめすへん」と「土」を合わせてできる漢字は？

実力判定テストB ステージ3

竹取物語
古文の読み方 古典の仮名遣い

30分

自分の得点まで色をぬろう！
100点 合格！ 80 もう一歩 60 がんばろう！ 0
/100

解答 12ページ

1 次の文章を読んで、問題に答えなさい。 教 p.120・⑮〜121・⑩

八月十五日、帝は二千人の兵を翁の家に派遣した。兵士は、「こうもり一匹でも飛んだら射落としてやる。」と、血気盛んだ。媼は塗籠の中で姫を抱き、翁は錠を下ろしてその前に座る。

夜十二時頃、辺りが急に昼のような明るさになった。

大空より、①人、雲に乗りて下りきて、土より五尺ばかり上がりたるほどに立ち連ねたり。

内外なる人の心ども、物におそはれたるやうにて、②あひ戦はむ心もなかりけり。

[現代語訳]

大空から、人が雲に乗って下りてきて、地面から五尺ほどの宙に立ち並んでいる。

家の内と外にいた人々は、物の怪に取りつかれたようで、戦おうという気持ちは失せてしまった。

やっと気を取り直して、弓矢を取ろうとしても、手に力が入らず、ぐったりとしてしまう。気丈な者が力をこめて矢を射ようとするが、見当違いの方向に飛んでしまう。誰も彼も心はうつろになって、天人の一行を見守るばかり。

〈「竹取物語」による〉

1 ①人 について答えなさい。

(1) よく出る 「人」のあとに補うとよい言葉（助詞）を、平仮名一字で書きなさい。 (5点)

(2) 「人」の様子の説明として、適切でないものを次から一つ選び、記号で答えなさい。 (10点)

ア 雲に乗ってきた。
イ 地面に下り立った。
ウ 大空から下りてきた。
エ 宙に浮いていた。

(3) 「人」は何のためにやって来たのかを書きなさい。 (10点)

2 ②あひ戦はむ心もなかりけり について答えなさい。

(1) 現代仮名遣いに直し、全て平仮名で書きなさい。 (10点)

(2) このような気持ちになったのは、どんな人たちですか。次から一つ選び、記号で答えなさい。（10点）

ア かぐや姫を守るために帝が派遣した、家の内外の兵士たち。
イ 天人たちの様子を見るために集まってきた、近くの人たち。
ウ 帝が派遣した兵士からかぐや姫を守ろうとする、天人たち。
エ 翁に招かれてかぐや姫に会うために来た、近親の人たち。

（　　）

(3) このような気持ちになった(2)の人たちは、どんな状態になっていますか。書きなさい。（10点）

（　　）

2 次の文章を読んで、問題に答えなさい。 教p.122・上①〜下⑥

心乱れ泣き伏す翁と嫗に姫は心をいため、手紙を書き置いた。①過ぎ別れぬること、返す返す②本意なくこそおぼえはべれ。脱ぎ置く衣を形見と見たまへ。③月のいでたらむ夜は、見おこせたまへ。見捨てたてまつりてまかる、空よりも落ちぬべき心地する。

［現代語訳］
（　）は、返す返す A に存じます。脱ぎ置く着物を私の形見と思ってご覧ください。
月が出た夜は見てください。お見捨て申しあげていく私も、空から落ちてしまいそうな気がするのです。

〈「竹取物語」による〉

1 記述 ①過ぎ別れぬること とは、どのようになることですか。「かぐや姫」「翁」「嫗」という言葉を使って書きなさい。（15点）

（　　）

2 ②本意なく とありますが、かぐや姫のどんな気持ちが表れていますか。現代語訳の A にあてはまるように、五字以内で書きなさい。（10点）

□□□□□

3 よく出る ③月のいでたらむ夜は、見おこせたまへ。と言ったときのかぐや姫の気持ちを次から一つ選び、記号で答えなさい。（10点）

ア 自分のことは忘れて、幸せに暮らしてほしいと願う気持ち。
イ 何が起こっても、二度と月には戻りたくないという気持ち。
ウ 月の都は、地上よりもずっとすばらしい場所だと思う気持ち。
エ 月を見たら、自分のことを思い出してほしいという気持ち。

（　　）

4 かぐや姫の手紙は、翁や嫗にどんなことを伝えるために書かれたのですか。次から一つ選び、記号で答えなさい。（10点）

ア 自分は、月で暮らすのが幸せだと感じていること。
イ 自分がいずれ、二人を月へと招いて暮らしたいこと。
ウ 自分もまた、別れを大変つらいと思っていること。
エ 自分は、地上の人に身分を隠す必要があったこと。

（　　）

確認のワーク ステージ1

故事成語——矛盾
漢文の読み方 訓読の仕方

解答 12ページ スピードチェック 9・17ページ 予想問題 128ページ

学習のねらい
- 訓読の仕方を知り、漢文のリズムを味わおう。
- 表現の効果を考えながら、話の展開を捉えよう。

漢字と言葉

1 漢字の読み 読み仮名《がな》を横に書きなさい。

＊は新出漢字 ▼は新出音訓・◎は熟字訓

❶＊矛＊盾 ❷自＊慢 ❸＊堅い ❹＊更に ❺＊鋭い

2 漢字の書き 漢字に直して書きなさい。

❶じまん（　）する。 ❷むじゅん（　）する。
❸さら（　）に楽しむ。 ❹するど（　）い指摘《してき》。
❺かた（　）い守り。

3 語句の意味 言葉の意味を書きなさい。

❶つじつまが合わない（　）
❷由来（　）

教科書の要点

1 故事成語 （　）に教科書の言葉を書き入れなさい。 教p.132

故事とは、（　）のことで、その言い伝えや書物の中の話などから生まれた、短い言葉を（　）という。

2 矛盾 「物事のつじつまが合わないこと」を表す「矛盾」は、どのような内容の話からできた故事成語ですか。あてはまるものを次から一つ選び、記号で答えなさい。 教p.134

ア 二つの物事が、互いに良い効果をもたらす話。
イ 二つの物事が向き合い、互いにやりとりする話。
ウ 二つの物事が反発し合い、競合関係にある話。
エ 二つの物事がくいちがい、同時に成立しない話。

（　）

3 訓点 （　）に教科書の言葉を書き入れなさい。 教p.136

漢文を読むための（　）・送り仮名《がな》・句読点をまとめて、（　）と呼ぶ。

知識の泉 **A 手ごたえがないこと。** 「豆腐《とうふ》にかすがい」「ぬかに釘《くぎ》」も同義のことわざ。

4 漢文の種類 （　）に教科書の言葉を書き入れなさい。 教 p.136

白文（はくぶん）	●もとの（①　　）だけの文章。
訓読文（くんどく）	●（②　　）がつけられた文章。
書き下し文（くだ）	●訓読文を（③　　）の日本語の文章として書き改めたもの。

5 漢文の種類 漢文の種類をあとから選び、記号で答えなさい。 教 p.136

① 之を誉めて曰はく　（　　）

② 誉之曰　（　　）

③ 誉メテレ之ヲ曰ハク　（　　）

ア 白文　イ 訓読文　ウ 書き下し文

6 返り点 （　）に教科書の言葉を書き入れなさい。 教 p.137

レ点	（①　　）上の字に返る。
一・二点	（②　　）上の字に返る。
上・下点	（③　　）をはさんで下から上に返る。

返り点とは▼漢文を訓読する順序を示すために、漢字の左下につける記号。

7 返り点 例にならって、漢文を読む順番を算用数字で書きなさい。 教 p.137

例 [2]レ[1]

① □ □レ □レ □ □

② □二 □ □一 □レ □

8 いろいろな故事成語 あとの［　］からあてはまる故事成語を選んで、（　）に書き入れなさい。

①（　　）	由来…蛇（へび）の絵を最初に描いた者が酒を飲めることになったが、足を付け足したために蛇とは認められなかったという話。
②（　　）	由来…漢の国の武将が川を背にして陣（じん）をしき、退けば水、進めば敵という状況（じょうきょう）で力いっぱい戦い、ついに敵を倒（たお）したという話。
③（　　）	由来…五十歩逃（に）げた者が百歩逃げた者を臆（おく）病（びょう）だと笑ったが、逃げたことには変わりがないという話。

［五十歩百歩　蛇足（だそく）　背水（はいすい）の陣（じん）］

おさえよう

要点 〔ア 矛　イ 盾〕が堅くて突き通すことのできるものはないことと、〔ア 矛　イ 盾〕が鋭くて突き通さないものはないことは、同時に〔ア 成り立つ　イ 成り立たない〕ものである。

知識の泉 Q ——線を漢字で書くと？　目が<u>サ</u>める。お茶が<u>サ</u>める。

実力判定テストA ステージ2

故事成語――矛盾
漢文の読み方 訓読の仕方

30分

自分の得点まで色をぬろう！
100点 合格！ 80 もう一歩 60 がんばろう！ 0
/100

解答 13ページ

1 次の文章を読んで、問題に答えなさい。 教 p.132・④～133・⑥

楚人(そひと)に盾(たて)と矛(ほこ)とをひさぐ者あり。
①これを誉(ほ)めてⓐいはく、
「わが盾の堅きこと、よくⓑとほすなきなり。」と。
また、②その矛を誉めていはく、
「わが矛の③利(り)なること、④物においてとほさざるなきなり。」と。
ある人いはく、
「子(し)の矛をもつて、子の盾をとほさば、⑤いかん。」と。
⑥その人こたふることあたはざるなり。

[現代語訳]
楚の人で、盾と矛とを売っている者がいた。
□を自慢して言うには、
「私の盾の堅いことといったら、突き通すことのできるものはない。」と。
更に、その矛を自慢して言うには、
「私の矛の鋭いことといったら、どんなものでも□。」と。
ある人が（尋ねて）言うには、
「あなたの矛で、あなたの盾を突いたら、どうなるか。」と。
その人は答えることができなかった。〈「故事成語――矛盾」による〉

---

1 〰線ⓐ・ⓑを現代仮名遣(かなづか)いに直し、全て平仮名で書きなさい。 3点×2（6点）

ⓐ（　　）　ⓑ（　　）

2 よく出る 子とは、誰ですか。漢文の書き下し文の中から五字以上十字以内で抜き出しなさい。（10点）

攻略！「子」とは、「ある人」が話しかけている人のこと。

3 よく出る ①これが指しているものを漢字一字で書きなさい。（5点）

4 ②その矛を誉めていはくの訓読文を次から一つ選び、記号で答えなさい。（4点）

ア 誉(メテ)レ其(ノ)レ矛(ヲ)曰(ハク)
イ 誉(メテ)レ其(ノ)矛(ヲ)レ曰(ハク)
ウ 誉(メテ)其(ノ)二矛(ヲ)曰(ハク)一
エ 誉(メテ)二其(ノ)矛(ヲ)一曰(ハク)

（　　）

5 ③利とありますが、この場合の「利」の意味を次から一つ選び、記号で答えなさい。（10点）

ア 利点　イ 鋭利　ウ 有利　エ 利用

（　　）

攻略！ 現代語訳と同じ意味で使われているものを探そう。

知識の泉 A 覚・冷。「覚める」＝意識がはっきりする。「冷める」＝冷たくなる。

6 よく出る ④とほさざるなきなり の意味を、「よくとほすなきなり」の意味を参考にして書きなさい。（10点）

（　　　）

7 ⑤いかん の意味を、現代語訳の中から抜き出しなさい。（5点）

（　　　）

攻略！「とほさざるなきなり」は、「ざる」「なき」の二重否定の表現。

8 ⑥その人こたふることあたはざるなり。について答えなさい。

(1) この意味を、現代語訳の中から抜き出しなさい。（5点）

（　　　）

(2) 記述 それはなぜですか。「……しないから。」につながるように、三十字以内で具体的に書きなさい。（15点）

（　　　）しないから。

9 「矛盾」という言葉の使い方が正しいものを次から一つ選び、記号で答えなさい。（10点）

ア 物を矛盾に管理していると、問題が起こるだろう。
イ 相手の説明の中で矛盾している点について質問する。
ウ 遠くから来てくださって、とても矛盾に思います。
エ 弟はゲームになると時間を忘れて矛盾してしまう。

（　　　）

2 次の意味をもつ故事成語をあとから一つずつ選び、記号で答えなさい。2点×5（10点）

① 大人物は世に出る前には長い時間がかかること。
② してもしかたのない心配。
③ 権力のある人の威光をかさにきて、いばること。
④ どちらを見ても敵ばかりの状況。
⑤ 二者が争っている間に、第三者が利益を横取りすること。

ア 守株　イ 大器晩成　ウ 漁夫の利
エ 杞憂　オ 四面楚歌　カ 虎の威を借る狐

①（　）②（　）③（　）④（　）⑤（　）

攻略！それぞれの状況を表す漢字を考えて、手がかりにしてみよう。

3 次の文の□にあてはまる故事成語を、あとから一つずつ選び、記号で答えなさい。2点×5（10点）

① 作文を書いたら、提出する前によく□しなさい。
② その説明は□だったね。かえって混乱してしまったよ。
③ 君は彼に勝ったけど、実力はどちらも□だと思うよ。
④ 兄は母が小言を言っても□で、テレビばかり見ている。
⑤ この試合に負けることはできない。□で臨むつもりだ。

ア 蛇足　イ 蛍雪の功　ウ 馬耳東風
エ 推敲　オ 背水の陣　カ 五十歩百歩

①（　）②（　）③（　）④（　）⑤（　）

知識の泉 Q 「後」を部首索引で引くときの部首名は？

確認のワーク ステージ1 漢字のしくみ3 漢字の音と訓（漢字を身につけよう⑤）

解答 13ページ　スピードチェック 9ページ

学習のねらい
- 漢字の音と訓を理解しよう。
- 同音異字、同訓異字は、意味を読み取って、ふさわしい漢字を書くようにしよう。

漢字

1 漢字の読み
読み仮名を横に書きなさい。

*は新出漢字　▼は新出音訓・◎は熟字訓

❶ *擬音　❷ 結*晶　❸ 対*称　❹ *是正
❺ *即席　❻ 里*芋　❼ *垣根　❽ 山*裾
❾ *覆面　❿ 水*滴　⓫ *摂取　⓬ 選*択*肢
⓭ *掛け*軸　⓮ *伐採　⓯ 変*貌　⓰ *唐突
⓱ 委*嘱　⓲ 序*盤　⓳ *緊*迫　⓴ *窒息

2 漢字の書き
漢字に直して書きなさい。

❶ 社会への（こうけん）。　❷ ミスを（してき）する。
❸ 公共の（ふくし）。　❹ 意見を（こうてい）する。
❺ （めいよ）が傷つく。　❻ 訪問を（かんげい）する。

基本問題　漢字のしくみ3

1
漢字の読み方について、（　）に教科書の言葉を書き入れなさい。 教p.138

読み	内容
音	●漢字が伝わったときに、中国で使用されていた（①　　）をもとにした読み方。
訓	●漢字が表す意味に合った（②　　）をあてた読み方。

＊一つの漢字が二つ以上の音や訓をもっているものもある。

2
次の――線の漢字の読みを平仮名で書きなさい。また、その読み方が音の場合は「A」、訓の場合は「B」を書きなさい。

① 高い志をもつ。（　　・　）
② 火の番をする。（　　・　）
③ 駅で待ち合わせる。（　　・　）
④ 空のびんを捨てる。（　　・　）
⑤ 紅白の幕を張る。（　　・　）

知識の泉　**A ぎょうにんべん。**　「街・衛」の部首は「行」（ぎょうがまえ）になる。

3 次の――線の漢字の読みを平仮名で書きなさい。

(1)
① 午後は用事がある。（　　）
② 試合の後半。（　　）
③ 後ほどうかがいます。（　　）
④ 後ろを振り向くな。（　　）
⑤ 後先を考えない。（　　）

(2)
① 重量別の競技。（　　）
② 歴史的に貴重な発見。（　　）
③ 重い荷物を運ぶ。（　　）
④ 用事が二つ重なる。（　　）
⑤ 八重の桜が美しい。（　　）

4 漢字の読み方について、（　）に教科書の言葉を書き入れなさい。 教p.138

種類	内容	語例
①（　　）	●同じ音で、意味の異なる漢字。	「セキ」面積・成績・責任
②（　　）	●同じ訓で、意味の異なる漢字。	「はじめ」始め・初め

5 次の――線を漢字に直して書きなさい。

(1)
① 裁判所にイギを申し立てる。（　　）
② 人生のイギを考える。（　　）

(2)
① 安全をホショウする。（　　）
② 身元をホショウする。（　　）

(3)
① タイショウな図形。（　　）
② タイショウ的な性格の姉妹（しまい）。（　　）
③ 中学生タイショウの雑誌。（　　）

(4)
① この部屋はアタタかい。（　　）
② 母はアタタかい心の持ち主だ。（　　）

(5)
① 会社にツトめる。（　　）
② 主役をツトめる。（　　）
③ 実現にツトめる。（　　）

(6)
① 空き地に家がタつ。（　　）
② 消息をタつ。（　　）
③ 悪口に腹がタつ。（　　）

知識の泉 Q「ちらっと聞く」のはどっち？　ア＝耳が痛い　イ＝小耳にはさむ

確認のワーク ステージ1

「みんなでいるから大丈夫」の怖さ
行事案内リーフレット 必要な情報をわかりやすく伝える ほか

解答 13ページ スピードチェック 10ページ

学習のねらい
- 情報を整理し、意見と根拠の関係を捉えよう。
- 集めた材料を整理し、まとめる方法を知ろう。

漢字

1 漢字の読み 読み仮名を横に書きなさい。 ＊は新出漢字 ▼は新出音訓・◎は熟字訓

❶ 大＊丈夫 ❷ 分＊析 ❸ ＊某大学 ❹ 見＊渡す

2 漢字の書き 漢字に直して書きなさい。

❶ （けいこう）をつかむ。 ❷ 自宅（けん）事務所。

❸ 時間に（おく）れる。 ❹ 急いで（に）げる。

教科書の要点 防災に関するデータ

1 グラフの読み取り 教科書p.145の「大地震に備えている対策」についてのグラフを見ながら、次の問いに答えなさい。 教p.144〜145

① 最も多くの人がしている対策はどんなことですか。（　）にグラフの項目の言葉を書き入れなさい。

（　）や（　）、日用品などを準備すること。

② 備えている人が少ないものは何ですか。次から二つ選び、記号で書きなさい。

ア 毛布　イ 懐中電灯　ウ 足元灯　エ 非常持ち出し用衣類　（　）（　）

③ 家族と別々の場所にいるときに大地震が起きた場合に備えて、どのようなことが必要だと思いますか。（　）にグラフの項目の言葉を書き入れなさい。

（　）と、家族の（　）を決めておくこと。

④ ①〜③で読み取ったことをもとにした、地域の人々に防災意識を高めてもらうための課題として、適切でないものを次から一つ選び、記号で書きなさい。

ア 防災訓練に積極的に参加してもらうにはどうしたらよいか。

イ 衣類や毛布の備えが必要なことをどのように伝えるか。

ウ 食料などの備えがある人に買い足しの時期をどう伝えるか。

エ 家族の安否確認の方法としてどんな手段を紹介するか。

（　）

教科書の要点 「みんなでいるから大丈夫」の怖さ

1 実験の内容 某大学の学生寮でどのような実験が行われましたか。（　）に教科書の言葉を書き入れなさい。 教p.146

（　）なしで（　）を鳴らしたときに、人がどのような（　）ものかを調べる実験。

知識の泉 A イ。「耳が痛い」は，自分の弱みを指摘されて聞くのがつらい様子。

教科書の要点　行事案内リーフレット

1 知識　次の（　）に教科書の言葉を書き入れなさい。教p.150

催し物の案内や商品の説明などに使われる一枚ものの資料のことを（　　　）という。

2 ポイント　掲載（けいさい）内容を決めるときは、どのような意識をもって取り組みますか。（　）に教科書の言葉を書き入れなさい。教p.151

「受け取った人に来てもらう」という（　　　）と、受け取る人の立場に立った（　　　）をもって取り組む。

基本問題　行事案内リーフレット

★ 次は、地域の人へクリスマス演奏会の案内をするリーフレットの一部です。これを読んで、問題に答えなさい。

> クリスマス演奏会のご案内
>
> ⓐ
>
> ⓑ
>
> 日時：12月25日（土）
> 9：30〜10：30
> 場所：第一中学校（体育館）
>
> **今年の挑戦（ちょうせん）**
> 今年は初めて「ハンドベル」という楽器が演奏に加わります。私たちが奏（かな）でる美しい音色をお楽しみに！
>
> **お願い**
> ・校内に駐車（ちゅうしゃ）スペースはございませんので，徒歩での来校に協力するように。
> ・上履き（スリッパ）をご持参ください。

1　リーフレットのⓐに入れるキャッチコピーを、次の〈情報〉を参考にして書きなさい。

〈情報〉・演奏するのは、クリスマスの曲である。
・「ハンドベル」を使って演奏する。

（　　　）

2　リーフレットのⓑには、何を入れるのがふさわしいと思いますか。次から一つ選び、記号で答えなさい。

ア　第一中学校の体育館のイラスト。
イ　「ハンドベル」の歴史についての説明文。
ウ　「クリスマス演奏会」という大きな文字。
エ　「ハンドベル」の練習風景の写真。

攻略！　〈今年の挑戦〉には何がふさわしいか考えよう。

（　　　）

3　協力するように を適切な言葉遣（づか）いに直しなさい。

（　　　）

4　**よく出る**　このリーフレットの目的はどのようなことですか。次から一つ選び、記号で答えなさい。

ア　行事について地域の人たちの話題の一つにしてもらうこと。
イ　行事の内容が中学生にふさわしいか判断してもらうこと。
ウ　行事への関心を高めてもらい、行事に参加してもらうこと。
エ　行事の内容をアピールして、準備などに協力してもらうこと。

（　　　）

知識の泉　Q　次の故事成語の□にあてはまる漢字は？　漁夫の□

実力判定テストA ステージ2

「みんなでいるから大丈夫」の怖さ

30分

自分の得点まで色をぬろう！
100点　合格！　80　もう一歩　60　がんばろう！　0
/100

解答 14ページ

次の文章を読んで、問題に答えなさい。　教p.147・⑱〜149・⑤

某大学の学生寮(りょう)で、予告なく火災報知器を鳴らし、発煙筒をたいたときに、学生たちがどのような行動をとるかを調べる実験を行った。

①実験を集計すると、以下のとおりだった。

火災報知器が鳴った時点で行動を起こしたのは、部屋に一人でいた五人全員と、部屋に二人でいた一組の計七人。煙を見てから避難した人は、部屋に二人でいた学生の計六人だった。食堂にいた学生が避難を開始したのは、火災報知器が鳴ってから三分経過してからであった。つまり、部屋に一人でいた場合は、全員が火災報知器が鳴ってからすぐドアを開けて何か起きていないか確認行動を起こしている。しかし、部屋に二人でいた学生は、一組だけが行動を起こし、他の部屋に二人でいた計六人は、火災報知器が鳴ってもなんの行動も起こさず煙に気づいてから行動を起こしているのである。食堂にいた学生に至っては、三分の間、なんの行動も起こさなかった。

避難が遅れた、部屋に二人でいた学生に聞くと、「たぶん誤報か点検だと思っていた。まさか火災とは思わなかった。」がほとんどだった。これは食堂にいた学生たちも同じような答えだったが、②「みんないるから大丈夫だと思った。」という言葉がつけ加えられていた。

「災害時、みんなでいれば怖くない」に陥(おちい)る心理

緊急時、人間は一人でいるときは「何が起きたのか」とすぐ自分の判断で行動を起こす。しかし、複数の人間がいると「みんなでいるから」という安心感で、緊急行動が遅れる傾向にある。これを「集団同調性バイアス」と呼ぶ。先の実験の食堂のように人間の数が多いと、さらに③その傾向が強くなる。集団でいると、自分だけが他の人と違う行動をとりにくくなる。お互いが無意識にけん制し合い、他者の動きに左右される。自分個人より集団に過大評価を加えていることが読み取れる。結果として逃げるタイミングを失うことにもなりかねない。まるで、「災害時、みんなでいれば怖くない。」である。

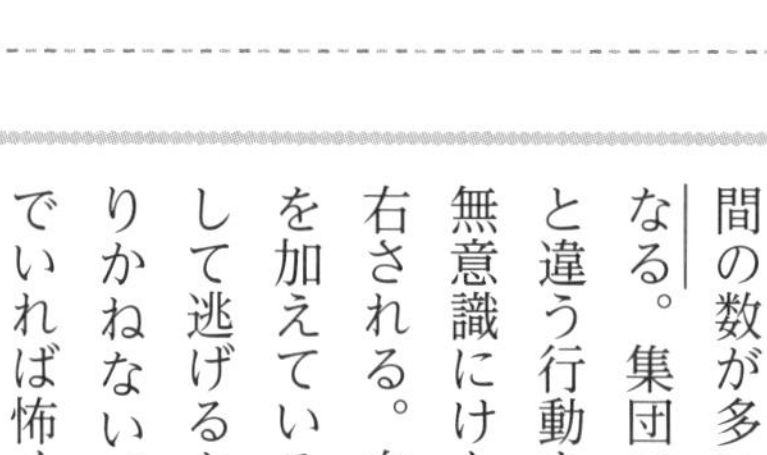

「みんなでいれば安心だ。」と思う心理には、客観的合理性や、科学的根拠はない。災害が発生したとき、または危ないなと思ったら、まず安全なところへ避難することだ。「みんないるから」の心理がはたらいて、その場にじっとしている自分に気がついたら、ぜひこの話を思い出してほしい。④みんながいるから大丈夫なのではなく、みんながいるから危険に流される場合がある。

〈山村(やまむら) 武彦(たけひこ)「『みんなでいるから大丈夫』の怖さ」による〉

1 ①実験を集計する について答えなさい。

(1) 避難が早かった順になるよう、記号で答えなさい。(完答5点) ①(　)→②(　)→③(　)

ア 部屋に一人でいた人　イ 部屋に二人でいた人

ウ 食堂にいた人

(2) 部屋に二人でいた人のうち六人は、どんなことがきっかけで避難しましたか。次から一つ選び、記号で答えなさい。(5点)(　)

ア 部屋に一人でいた人が避難したこと。

イ 火災報知器がずっと鳴り続けたこと。

ウ 火事を知らせる叫び声が聞こえたこと。

エ 煙が出ているのを見たこと。

攻略！ 「部屋に二人でいた学生」の行動を整理して捉えよう。

(3) 部屋に一人でいた人は、火災報知器が鳴ってすぐにどんな行動をとりましたか。(10点)

(　)

(4) 食堂にいた人たちの行動について、(　)にあてはまる言葉を、文章中から抜き出しなさい。5点×2(10点)

火災報知器が鳴って、(　)経過してから、避難を(　)。

2 **記述** 学生たちの避難が遅れたのはどう考えたからですか。わかりやすく書きなさい。(20点)

(　)

3 ②みんないるから大丈夫だと思った。とありますが、このような考え方によって行動が遅れることをなんと呼びますか。文章中から九字で抜き出しなさい。(10点)

4 ③その傾向が強くなる について答えなさい。

(1) 「その」とは、何を指していますか。文章中から八字で抜き出しなさい。(10点)

(2) **よく出る** (1)の傾向が強くなるのはなぜですか。(　)にあてはまる言葉を、文章中から抜き出しなさい。5点×2(10点)

人間は集団でいると、他人と(　)なり、無意識で互いにけん制し合い、(　)されやすいから。

(3) **攻略！** 人間の集団心理が書かれている部分を捉えよう。

(2)のことから、筆者はどんなことが読み取れると述べていますか。(10点)

(　)

5 **よく出る** ④みんながいるから……場合がある。とありますが、このことから筆者は、災害が発生したときや危険を感じたときにどのようにするべきだと述べていますか。文章中から十五字で抜き出し、はじめの五字を書きなさい。(10点)

知識の泉 Q 慣用句「胸をなでおろす」の意味は？

確認のワーク ステージ1

文法の窓2 単語の類別・品詞（漢字を身につけよう⑥）

解答 14ページ スピードチェック 11・19ページ

学習のねらい
- 単語の形やはたらきに注意して、品詞を見分けよう。
- 名詞、副詞、接続詞の種類を見分けよう。

漢字

1 漢字の読み 読み仮名を横に書きなさい。

＊は新出漢字 ▼は新出音訓・◎は熟字訓

❶ 海＊藻 ❷ ＊繊＊維 ❸ 探＊偵 ❹ 年＊譜
❺ 太＊鼓 ❻ ＊稽古 ❼ ＊肘 ❽ ＊逐一
❾ ＊箇条書き ❿ 制＊覇 ⓫ ▼机上 ⓬ ▼健やか
⓭ ▼省みる ⓮ ▼図る ⓯ ▼若干 ⓰ 類▼似

2 漢字の書き 漢字に直して書きなさい。

❶ 商品の（はんばい）。 ❷ （すい）眠をとる。
❸ 条件の（こうしょう）。 ❹ 人に（すいしょう）する。
❺ 力で（ていこう）する。 ❻ （こうもく）に分ける。
❼ （だんぼう）をつける。 ❽ （はば）が広い。

教科書の要点

1 単語の類別 （　）に教科書の言葉を書き入れなさい。 教 p.231

単語は、単独で文節を作ることができる（①　　）と、必ず自立語と一緒になって文節を作る（②　　）に分けられる。

2 品詞の分類 （　）にあてはまる品詞名を書きなさい。 教 p.232

- 単語
  - 自立語
    - 活用がない
      - 主語になる（体言）―― 名詞
      - 修飾語になる
        - 主に連用修飾語になる ―― ①
        - 連体修飾語になる ―― ②
      - 接続語になる ―― ③
      - 独立語になる ―― ④
    - 活用がある ―― 述語になる（用言）
      - 言い切りがウ段 ―― ⑤
      - 言い切りが「い」 ―― ⑥
      - 言い切りが「だ・です」 ―― ⑦
  - 付属語
    - 活用がない ―― ⑧
    - 活用がある ―― ⑨

①（　　） ②（　　） ③（　　）
④（　　） ⑤（　　） ⑥（　　）
⑦（　　） ⑧（　　） ⑨（　　）

知識の泉 **A ほっとする。** 〈例〉台風の被害が出なかったので，胸をなでおろした。

3 名詞の種類　（　）に言葉を書き入れなさい。　教p.233

名詞の種類		はたらきや性質	語例
①（　）		●**一般的な事物の名前**を表すもの。	海　平和 サッカー
②（　）		●人名、地名など、**固有の事物の名前**を表すもの。	徳川家康（とくがわいえやす） 東京
③（　）		●事物の**数量、順序**を表すもの。	一　三つ
④（　）		●本来の意味がうすれ、修飾語について用いられるもの。ふつう、平仮名で書く。	行くとき 思うこと
代名詞	⑤（　）代名詞	●人を指すもの。	私　彼 あなた
	⑥（　）代名詞	●事物、場所、方向を指すもの。「こそあど言葉」ともいう。	こちら あれ

4 副詞の分類　（　）に言葉を書き入れなさい。　教p.235〜236

副詞の分類	はたらきや性質	語例
①（　）の副詞	●動作や作用が**どのような様子**かを表す。	ゆっくり きらっと
②（　）の副詞	●物事の**性質や状態の程度**がどのくらいかを表す。	たくさん わずか
③（　）の副詞	●**話し手の気持ちや判断、述べ方**を表す。	たぶん もし

5 連体詞　（　）に言葉を書き入れなさい。　教p.236

連体詞は、①（　）で活用がなく、文の中では②（　）が主となる文節を修飾する単語のこと。

6 接続詞の分類　（　）に言葉を書き入れなさい。　教p.236〜237

接続詞の分類	はたらきや性質	語例
①（　）	●前の事柄（ことがら）があとの事柄の**原因・理由になること**を表す。	だから すると
②（　）	●前の事柄とあとの事柄が**くいちがうこと**を表す。	しかし けれども
③（　）	●前の事柄にあとの事柄を**並べたり、加えたりすること**を表す。	そして また
④（　）	●前の事柄をあとの事柄が**説明、補足すること**を表す。	つまり なぜなら
⑤（　）	●前とあとの事柄を**比べたり、選択したりすること**を表す。	または それとも
⑥（　）	●前の事柄から**話題を変えて、あとに続けること**を表す。	さて ところで

7 感動詞　（　）に言葉を書き入れなさい。　教p.237

感動詞は自立語で①（　）がなく、文の中では②（　）になり、応答・挨拶・呼びかけ・感嘆などを表す単語のこと。

知識の泉　Q「熱」の部首のもとになっている漢字はどっち？　ア＝水　イ＝火

実力判定テストA ステージ2
文法の窓2 単語の類別・品詞

30分

自分の得点まで色をぬろう！　100点　80　60　0　/100

解答 15ページ

1 次の文の単語の中で、自立語には――線、付属語には═線を引きなさい。　3点×3（9点）

① 明日 は 運動会 が 開か れる 予定 だ。

② 急に 暗く なり、雨 が ざっと 降り出し た。

③ 窓 から 風 が さわやかに 吹き抜け て いく。

攻略！ 文節は必ず自立語から始まる。まずは文節にくぎって考えてみよう。

2 よく出る 次の文の単語の中で、活用があるものには――線、活用がないものには═線を引きなさい。　3点×3（9点）

① 将来 は 立派な 医師 に なり たい。

② 誕生日 に たくさん プレゼント を もらっ た。

③ きれいな 花 が ひっそりと さい て い た。

3 次の単語を（　）にあてはまるように活用させて、書き入れなさい。　1点×4（4点）

① 読む → 今日は図書館で借りた本を（　　）ます。

② する → ゲームを（　　）ないで勉強しよう。

③ 寒い → もし（　　）ば、上着を着なさい。

④ 静かだ → （　　）場所でゆっくり休む。

4 次の文の単語の中で、体言には――線、用言には═線を引きなさい。　3点×4（12点）

① この 写真 は たしか 夏 に とっ た もの だ。

② ああ、世界 が まったく 違っ て 見える。

③ 食後 に おいしい コーヒー を 飲み ます か。

④ いかなる とき も 努力する こと が 重要だ。

5 次の単語は、どの品詞からどの品詞へと転成していますか。あとから一つずつ選び、記号で答えなさい。　3点×4（12点）

① いやだ → いやがる　（　）→（　）

② なげく → なげき　（　）→（　）

③ 美しい → 美しさ　（　）→（　）

④ 赤い → 赤らむ　（　）→（　）

ア 名詞　イ 動詞　ウ 形容詞　エ 形容動詞

攻略！ 品詞の転成とは、単語が形やはたらきを変え別の品詞になること。

6 次の各組の単語の中から、他の単語と品詞の異なるものを一つずつ選び、記号で答えなさい。　1点×4（4点）

① ア 短い　イ 勢い　ウ 熱い　エ 白い　（　）

② ア 話す　イ 転ぶ　ウ 遊び　エ 出発する　（　）

③ ア あの　イ 時計　ウ 笑い　エ だれ　（　）

④ ア 確かだ　イ 不思議だ　ウ 親切だ　エ 大きな　（　）

知識の泉　A イ。「灬」の部首名は「れんが（れっか）」で，部首「火」が下方に入るときの形。

7 次の文の名詞に――線を引きなさい。また、その名詞の種類をあとから一つずつ選び、記号で答えなさい。 3点×5（15点）

① きれいな梅が咲く。（　）
② がんばって富士山に登ろう。（　）
③ 彼はとても無口だ。（　）
④ すごくうれしいことがあった。（　）
⑤ たった一人で練習する。（　）

ア 普通名詞　イ 固有名詞　ウ 数詞
エ 形式名詞　オ 代名詞

8 次の文の副詞に――線を引きなさい。また、その副詞の種類をあとから一つずつ選び、記号で答えなさい。 3点×4（12点）

① テスト前にはしばしば図書館に行く。（　）
② 学校の前の道はとても広い。（　）
③ あなたのことは決して忘れません。（　）
④ 子供の頃のことをふと思い出した。（　）

ア 状態の副詞　イ 程度の副詞　ウ 陳述（叙述）の副詞

9 よく出る 次の□にあてはまる副詞をあとから一つずつ選び、記号で答えなさい。 1点×4（4点）

① □失敗したのか、よく考えてみよう。（　）
② 彼女の目は、□宝石のようだ。（　）
③ ずっと走ってきたので、□寒くない。（　）
④ □試合に負けても、思い残すことはない。（　）

ア 少しも　イ たとえ　ウ まるで　エ なぜ

10 次の――線から連体詞を三つ選び、記号で答えなさい。 1点×3（3点）

ア 来る九月十五日に全校集会を開きます。
イ その転校生はいつから学校へ来ますか。
ウ 母は小さいことを気にしない性格だ。
エ 父はあらゆるスポーツが好きだ。
オ 疲れたので、少し休もう。

（　）（　）（　）

11 次の□にあてはまる接続詞をあとから一つずつ選び、記号で答えなさい。ただし、記号は一度しか使えません。 2点×6（12点）

① 練習は厳しい。□、部をやめるつもりはない。（　）
② 関係者、□ご列席の皆様に感謝いたします。（　）
③ 彼は誠実だ。□、みんなに好かれている。（　）
④ 大豆の加工食品、□、豆腐を食べる。（　）
⑤ 夏休みは海へ行こうか。□、山へ行こうか。（　）
⑥ 宿題が終わった。□、テレビでも見るか。（　）

ア それとも　イ ならびに　ウ だから
エ たとえば　オ けれども　カ では

攻略！ □の前後の文や語句がどんな関係かを考える。

12 次の□にあてはまる感動詞をあとから一つずつ選び、記号で答えなさい。ただし、記号は一度しか使えません。 1点×4（4点）

① □、みなさん、こちらに集まってください。（　）
② □、こんなところで会うなんて珍しいね。（　）
③ 彼から手紙が来るなんて、□、何の用だろう。（　）
④ □、私ではありませんよ。（　）

ア おや　イ はて　ウ いいえ　エ さあ

確認のワーク ステージ1

それだけでいい
言葉発見④ 比喩・倒置・反復・対句・体言止め

学習のねらい
- 詩の言葉を的確に捉えて、内容を理解しよう。
- 詩の表現の特徴と効果に着目しながら読もう。

解答 15ページ

1 表現 次の説明にあてはまる比喩を書きなさい。 教p.162〜163

① 「〜ようだ」などの形を使わずにたとえる。（　　）
② 人間でないものを人間に見立てて表す。（　　）
③ 「〜ようだ」などの形を使ってたとえる。（　　）

2 表現 次の文で用いられている表現をあとから一つずつ選び、記号で答えなさい。 教p.162〜163

① 太陽は赤く照りつけ、月は白く輝く。（　　）
② なんて楽しいのだろう、友達とのおしゃべりは。（　　）
③ 夜空にぽっかり浮かぶ月が、にっこりと笑いかけた。（　　）
④ 疲れて、疲れて、疲れて、もう歩くことができない。（　　）
⑤ 好きな料理はカレー。母の手作りのものが最高。（　　）
⑥ 親友からのひと言を、心のノートに書きとめる。（　　）
⑦ 色とりどりの紅葉は、まるで錦の敷物のようだ。（　　）

ア 直喩（明喩）　イ 隠喩（暗喩）　ウ 擬人法
エ 倒置　オ 反復　カ 対句　キ 体言止め

教科書の要点　それだけでいい

1 詩の種類 この詩に合うものに○をつけなさい。

この詩は、用語で分類すると、｛ア 文語詩／イ 口語詩｝となり、形式で分類すると、｛ア 定型詩／イ 自由詩｝となる。

2 構成のまとめ （　）に言葉を書き入れなさい。 教p.158〜159

まとまり		内容
第一連〜第三連	そこに……だけでいい いつも……だけでいい	●第一連…山→（①　）だけでいい ●第二連…海→（②　）だけでいい ●第三連…星→（③　）だけでいい
第四連〜第五連	あるだけでいい それだけでいい	●第四連…（④　）→心にあるだけでいい この世にあることを（⑤　） ●第五連→それだけでいい

おさえよう

主題 〔ア 人の役に立つ　イ そこにある〕だけですばらしい山や海や星と同じように、〔ア 夢　イ 希望〕もまた、それがあると信じるだけで十分すばらしいのである。

知識の泉 A 馬。「馬」を使った他のことわざとして「馬の耳に念仏」も覚えよう。

★ 基本問題　それだけでいい

次の詩を読んで、問題に答えなさい。

教p.158〜159

それだけでいい

杉（すぎ）みき子（こ）

山は
そこに見えているだけでいい
冬は純白の
夏はみどりの頂が
遠い遠い空のはてに
いつも見えているだけでいい

海は
そこに輝（かがや）いているだけでいい
白い船を泳がせ
かもめの群（むれ）を遊ばせ
長い長い道のはてに
いつも輝いているだけでいい

星は
そこにあるだけでいい
雲に覆われるときも
雨に隠されるときも
いつも確かにそこにあると
わかっているだけでいい

①希望は
心にあるだけでいい
目には見えなくても
手にはとどかなくても
希望というものが
この世にあることを信ずる
信じつづける

②それだけでいい

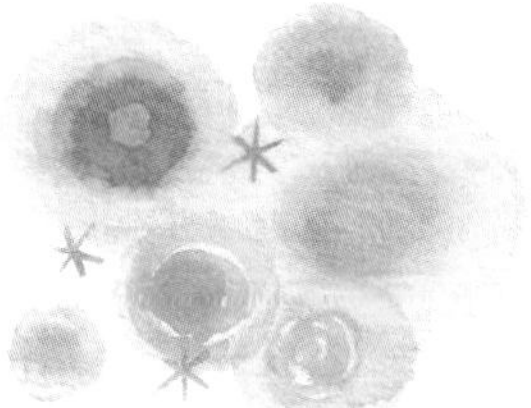

1 第一連から第三連で歌われていることとしてあてはまるものを次から一つずつ選び、記号で答えなさい。

ア　自分からは遠くても、その場所で輝いていればそれでいい。
イ　目で見て手でさわって、存在を実感できればそれでいい。
ウ　自分の目に見えるものとして、存在していればそれでいい。
エ　見えたり輝いたりしなくても、存在がわかればそれでいい。

第一連…（　　）　第二連…（　　）　第三連…（　　）

2 **攻略!** それぞれの連で使われている言葉の違いと意味を考えよう。

第四連が第一連から第三連までと異なるのはどんなことですか。あてはまらないものを次から一つ選び、記号で答えなさい。

ア　反復の表現がより多く用いられていること。
イ　連を構成している行の数が多いこと。
ウ　自然以外のことについて歌っていること。
エ　連の最後の行が言葉のリズムを変えていること。　（　　）

3 **よく出る** ①希望　はどんなものとして表現されていますか。山、海、星との違いを考えて、十字以内で書きなさい。

4 ②それだけでいい　とありますが、この言葉だけを第五連とすることで、どのような効果をもたらしていますか。次の□にあてはまる言葉を、詩の中から抜き出しなさい。

第四連で取り上げた□の存在を□作者の思いを強調する効果。

知識の泉　Q　——線を漢字で書くと？　税金をオサめる。

確認のワーク ステージ1 トロッコ ほか

解答 16ページ　スピードチェック 11ページ　予想問題 129ページ

学習のねらい
- 情景や行動の描写から、主人公の心情の変化を読み取ろう。
- 表現の工夫や効果を捉えよう。

漢字と言葉

1 漢字の読み
読み仮名（がな）を横に書きなさい。

*は新出漢字 ▼は新出音訓・◎は熟字訓

①運*搬　②初*旬　③*勾配　④*薄▼暮
⑤*躍る　⑥傾*斜　⑦*蹴る　⑧切*符
⑨*慈善　⑩*窮*屈　⑪*拘束　⑫*粘着
⑬*塞ぐ　⑭消*耗　⑮*縁（訓読み）　⑯圧*倒

2 漢字の書き
漢字に直して書きなさい。

①（れいたん）な態度。　②鮮やかな（しきさい）。
③水面の（はもん）。　④メールでの（れんらく）。
⑤足が（つか）れる。　⑥素手で（さわ）る。
⑦指を（はさ）む。　⑧（う）えに苦しむ。

3 語句の意味
意味を下から選んで、線で結びなさい。

①おもむろに・　・ア 心配で落ち着かない。
②有頂天・　・イ 喜びで舞（ま）い上がる。
③ほのめく・　・ウ しずかに。ゆるやかに。
④気が気でない・　・エ かすかに見える。

教科書の要点 トロッコ

1 作者
「トロッコ」の作者名を漢字で書きなさい。（　　）

2 表現
次の描写が象徴する良平（りょうへい）の心情をあとから選び、記号で答えなさい。（同じ記号を何度使ってもよい。）

①「みかん畑に、黄色い実が幾つも日を受けている」 教p.172・④〜⑤（　）
②「広々と薄ら寒い海が開けた」 教p.173・③〜④（　）
③「花の咲いた梅に、西日の光が消えかかっている」 教p.174・⑤（　）

ア 怒り　イ 絶望　ウ 喜び　エ 不安　オ 安心

知識の泉　A 納。　熟語に置き換えて考えるとよい。税金を納める＝納税。

③ 構成のまとめ

（　）に教科書の言葉を書き入れなさい。教p.168〜177

	回想（八歳のころ）			現在
場面	トロッコへのあこがれ	二月初旬の夕方	十日余りあと	大人になった今
	教はじめ〜p.168・⑪	p.169・①〜170・⑰	p.170・⑱〜176・⑮	p.176・⑯〜終わり
できごと	●毎日村外れの工事場へトロッコを見にいく。	●置いてあるトロッコに無断で乗る。 ↓麦わら帽をかぶった、背の高い土工にどなられる。	●若い土工に声をかけ、一緒にトロッコを押して進む。 ・みかん畑→竹やぶ→雑木林 ・広々と薄ら寒い（②　　）が見える。 ・二軒（にけん）の茶店 ●土工に一人で帰るように言われて泣きそうになる。 ●家に向かって（④　　）に走り続ける。 ・「菓子包み」「板草履（いたぞうり）」「（⑤　　）」を捨てる。 ●門口に駆け込み、わっと泣きだす。 大声で泣き続ける。	●現在の良平は、疲れた生活を送りながら、少年の日のことをふと思い出す。 彼の前には、今でも薄暗いやぶや坂のある道が、細々と一筋断続している。
心情や様子	▼良平のあこがれ……土工になりたい。 土工と一緒にトロッコに乗りたい。 せめて押すことさえできたらと思う。	▼トロッコに乗り、ほとんど（①　　）になる。 ▼人けのない工事場のトロッコを見ても、二度と乗ってみようと思わなくなった。	▼親しみやすそうで「優しい人たちだ。」と思った。……喜び ・「押すよりも乗るほうがずっといい。」 ・遠くまで来すぎたことに気づく。……不安 ↓「もう（③　　）くれればいい。」 ・悠々と茶を飲む土工たちにいらいらする。……いらだち ▼泣いている場合ではないと思う。……絶望から覚悟（かくご） ▼「（⑥　　）さえ助かれば。」と思う。……不安・心細さ 何度も泣きそうになるが、最後まで泣かずに走り続ける。 ▼今までの心細さを振り返ると、いくら大声に泣き続けても、足りない気持ち。……不安からの解放	……不安・あせりという共通する思いからくる連想

おさえよう

主題 生活に疲れ果てた良平の心に浮かぶのは、〔ア 古い　イ あこがれの〕トロッコに乗ったあと、たった一人で駆け通した〔ア 喜びと楽しさ　イ 不安と心細さ〕であり、自分の前に細く長く続く薄暗い道である。

知識の泉

Q 「蛇（へび）に足をかき足したため勝負に負けた」という故事がもとになった故事成語は？

実力判定テストA　ステージ2

トロッコ

30分

自分の得点まで色をぬろう！
がんばろう！　もう一歩　合格！
0　60　80　100点
/100

解答 16ページ

★ 次の文章を読んで、問題に答えなさい。

教 p.169・①〜170・⑰

　ある夕方、――それは二月の初旬だった。良平（りょうへい）は二つ下の弟や、弟と同じ年の隣の子供と、トロッコの置いてある村外れへ行った。トロッコは泥だらけになったまま、薄明るい中に並んでいる。が、その他はどこを見ても、土工たちの姿は見えなかった。三人の子供は恐る恐る、いちばん端にあるトロッコを押した。トロッコは三人の力がそろうと、突然ごろりと車輪を回した。①良平はこの音にひやりとした。しかし二度めの車輪の音は、もう彼を驚かさなかった。②ごろり、ごろり、――トロッコはそういう音とともに、三人の手に押されながら、そろそろ線路を登っていった。

　そのうちにかれこれ十間（けん）ほど来ると、線路の勾配が急になりだした。トロッコも三人の力では、いくら押しても動かなくなった。どうかすれば車と一緒に、押し戻されそうにもなることがある。良平はもういいと思ったから、年下の二人に合図をした。

「さあ、乗ろう！」

　彼らは一度に手を放すと、トロッコの上へ飛び乗った。トロッコは最初おもむろに、それからみるみる勢いよく、ひと息に線路を下りだした。③そのとたんに突き当たりの風景は、たちまち両側へ分かれるように、ずんずん目の前へ展開してくる。顔に当たる薄暮の風、足の下に躍るトロッコの動揺、――良平はほとんど有頂天になった。

　しかしトロッコは二、三分ののち、もうもとの終点に止まっていた。

「さあ、もう一度押すじゃあ。」

　良平は年下の二人と一緒に、またトロッコを押し上げにかかった。が、まだ車輪も動かないうちに、突然彼らの後ろには、④誰かの足音が聞こえだした。のみならずそれは聞こえだしたと思うと、急にこういうどなり声に変わった。

「このやろう！　誰に断ってトロに触った？」

　そこには古い印（しるし）ばんてんに、季節外れの麦わら帽をかぶった、背の高い土工がたたずんでいる。――そういう姿が目に入ったとき、良平は年下の二人と一緒に、もう五、六間逃げ出していた。――⑤それぎり良平はつかいの帰りに、人けのない工事場のトロッコを見ても、二度と乗ってみようと思ったことはない。ただそのときの土工の姿は、今でも良平の頭のどこかに、はっきりした記（き）憶（おく）を残している。薄明かりの中にほのめいた、小さい黄色い麦わら帽、――しかし⑥その記憶さえも、年ごとに色彩は薄れるらしい。

〈芥川（あくたがわ）龍之介（りゅうのすけ）「トロッコ」による〉

1 ①良平はこの音にひやりとした。について答えなさい。

(1) この音とは、何の音ですか。 （10点）

知識の泉

A **蛇足（だそく）。**「なくてもよい，よけいなこと」。〈例〉最後の発言は蛇足だった。

(2) よく出る このときの良平の気持ちを次から一つ選び、記号で答えなさい。(10点)

ア トロッコが壊(こわ)れてしまうのではないかと不安に思っている。
イ トロッコを押したと気づかれるのではないかと恐れている。
ウ トロッコに押し戻されるのではないかと緊張している。
エ トロッコが意外と簡単に動いたことにびっくりしている。

( )

2 ②ごろり、ごろり とありますが、この表現からどのようなことがわかりますか。次の□にあてはまる言葉を、文章中から抜き出しなさい。(10点)

重いトロッコが、□□□□線路を登っていくこと。

攻略！「ごろり」は重たいものが転がって出た音をまねて表した擬声(音)語。

3 よく出る ③そのとたんに突き当たりの風景は、……ずんずん目の前へ展開してくる。とありますが、これはどのような様子を表していますか。次から一つ選び、記号で答えなさい。(15点)

ア トロッコの速さに驚き良平が怖がっている様子。
イ トロッコに乗っている良平が目を回している様子。
ウ トロッコがスピードを上げて走っている様子。
エ トロッコが前にあるものにぶつかりそうな様子。

( )

4 トロッコに乗っている良平の気持ちを最も表している部分を、文章中から十一字で抜き出しなさい。(10点)

□□□□□□□□□□□

5 ④誰かの足音が聞こえだした とありますが、誰の足音でしたか。文章中から三十字で抜き出し、はじめと終わりの五字を書きなさい。(10点)

□□□□□〜□□□□□

6 記述 ⑤それぎり良平はつかいの帰りに、人けのない工事場のトロッコを見ても、二度と乗ってみようと思ったことはない。とありますが、良平がこんな気持ちになったのは、どんなことがあったからですか。簡潔に書きなさい。(20点)

( )

7 ⑥その記憶さえも、年ごとに色彩は薄れるらしい とは、どういうことですか。次から一つ選び、記号で答えなさい。(15点)

ア 初めてトロッコに乗った喜びも、時間とともに忘れていってしまうこと。
イ どんな記憶であっても、時間がたてば美化されてよい思い出となること。
ウ 鮮やかに残っていた土工の姿も、長い年月の間に不鮮明になること。
エ 二度とトロッコに乗らないと決めた気持ちも次第(しだい)に薄れていくこと。

( )

攻略！ 記憶が薄れることを、色彩が薄れると表現している。

実力判定テストB　ステージ3

トロッコ (1)

30分

自分の得点まで色をぬろう！
100点　合格！　80　もう一歩　60　がんばろう！　0
/100

解答 16ページ

次の文章を読んで、問題に答えなさい。

教 p.172・⑨〜174・②

みかん畑の間を登りつめると、急に線路は下りになった。しまのシャツを着ている男は、良平に「やい、乗れ。」と言った。良平はすぐに飛び乗った。トロッコは三人が乗り移ると同時に、みかん畑の匂いをあおりながら、ひた滑りに線路を走りだした。「押すよりも乗るほうがずっといい。」――良平は羽織に風をはらませながら、①あたりまえのことを考えた。「行きに押すところが多ければ、帰りにまた乗るところが多い。」――そうも考えたりした。

②竹やぶのある所へ来ると、トロッコは静かに走るのをやめた。三人はまた前のように、重いトロッコを押し始めた。竹やぶはいつか雑木林になった。つま先上がりのところどころには、赤さびの線路も見えないほど、落ち葉のたまっている場所もあった。その道をやっと登りきったら、今度は高い崖の向こうに、広々と薄ら寒い海が開けた。と同時に良平の頭には、余り遠く来すぎたことが、急にはっきりと感じられた。

三人はまたトロッコへ乗った。車は海を右にしながら、雑木の枝の下を走っていった。しかし③良平はさっきのように、おもしろい気持ちにはなれなかった。「もう帰ってくれればいい。」――彼はそうも念じてみた。が、行く所まで行き着かなければ、トロッコも彼らも帰れないことは、もちろん彼にもわかりきっていた。

その次に車の止まったのは、切り崩した山を背負っている、わら屋根の茶店の前だった。二人の土工はその店へ入ると、乳飲み子をおぶったかみさんを相手に、悠々と茶などを飲み始めた。④良平は一人いらいらしながら、トロッコの周りを回ってみた。トロッコには頑丈な車台の板に、跳ね返った泥が乾いていた。

しばらくのち茶店を出てきしなに、巻きたばこを耳に挟んだ男は、(そのときはもう挟んでいなかったが)トロッコのそばにいる良平に新聞紙に包んだ駄菓子をくれた。良平は冷淡に「ありがとう。」と言った。が、すぐに冷淡にしては、相手にすまないと思い直した。彼はその冷淡さを取り繕うように、⑤包み菓子の一つを口へ入れた。菓子には新聞紙にあったらしい、石油の匂いがしみついていた。

三人はトロッコを押しながら緩い傾斜を登っていった。良平は車に手を掛けていても、⑥心は他のことを考えていた。

〈芥川龍之介「トロッコ」による〉

知識の泉　**A 感心。**　ほかの同音異義語「関心＝興味」「歓心＝喜び」も覚えよう。

1 ①あたりまえのことを考えた　とありますが、このとき良平が考えことを次から一つ選び、記号で答えなさい。（10点）

ア　トロッコは押すよりも乗るほうがいいと考えている。
イ　このままトロッコをずっと押していたいと考えている。
ウ　下り道は大変なので登り道のほうがいいと考えている。
エ　いつまでトロッコに乗り続けられるのかと考えている。

（　　）

2 レベルUP ②竹やぶのある所へ来ると、トロッコは静かに走るのをやめた。とありますが、この部分で使われている表現技法を次から一つ選び、記号で答えなさい。（10点）

ア　直喩　イ　擬人法　ウ　倒置　エ　体言止め

（　　）

3 記述 ③良平はさっきのように、おもしろい気持ちにはなれなかった　とありますが、それはなぜですか。考えて書きなさい。（20点）

（　　）

4 よく出る ④良平は一人いらいらしながら、トロッコの周りを回ってみた。とありますが、良平はなぜいらいらしているのですか。次から一つ選び、記号で答えなさい。（10点）

ア　土工がお茶を飲んで、良平のことをかまってくれないから。
イ　良平はあせっているのに、土工がのんびりしているから。
ウ　トロッコを押すこともできず、たいくつでつまらないから。
エ　良平にだけトロッコを押させて、土工が働かないから。

（　　）

5 ⑤包み菓子の一つを口へ入れた　とありますが、この行動には良平のどのような気持ちが表れていますか。次の□にあてはまる言葉を、文章中から抜き出しなさい。（完答10点）

駄菓子をくれた土工に対して□な態度をとったことを□と思う気持ち。

6 記述 ⑥心は他のことを考えていた　とありますが、良平はどんなことを考えていたのですか。考えて書きなさい。（20点）

（　　）

7 トロッコはどんな所を進んで、どこまで行きましたか。次の（　）にあてはまる言葉を、文章中から抜き出しなさい。（完答10点）

みかん畑の間　→（　　）のある所　→（　　）→崖の向こうに（　　）の見える所　→背後に山がある（　　）の前

8 よく出る　この文章では、良平の気持ちはどのように変化していますか。次から一つ選び、記号で答えなさい。（10点）

ア　喜び→絶望→いらだち　イ　喜び→不安→あせり
ウ　驚き→あせり→期待　エ　驚き→悲しみ→いらだち

（　　）

知識の泉　Q「□が立たない」「□に衣(きぬ)着せぬ」。□に入る共通の漢字は？

実力判定テストB ステージ3

トロッコ (2)

30分

自分の得点まで色をぬろう！
100点 80 60 0
/100

解答 17ページ

★ 次の文章を読んで、問題に答えなさい。

教 p.174・⑨〜176・⑮

ところが土工たちは出てくると、車の上の枕木に手を掛けながら、むぞうさに彼にこう言った。

「われはもう帰んな。俺たちは今日は向こう泊まりだから。」

「あんまり帰りが遅くなると、われのうちでも心配するずら。」

①良平は一瞬間あっけにとられた。もうかれこれ暗くなること、去年の暮れ母と岩村まで来たが、今日の道はその三、四倍あること、それを今からたった一人、歩いて帰らなければならないこと、――そういうことが一時にわかったのである。②良平はほとんど泣きそうになった。が、泣いてもしかたがないと思った。泣いている場合ではないとも思った。彼は若い二人の土工に、取ってつけたようなおじぎをすると、どんどん線路づたいに走りだした。

良平はしばらく無我夢中に線路のそばを走り続けた。そのうちに懐の菓子包みが、じゃまになることに気がついたから、それを道端へ放り出すついでに、板草履もそこへ脱ぎ捨ててしまった。すると薄い足袋の裏へじかに小石が食い込んだが、足だけははるかに軽くなった。③彼は左に海を感じながら、急な坂道を駆け登った。ときどき涙がこみあげてくると、自然に顔がゆがんでくる。――それは無理に我慢しても、鼻だけは絶えずくうくう鳴った。

竹やぶのそばを駆け抜けると、④夕焼けのした日金山の空も、もうほてりが消えかかっていた。良平はいよいよ気が気でなかった。行きと帰りと変わるせいか、景色の違うのも不安だった。すると今度は着物までも、汗のぬれ通ったのが気になったから、やはり必死に駆け続けたなり、羽織を道端へ脱いで捨てた。

みかん畑へ来る頃には、辺りは暗くなる一方だった。⑤「命さえ助かれば。」――良平はそう思いながら、滑ってもつまずいても走っていった。

やっと遠い夕闇の中に、村外れの工事場が見えたとき、良平はひと思いに泣きたくなった。しかしそのときもべそはかいたが、とうとう泣かずに駆け続けた。

彼の村へ入ってみると、もう両側の家々には、電灯の光がさし合っていた。良平はその電灯の光に、頭から汗の湯気の立つのが、彼自身にもはっきりわかった。井戸端に水をくんでいる女衆や、畑から帰ってくる男衆は、良平があえぎあえぎ走るのを見ては、「おい、どうしたね？」などと声をかけた。が、彼は無言のまま、雑貨屋だの床屋だの、明るい家の前を走り過ぎた。

彼のうちの門口へ駆け込んだとき、⑥良平はとうとう大声に、わっと泣きださずにはいられなかった。その泣き声は彼の周りへ、一時に父や母を集まらせた。殊に母はなんとか言いながら、良平の体を抱えるようにした。が、良平は手足をもがきながら、すすりあげすすりあげ泣き続けた。その声が余り激しかったせいか、近所の女衆も三、四人、薄暗い門口へ集まってきた。父母はもちろん、その人たちは、口々に彼の泣くわけを尋ねた。しかし彼は

知識の泉　A 歯。「歯が立たない」＝かなわない。「歯に衣着せぬ」＝率直に言う。

なんと言われても泣き立てるよりほかにしかたがなかった。あの遠い道を駆け通してきた、今までの心細さを振り返ると、いくら大声に泣き続けても、足りない気持ちに迫られながら、………

〈芥川龍之介「トロッコ」による〉

1 よく出る ①良平は一瞬間あっけにとられた。とありますが、それはなぜですか。次から一つ選び、記号で答えなさい。（10点）

ア まだしばらくは一緒にトロッコを押せると思っていたから。
イ 一緒に帰ると思っていたのに、土工たちは帰らないと知ったから。
ウ 土工が良平の帰りを心配してくれているのが意外だったから。
エ 自分も泊まれると考えていたのに、帰れと言われたから。

（　　）

2 記述 ②良平はほとんど泣きそうになった。とありますが、その理由をまとめて書きなさい。（20点）

（　　　　）

3 レベルUP ③彼は左に海を……駆け登った。から良平のどんな様子がわかりますか。次から一つ選び、記号で答えなさい。（10点）

ア 行きに見たのと同じ景色が見えて、安心し始めている様子。
イ しだいに暗くなる景色を見るのが、怖くなっている様子。
ウ 海を見る余裕もなく、ただひたすらに走っている様子。
エ 疲れてはいるが、海を見て、心がなぐさめられている様子。

（　　）

4 ④夕焼けのした日金山の空も……消えかかっていた　とありますが、この描写はどんなことを表していますか。簡潔に書きなさい。（10点）

（　　　　）

5 記述 ⑤命さえ助かれば。とありますが、良平が命さえ助かればあとはどうなってもよいと思っていることは、これまでのどんな様子からわかりますか。書きなさい。（20点）

（　　　　）

6 よく出る ⑥良平はとうとう大声に、わっと泣きださずにはいられなかった　とありますが、それはなぜですか。最も適切なものを次から一つ選び、記号で答えなさい。（10点）

ア 無事に家まで帰れたことがうれしくてしかたがなかったから。
イ 良平を一人で帰した土工へのにくしみが込み上げてきたから。
ウ 帰ってきたことを知らせ、なぐさめてもらいたかったから。
エ 家に着いた安心感でこらえてきた感情があふれ出したから。

（　　）

7 良平はどのような気持ちを抱えて帰り道を走り続けたのですか。良平の気持ちを具体的に表している言葉を、文章中から二字と三字で抜き出しなさい。10点×2（20点）

□□　□□□

解答 17ページ ｜ スピードチェック 13ページ ｜ 予想問題 130ページ

確認のワーク ステージ1

意味と意図――コミュニケーションを考える
言葉発見⑤ 方言と共通語

学習のねらい
- 必要な情報を押さえて文章を要約し、内容を捉えよう。
- 文章の内容を正しく理解し、筆者の考えを理解しよう。

漢字と言葉

1 漢字の読み 読み仮名（がな）を横に書きなさい。

❶ *離れる　❷ *頻*繁　❸ *依頼

*は新出漢字 ▼は新出音訓・◎は熟字訓

2 漢字の書き 漢字に直して書きなさい。

❶（いらい）を受ける。　❷（ひんぱん）に会う。

❸ 席を（はな）れる。

3 語句の意味 意味を下から選んで、線で結びなさい。

❶ 言外 ・　・ア 言葉などの意味を取り違えること。
❷ 誤解 ・　・イ 物事がそこに至るまでのいきさつ。
❸ 経緯（けいい） ・　・ウ 言葉で表現しない部分のこと。

4 方言と共通語 次の場合、A方言と、B共通語のどちらを使いますか。A、Bの記号で答えなさい。

❶ 自分と異なる地域の人とコミュニケーションをとる場合。（　）
❷ 家族や親しい友人など身近な相手と話す場合。（　）
❸ 日常的な場面で気軽な内容を話す場合。（　）
❹ 面接や講演会など、改まった場所で話す場合。（　）

教科書の要点

意味と意図――コミュニケーションを考える

1 筆者の考え 言葉によるコミュニケーションについて、（　）に教科書の言葉を書き入れなさい。 教p.184〜185

言葉の「（①　　）」と「（②　　）」には違いがあり、言葉によるコミュニケーションにおいて重要なのは、「（③　　）」である。

2 内容理解 ジャガイモや窓の例で、「言外の意図」に気づくのは、私たちにどんな能力が備わっているからですか。（　）に教科書の言葉を書き入れなさい。 教p.185〜187

他人の（　　）、（　　）を推測する能力。

3 要点 言葉によるコミュニケーションを成立させるには、何が土台にあることが重要ですか。（　）に教科書の言葉を書き入れなさい。 教p.188〜189

自分と相手が「言葉の辞書的な意味」だけでなく、その他の多くの（　　）していることが土台にあること。

言葉でコミュニケーションをとるとき、何が重要かな。

知識の泉 **A** 草花。「艹」（くさかんむり）をつければよい。

おさえよう

4 構成のまとめ

（　）に教科書の言葉を書き入れなさい。（各段落に1～11の番号をつけて読みましょう。）教p.184～189

まとめ / 内容

前半

序論（意味と意図の違い）　1～2段落

●（①　　）…単語や文そのものが表す内容＝言葉の辞書的な内容

●（②　　）…言葉を発する人が、その言葉によって表している内容＝話す人がこういうつもりで言った内容

▼言葉によるコミュニケーションにおいて重要なのは、（③　　）である。

本論（具体例）　3～5段落

●具体例1「ジャガイモを持ってきて。」の解釈

↓場面によって、さまざまな意図がある場合。

●具体例2「そこの窓、開けられますか？」の解釈

↓「字面（じづら）どおりの（④　　）」と、その言葉にこめられた「（⑤　　）」が一致（いっち）しない場合。

▼1「言葉の辞書的な意味＋状況（じょうきょう）、文脈、相手との関係、一般常識」などから、「話し手の意図として（⑥　　）」をしぼり込む。

▼2字面どおりの「（⑦　　）」ではなく、「（⑧　　）」であると解釈する。

結論1

〈結論1〉「他人の知識や思考、感情を推測する能力」によって、「（⑨　　）」に気づくことができる。

後半

序論（文字のみ）　6段落

●（⑩　　）のみによるコミュニケーション（SNS、メール）の場合、意図の理解や伝達によく失敗する。

本論（具体例）　7～10段落

●具体例「あなたのように写真が上手じゃない人」の解釈

「あなたと違って写真が上手ではない人」

↓あなたは写真が（⑪　　）だ。

「あなたと同様に写真が苦手な人」

↓あなたは写真が（⑫　　）だ。

▼よく知っている相手・会話の流れが明らかな場合

↓解釈に迷わない。

▼知らない相手・文脈のわからない発言の場合

↓解釈にとまどう。

結論2

〈結論2〉音声的な情報がなく、発言者の表情や状況が見えないと、意図の理解や伝達に失敗し、誤解が生じる危険性がある。

全体を通した結論　11段落

▼言葉によるコミュニケーションは、自分と相手が「（⑬　　）」のみならず、その他の（⑭　　）を共有していることを土台にして成立する。

要旨　言葉によるコミュニケーションでは、言葉の意味だけでなく、相手の発言の言外の〔ア 意味　イ 意図〕を捉えることが重要である。文字によるコミュニケーションでは、意図の伝達の失敗から生じる誤解をさけるために、互いに多くの〔ア 会話をする　イ 知識を分かち合う〕ことが不可欠である。

知識の泉　Q「完璧（かんぺき）」の意味は？

実力判定テストA　ステージ2

意味と意図
——コミュニケーションを考える

30分

自分の得点まで色をぬろう！
100点　合格！　80　もう一歩　60　がんばろう！　0
/100

解答 18ページ

★ 次の文章を読んで、問題に答えなさい。　教 p.184・⑧〜186・⑩

①「意味」と「意図」をどう厳密に区別すべきかについては諸説ありますが、ここではおおまかに「意味」を「単語や文そのものが表す内容」とし、「意図」を「言葉を発する人が、その言葉によって表している（あるいは、表したいと考えている）内容」とします。つまり「意味」は「言葉の辞書的な内容」を指し、「意図」は「話す人がこういうつもりで言った内容」と言うことができます。②言葉によるコミュニケーションにおいて重要なのは、実は「意味の理解」ではなく、「意図の理解」のほうです。私たちは言葉を発することで、「言いたいこと」、つまり「意図」を相手に伝えたつもりになります。しかし、私たちの意図が全て、言葉の意味によって運ばれているわけではありません。むしろ、「意味」によって担(にな)われるのは私たちの「意図」のほんの一部でしかなく、残りの部分は言葉の意味以外のさまざまな要素によって担われています。

具体例を見てみましょう。ジャガイモが数十個入った段ボールが少し離れたところにある状況(じょうきょう)で、あなたが人に③「ジャガイモを持ってきて。」と言う場面を考えてみます。もしその場所が「野菜の出荷場」であり、

あなたが「野菜を出荷しようとしている人」であれば、おそらく「ジャガイモを段ボールごと持ってきてほしい」という「意図」でそのように言っているでしょう。他方、その場所が「家の台所」であり、あなたが「料理をしようとしている人」であれば、ジャガイモを段ボールごとではなく、料理に必要な分だけ持ってきてほしいということを意図しているかもしれません。その場合は更に、どんな料理をどれほどの量作ろうとしているかによって、持ってきてほしい量が変わるでしょう。

このように、「ジャガイモを持ってきて。」という単純な文にもさまざまな意図をこめることができます。そして、これらのうちのどれが話し手の意図なのかということは、「ジャガイモ」と「持ってくる」という言葉の辞書的な意味だけからはわかりません。④聞き手が話し手の意図を理解するには、言葉の辞書的な意味に加え、そのときの状況、文脈、相手と自分との関係、その他の一般常識などを手がかりに、複数の可能性の中から「話し手の意図として適切な解釈」をしぼり込む必要があります。私たち人間は多くの場合、それを無意識に行っています。

〈川添(かわぞえ) 愛(あい)「意味と意図——コミュニケーションを考える」による〉

知識の泉　A　完全で欠点がないこと。「璧(へき)」は「壁」ではないので注意。

1 よく出る ①「意味」と「意図」とありますが、「意図」の説明として合っているものを次から二つ選び、記号で書きなさい。 10点×2（20点）

ア 言葉の辞書的な意味である、単語や文そのものが表す内容。
イ 言葉を発する人が、その言葉によって表している内容。
ウ 話す人が、言葉を発することによって「言いたいこと」。
エ 「ジャガイモ」「持ってくる」という言葉自体の意味。
オ 「ジャガイモを持ってきて。」という文のみの情報。

（　　）（　　）

2 ②言葉によるコミュニケーションについて答えなさい。

(1) よく出る 筆者は、言葉によるコミュニケーションにおいて重要なことは何だと述べていますか。文章中から五字で抜き出しなさい。（10点）

(2) 筆者が(1)を重要だと考えるのはなぜですか。次から一つ選び、記号で答えなさい。（15点）

ア 話し手の「言いたいこと」は、言葉の意味を正確に捉えることによってのみ理解することができるから。
イ 話し手の「言いたいこと」を正しく理解するためには、言葉の「意味の理解」だけでは不十分だから。
ウ 話し手は言葉を発するときに、言葉の意味から「言いたいこと」を理解してほしいと考えているから。
エ 話し手が「言いたいこと」を伝えるには、受け手が言葉の意味をもとに推測できなければならないから。

（　　）

攻略！ 話し手の「言いたいこと」を理解するには何が必要か読み取ろう。

3 ③「ジャガイモを持ってきて。」と言う場面について答えなさい。

(1) 記述 「野菜の出荷場」で出荷をしようとしている場面と、「家の台所」で料理をしようとしている場面では、話し手の意図にどのような違いがあると考えられますか。違いを書きなさい。（15点）

(2) 筆者があげた二つの場面で、(1)のような違いが生じるのはなぜですか。次から一つ選び、記号で答えなさい。（10点）

ア 聞き手の状況によって話し手の感情が変化しているから。
イ 話し手が自分の意図を辞書的な意味だけで表しているから。
ウ 聞き手が言葉の意味を理解する努力をしていないから。
エ 話し手の意図にはさまざまな要素が関係しているから。

（　　）

4 ④聞き手が話し手の意図を理解するについて答えなさい。

(1) このとき、手がかりにすることは何ですか。（　）にあてはまる言葉を、文章中から抜き出しなさい。 10点×2（20点）

言葉の辞書的な意味に加え、そのときの状況、（　　）、相手と自分との関係、その他の（　　）など。

(2) 「意図を理解する」ためにはどのようなことが必要ですか。「……こと。」につながるように文章中から三十二字で抜き出し、はじめの五字を書きなさい。（10点）

攻略！ 私たちの多くが、無意識に行っていることである。

8 視野を広げる

知識の泉 Q 「姉に友達をショウカイ（紹介・照会）する。」（　）の中で正しいのは？

確認のワーク ステージ1
意見文 根拠を明確にして考えを述べる（漢字を身につけよう⑧）

解答 18ページ ｜ スピードチェック 13ページ

学習のねらい
- 根拠を明確にして考えを述べる意見文の書き方を学ぼう。
- 意見の根拠が明確になるような文章の組み立てを学ぼう。

漢字

1 漢字の読み 読み仮名（がな）を横に書きなさい。

＊は新出漢字 ▼は新出音訓・◎は熟字訓

① ＊蚊　② ＊傘　③ ＊脅威　④ ＊瑠＊璃色
⑤ 突＊如　⑥ ＊蛇（訓読み）　⑦ ＊堀端　⑧ ＊柳（訓読み）
⑨ ＊勃興　⑩ ＊憎しみ　⑪ ＊鈍い　⑫ ＊遵守
⑬ ＊撲滅　⑭ ▼革製　⑮ 多▼岐　⑯ ▼上せる
⑰ ▼背ける　⑱ 面▼目　⑲ 筆▼舌　⑳ ▼手綱

2 漢字の書き 漢字に直して書きなさい。

① （かんぺき）な人間。　② （がんたん）の日の出。
③ （ろうきゅう）化する。　④ （くも）りの一日。
⑤ （いか）りを買う。　⑥ 虫に（さ）される。

教科書の要点 意見文

1 意見文の定義 意見文の定義について、あてはまる言葉を［　］から選び、書き入れなさい。 教p.196

意見文とは、自分の（　　）を述べた文章のこと。読み手が内容に（　　）できるように、（　　）を明らかにして書く。

［ 根拠　交流　体験　考え　明確　納得 ］

2 意見文の組み立て 自分の意見を次のように書き出しました。三角ロジックの形にするとき、理由づけと意見にあたるのはどの部分ですか。抜き出しなさい。 教p.197

クラスのみんなの、ごみを減らすという意識が低いため、教室のごみ箱が一日でいっぱいになる。私は、教室からごみ箱をなくすのがよいと思う。

事実　…教室のごみ箱が一日でいっぱいになる。
理由づけ…（　　）。
意見　…（　　）。

★ 基本問題　意見文

井上さんが書いた次の意見文を読んで、問題に答えなさい。

自転車にも免許制を

井上　絵理

1　私の家の近くを走る国道は、主要駅に向かう幹線道路であり、通学路でもあるので、朝から晩まで大勢の人が利用する。車道は二車線で交通量が多いため、歩道には自転車専用通行帯が設けられている。しかし、自転車専用通行帯だからと安心しているせいか、かなり速いスピードで走る自転車をよく見かける。

2　先日、後ろから猛スピードの自転車に追い越されたときは、歩道と自転車との距離はあったものの、やはりヒヤッとした。自転車に乗るときは、いつも歩行者に注意をはらいながら、自転車を運転すべきである。それにもかかわらず、特に自転車専用通行帯でスピードを出しすぎる人が多いのは、「自転車しか走らないから大丈夫」という意識があるからだと考える。安全のために設けられたレーンだからと気を緩めてしまえば、新たな危険が生じるのではないか。

3　これらを解決するために、私は自転車を免許制にするとよいと思っている。交通ルールを学んで、免許を持ち、安全への意識の高い人が自転車に乗る。そうした自転車だけが走行することで、歩行者も安心して道路を歩くことができると考える。

1　1段落には、事実、理由づけ、意見のどれが書かれていますか。あてはまる言葉を書きなさい。（　　）

2　井上さんはどんな意見を述べていますか。□にあてはまる言葉を、文章中から抜き出しなさい。

自転車の運転は、□□に対する意識の高い人だけに限定するために、□□□□□□□□と考えている。

3　よく出る　井上さんの意見を支える理由づけとしてあてはまるものを次から一つ選び、記号で答えなさい。

ア　自転車は気軽に乗れる乗り物なので、どんな人でも、いつでも、どこでも乗れるようにすることが必要だから。

イ　本来は安全のために設けられている自転車専用通行帯なのに、危険な乗り方で走行している自転車が多いから。

ウ　自転車のルールは、車に比べれば数が少なくて簡単なため、勉強をすれば誰でも覚えて守れるものだから。

エ　自転車専用通行帯には歩行者がいないため、自転車に乗る人にとっては安心して運転できる場所だから。（　　）

4　井上さんの意見文のタイトルは、どのようにつけられていますか。次から一つ選び、記号で答えなさい。

ア　問題を提起している。　イ　反復される語を使っている。

ウ　意見を端的に表している。　エ　印象的な事柄をあげている。（　　）

攻略！　タイトルと意見との関係を考えてみよう。

知識の泉　Q「間」「聞」「開」のうち，部首が異なる漢字は？

確認のワーク ステージ1

少年の日の思い出 ほか

解答 19ページ　スピードチェック 14ページ　予想問題 131・132ページ

学習のねらい
- 場面展開や人物描写に着目して、主人公の心情の変化を捉えよう。
- 表現の工夫とその効果を考えよう。

漢字と言葉

1 漢字の読み　読み仮名（がな）を横に書きなさい。

＊は新出漢字　▼は新出音訓・◎は熟字訓

① 不＊透明　② ▼閉ざす　③ 不＊愉快　④ ＊甲高い
⑤ ▼貧弱　⑥ ▼傷む　⑦ ＊鑑定　⑧ 熱＊烈
⑨ 優＊雅　⑩ 下＊劣　⑪ ＊庶民　⑫ 丁＊寧

2 漢字の書き　漢字に直して書きなさい。

① 自由の（きょうじゅ）。　② 先に（こうげき）する。
③ 旅の（とちゅう）。　④ 花に（くわ）しい。
⑤ 罪を（さと）る。　⑥（くわ）の葉。

3 語句の意味　意味を下から選んで、線で結びなさい。

① 貪（むさぼ）る・　　・ア 相手をばかにする。
② 嘆賞・　　・イ 感心してほめたたえる。
③ あなどる・　　・ウ 満足することなく、求め続ける。

教科書の要点

1 設定　（　）に教科書の言葉を書き入れなさい。　教p.202〜212

- 前半の現在の場面では、「（　　）」が語り手となっている。
- 後半の回想の場面では、前半で「（　　）」「彼」「友人」と呼ばれている「（　　）」が語り手となっている。

2 人物像　エーミールについて、（　）に教科書の言葉を書き入れなさい。　教p.206〜212

- 模範（もはん）少年。非の打ちどころがないという悪徳。
  ＝子供としては（　　）性質。
- 収集はこぎれいで手入れが（　　）。こっぴどい批評家。
- （　　）を盾に、あなどるように、「僕（ぼく）」の前に立つ。
  ＝世界のおきてを代表するかのよう。

登場人物のものの見方や考え方、エーミールに対する「僕」の思いを捉えよう。

知識の泉　A 聞。　部首は，間・開→「門」（もんがまえ），聞→「耳」（みみ）。

3 構成のまとめ

（　）に教科書の言葉を書き入れなさい。教p.202～212

場面	現在	回想	回想
	教はじめ～p.204・⑦	p.204・⑧～p.206・⑰	p.206・⑱～終わり
	現在	「僕」が十歳の頃	「僕」が十二歳の頃
できごと	●私が客（彼）にチョウの収集を見せる。	●チョウの収集のとりこになり、ひどく心を打ち込む。 ●珍しい青いコムラサキを捕らえた。 ●エーミールがコムラサキを見て、難癖をつける。	●「僕」が熱烈に欲しがっていたチョウ（クジャクヤママユ）を、エーミールが持っていることを聞き、チョウを盗んでしまう。 ●良心に目覚める。 ●チョウを返そうとするが、すでにポケットの中で潰れてしまっていた。←不幸 ●母に促されて、エーミールに謝罪を試みる。 ●エーミール 冷淡にかまえ、（⑥　　）した態度。 ●自分の収集したチョウを全て指で押し潰してしまった。
「僕」の心情や様子	▼客（彼）幼年時代を思い出し、（①　　）そうな様子。 ↓箱の蓋を閉じ、チョウにまつわる思い出を語りだす。	▼微妙な喜びと、激しい（②　　）との入り交じった気持ち。 ▼得意の余り、隣に住むエーミールに見せようという気になる。 エーミール 非の打ちどころがない模範少年。 ↓「僕」は妬み、嘆賞しながら憎んでいた。 ▼自分の獲物に対する喜びはかなり（③　　）。	▼興奮→この宝を手に入れたいという逆らいがたい欲望→盗みを犯す→チョウを手に入れた大きな（④　　） ▼自分を（⑤　　）だと悟ると同時に、恐ろしい不安に襲われる。 ▼盗みをしたことよりも、美しい珍しいチョウを自分が潰してしまったという事実が「僕」の心を苦しめた。 ▼自分のチョウの収集を全部やることで許してもらおうとする。 僕 一度起きたことは、もう（⑦　　）のできないものだと悟る。 …自分を罰し、情熱を傾けたチョウの収集と決別した。

おさえよう

主題 一度犯した〔ア 思想　イ 罪〕は、〔ア 償いのできない　イ 意味のない〕ものだと悟った少年が、自分の大切なチョウの収集を〔ア 潰す　イ 他人にあげる〕ことで自らを罰した、つらく苦しい経験が語られている。

知識の泉 Q ——線を漢字で書くと？　席をアける・夜がアける・ドアをアける

実力判定テストA ステージ2

少年の日の思い出

30分

自分の得点まで色をぬろう！ 100点 合格！ 80 もう一歩 60 がんばろう！ 0

/100

解答 19ページ

次の文章を読んで、問題に答えなさい。

教 p.204・⑮〜206・⑰

今でも美しいチョウを見ると、おりおりあの熱情が身にしみて感じられる。そういう場合、僕はしばしの間、子供だけが感じることのできる、あのなんともいえぬ、貪るような、うっとりした感じに襲われる。少年の頃、初めてキアゲハに忍び寄った、あのとき味わった気持ちだ。また、そういう場合、僕はすぐに幼い日の無数の瞬間を思い浮かべるのだ。強く匂う乾いた荒野の焼きつくような昼下がり、庭の中の涼しい朝、神秘的な森の外れの夕方、僕はまるで宝を探す人のように、網を持って待ちぶせていたものだ。そして①美しいチョウを見つけると、特別に珍しいのでなくったってかまわない、日なたの花に止まって、色のついた羽を呼吸とともに上げ下げしているのを見つけると、捕らえる喜びに息もつまりそうになり、しだいに忍び寄って、輝いている色の斑点の一つ一つ、透きとおった羽の脈の一つ一つ、触角の細いとび色の毛の一つ一つが見えてくると、その緊張と歓喜ときたら、なかった。そうした微妙な喜びと、激しい欲望との入り交じった気持ちは、その後、そうたびたび感じたことはなかった。

僕の両親は立派な道具なんかくれなかったから、僕は自分の収集を、古い潰れたボール紙の箱にしまっておかねばならなかった。瓶の栓から切り抜いた丸いキルクを底に貼りつけ、ピンをそれに留めた。こうした箱の潰れた壁の間に、僕は自分の宝物をしまっていた。初めのうち、僕は自分の収集を喜んでたびたび仲間に見せたが、他の者はガラスの蓋のある木箱や、緑色のガーゼを貼った飼育箱や、その他ぜいたくなものを持っていたので、自分の幼稚な設備を自慢することなんかできなかった。それどころか、②重大で、評判になるような発見物や獲物があっても、ないしょにし、自分の妹たちだけに見せる習慣になった。あるとき、③僕は、僕らのところでは珍しい青いコムラサキを捕らえた。それを展翅し、乾いたときに、得意の余り、せめて隣の子供にだけは見せよう、という気になった。それは、中庭の向こうに住んでいる先生の息子だった。④この少年は、非の打ちどころがないという悪徳をもっていた。それは子供としては二倍も気味悪い性質だった。彼の収集は小さく貧弱だったが、こぎれいなのと、手入れの正確な点で一つの宝石のようなものになっていた。彼はそのうえ、傷んだり壊れたりしたチョウの羽を、にかわで継ぎ合わすという、非常に難しい珍しい技術を心得ていた。とにかく、あらゆる点で、模範少年だった。そのため、僕は妬み、嘆賞しながら彼を憎んでいた。

この少年にコムラサキを見せた。彼は専門家らしくそれを鑑定し、その珍しいことを認め、二十ペニヒぐらいの現金の値うちはある、と値ぶみした。しかしそれから、彼は難癖をつけ始め、展翅の仕方が悪いとか、右の触角が曲がっているとか、左の触角が伸びているとか言い、そのうえ、足が二本欠けているという、もっともな欠陥を発見した。僕はその欠点を大したものとは考えな

知識の泉 A 空・明・開。　同訓異字は，「空席」のように熟語に置き換えて考えよう。

かったが、こっぴどい批評家のため、自分の獲物に対する喜びはかなり傷つけられた。それで僕は⑤二度と彼に獲物を見せなかった。

〈ヘルマン＝ヘッセ　高橋健二（たかはしけんじ）訳「少年の日の思い出」による〉

1 チョウを捕らえようと待ちぶせている「僕」のことを、何と表現していますか。文章中から五字で抜き出しなさい。（10点）

攻略！ 「僕」の姿を何にたとえているかを読み取ろう。

2 ①美しいチョウ　を見つけて、忍び寄ったときの気持ちをどのように表現していますか。文章中から二十三字で抜き出し、はじめと終わりの五字を書きなさい。（10点）

〜

3 ②重大で、評判になるような発見物や獲物があっても、ないしょにし、自分の妹たちだけに見せる習慣になった　とありますが、それはなぜですか。次から一つ選び、記号で答えなさい。（10点）

ア　仲間に珍しいチョウを見せて、妬まれたくなかったから。
イ　収集設備が粗末（そまつ）で、見せるのが恥ずかしかったから。
ウ　重大さや評判などにはまったく関心がなかったから。
エ　珍しいチョウの価値がわかる仲間がいなかったから。

攻略！ 直前の内容を読み取って考えよう。

---

4 ③僕は、僕らのところでは珍しい青いコムラサキを捕らえた　とありますが、このときの「僕」の気持ちを表している言葉を、文章中から二字で抜き出しなさい。（10点）

5 ④この少年は、非の打ちどころがないという悪徳をもっていた。について答えなさい。

(1) **よく出る** 「非の打ちどころがない」ことが、なぜ「悪徳」なのですか。次から一つ選び、記号で答えなさい。（15点）

ア　取り上げるべき長所が何一つないから。
イ　うそばかりついて、信用できないから。
ウ　人間味に欠け、親しみがもてないから。
エ　実力以上に見せかけているだけだから。

(2) 「非の打ちどころがない」少年を別の言い方で表した言葉を、文章中から四字で抜き出しなさい。（15点）

(3) 少年に対して、「僕」はどのような気持ちをもっていましたか。「僕」の複雑な気持ちがまとめられている一文を文章中から抜き出し、はじめの五字を書きなさい。（10点）

6 **よく出る** ⑤二度と……見せなかった　のはなぜですか。（20点）

実力判定テストB ステージ3

少年の日の思い出 (1)

30分

自分の得点まで色をぬろう！
100点 合格！ 80 もう一歩 60 がんばろう 0
/100

解答 19ページ

★ 次の文章を読んで、問題に答えなさい。 教 p.208・①〜210・⑧

せめて例のチョウを見たいと、僕は中に入った。そしてすぐに、エーミールが、収集をしまっている二つの大きな箱を手に取った。どちらの箱にも見つからなかったが、やがて、そのチョウはまだ展翅板に載っているかもしれないと思いついた。果たしてそこにあった。とび色のビロードの羽を細長い紙きれにはりのばされて、クジャクヤママユは展翅板に留められていた。僕はその上にかがんで、毛の生えた赤茶色の触角や、優雅で、果てしなく微妙な色をした羽の縁や、下羽の内側の縁にある細い羊毛のような毛などを残らず、間近から眺めた。あいにくあの有名な斑点だけは見られなかった。細長い紙きれの下になっていたのだ。

胸をどきどきさせながら、僕は①紙きれを取りのけたいという誘惑に負けて、ピンを抜いた。すると、②四つの大きな不思議な斑点が、挿絵のよりはずっと美しく、ずっとすばらしく、僕を見つめた。それを見ると、この宝を手に入れたいという逆らいがたい欲望を感じて、僕は生まれて初めて盗みを犯した。僕は針をそっと引っぱった。チョウはもう乾いていたので、形はくずれなかった。③僕はそれをてのひらに載せて、エーミールの部屋から持ち出した。そのときさしずめ僕は、大きな満足感のほか何も感じていなかった。

チョウを右手に隠して、僕は階段を降りた。そのときだ。④下の方から誰か僕の方に上がってくるのが聞こえた。その瞬間に僕の良心は目覚めた。僕は突然、自分は盗みをした、下劣なやつだということを悟った。同時に見つかりはしないか、という恐ろしい不安に襲われて、僕は本能的に、獲物を隠していた手を、上着のポケットに突っ込んだ。ゆっくりと僕は歩き続けたが、だいそれた恥ずべきことをしたという、冷たい気持ちに震えていた。上がってきたお手伝いさんと、びくびくしながらすれちがってから、僕は胸をどきどきさせ、額に汗をかき、落ち着きを失い、自分自身におびえながら、家の入り口に立ち止まった。

すぐに僕は、このチョウを持っていることはできない、持っていてはならない、元に返して、できるなら何事もなかったようにしておかねばならない、と悟った。そこで、人に出くわして見つかりはしないか、ということを極度に恐れながらも、急いで引き返し、階段を駆け上がり、一分ののちにはまたエーミールの部屋の中に立っていた。僕はポケットから手を出し、チョウを机の上に置いた。それをよく見ないうちに、僕はもうどんな⑤不幸が起こったかということを知った。そして泣かんばかりだった。クジャクヤママユは潰れてしまったのだ。前羽が一つと触角が一本なくなっていた。ちぎれた羽を用心深くポケットから引き出そうとすると、羽はばらばらになっていて、繕うことなんか、もう思いもよらなかった。

盗みをしたという気持ちより、自分が潰してしまった美しい珍しいチョウを見ているほうが、僕の心を苦しめた。⑥微妙なとび色がかった羽の粉が、自分の指にくっついているのを、僕は見た。また、ばらばらになった羽がそこに転がっているのを見た。それをすっかり元どおりにすることができたら、僕はどんな持ち物でも楽しみでも、喜んで投げ出したろう。

〈ヘルマン＝ヘッセ　高橋健二訳「少年の日の思い出」による〉

1 記述 ①紙きれを取りのけたいという誘惑は「僕」のどんな気持ちから生じたものですか。簡潔に書きなさい。（20点）

（　　　）

2 ②四つの大きな不思議な斑点が、挿絵のよりはずっと美しく、ずっとすばらしく、僕を見つめた　について答えなさい。

(1) このときの「僕」の気持ちを次から一つ選び、記号で答えなさい。（10点）

ア 予想していたとおりの美しい斑点を見て、満足する気持ち。
イ 自分の心を見透かされているようで、居心地が悪い気持ち。
ウ 美しい斑点の不思議な魅力に引き込まれるような気持ち。
エ 誘惑に負けた意志の弱い自分の心を恥ずかしく思う気持ち。

（　　　）

(2) この部分で使われている表現技法を次から一つ選び、記号で答えなさい。（10点）

ア 直喩　イ 擬人法
ウ 倒置　エ 体言止め

（　　　）

3 ③僕は……持ち出した。とありますが、「僕」はどのような気持ちからクジャクヤママユを持ち出したのですか。文章中から二十一字で抜き出し、はじめと終わりの五字を書きなさい。（10点）

□□□□□～□□□□□

4 よく出る ④下の方から誰か僕の方に上がってくるのが聞こえた。とありますが、このことをきっかけに「僕」の気持ちはどのように変化しましたか。次の（　）にあてはまる言葉を、文章中から抜き出しなさい。5点×3（15点）

変化前……チョウを手に入れた（　　　）。
変化後……自分は（　　　）だという思い。
見つかりはしないかという恐ろしい（　　　）。

5 よく出る ⑤不幸　とありますが、どのようなことを不幸といっているのですか。（20点）

（　　　）

6 ⑥微妙な……僕は見た。とありますが、このときの「僕」の気持ちを次から一つ選び、記号で答えなさい。（15点）

ア 生まれて初めて盗みを犯したことを恥じる気持ち。
イ 美しいチョウをだいなしにしたことを悲しむ気持ち。
ウ 自分の罪がみんなに知られてしまうことを恐れる気持ち。
エ エーミールに嫌われてしまうことを心配する気持ち。

（　　　）

知識の泉　Q「自業自得（じごうじとく）」と同じ意味のことわざは？　身から出た□□

実力判定テストB ステージ3

少年の日の思い出 (2)

30分

自分の得点まで色をぬろう!
合格! もう一歩 がんばろう!
100点 80 60 0
/100

解答 20ページ

次の文章を読んで、問題に答えなさい。 教p.210・⑫〜212・⑧

「おまえは、エーミールのところに、行かねばなりません。」と母はきっぱりと言った。「そして、自分でそう言わなくてはなりません。それよりほかに、どうしようもありません。おまえの持っているもののうちから、どれかをうめ合わせによりぬいてもらうように、申し出るのです。そして許してもらうように頼まねばなりません。」

あの模範少年でなくて、他の友達だったら、すぐにそうする気になれただろう。彼が僕の言うことをわかってくれないし、恐らく全然信じようともしないだろうということを、僕は前もって、はっきり感じていた。かれこれ夜になってしまったが、①僕は出かける気になれなかった。母は僕が中庭にいるのを見つけて、「今日のうちでなければなりません。さあ、行きなさい!」と小声で言った。それで僕は出かけていき、エーミールは、と尋ねた。彼は出てきて、すぐに、誰かがクジャクヤママユを②だいなしにしてしまった。悪いやつがやったのか、あるいは猫がやったのかわからない、と語った。僕はそのチョウを見せてくれと頼んだ。二人は上に上がっていった。彼はろうそくをつけた。僕はだいなしになったチョウが展翅板の上に載っているのを見た。エーミールがそれを繕うために努力した跡が認められた。壊れた羽は丹念に広げられ、ぬれた吸い取り紙の上に置かれてあった。しかしそれは直すよしもなかった。触角もやはりなくなっていた。そこで、それは僕がやったのだと言い、詳しく話し、説明しようと試みた。

すると、エーミールは激したり、僕をどなりつけたりなどはしないで、低く、ちえっと舌を鳴らし、しばらくじっと僕を見つめていたが、それから「そうか、そうか、つまり君はそんなやつなんだな。」と言った。

僕は彼に僕のおもちゃをみんなやると言った。それでも彼は冷淡にかまえ、依然僕をただ軽蔑的に見つめていたので、僕は自分のチョウの収集を全部やると言った。しかし彼は、「けっこうだよ。僕は君の集めたやつはもう知っている。そのうえ、今日また、君がチョウをどんなに取り扱っているか、ということを見ることができたさ。」と言った。

③その瞬間、僕はすんでのところであいつの喉笛に飛びかかるところだった。もうどうにもしようがなかった。僕は悪漢だということに決まってしまい、エーミールはまるで世界のおきてを代表でもするかのように、冷然と、正義を盾に、あなどるように、僕の前に立っていた。彼は罵りさえしなかった。ただ僕を眺めて、軽蔑していた。

そのとき初めて僕は、一度起きたことは、もう償いのできないものだということを悟った。僕は立ち去った。母が根ほり葉ほり聞こうとしないで、僕にキスだけして、かまわずにおいてくれたことをうれしく思った。僕は、床にお入り、と言われた。僕にとってはもう遅い時刻だった。だが、その前に僕は、そっと食堂に行って、大きなとび色の厚紙の箱を取ってき、それを寝台の上に載せ、闇の中で開いた。そしてチョウを一つ一つ取り出し、指でこなごなに押し潰してしまった。

〈ヘルマン＝ヘッセ　高橋健二訳「少年の日の思い出」による〉

1 ①僕は出かける気になれなかった　とありますが、なぜですか。理由が書かれている一文を抜き出し、はじめの五字を書きなさい。（10点）

2 ②だいなしにしてしまった　とありますが、「だいなし」とは、クジャクヤママユのどのような様子を表していますか。次の□にあてはまる言葉を、文章中から抜き出しなさい。（10点）

努力しても□□ことができないほど無残に壊れた様子。

3 「僕」が、エーミールに罪を告白したときと、許しを求めたときに言った内容を、文章中から順に三つ抜き出しなさい。10点×3（30点）

（　　）（　　）

4 よく出る　「僕」の告白を聞いたエーミールの態度はどのようなものでしたか。次から一つ選び、記号で答えなさい。（10点）

ア　「僕」をどなりつけ、激しく罵った。
イ　初めは冷静だったが、次第に興奮してきた。
ウ　「僕」に同情しながらも、罪は許さなかった。
エ　激することなく、「僕」をただ軽蔑していた。

（　　）

5 レベルUP　③その瞬間、僕はすんでのところであいつの喉笛に飛びかかるところだった。とありますが、「僕」がこのように怒ったのはなぜですか。そう考えた理由を示して書きなさい。（20点）

（　　）

6 「僕」がエーミールとのやり取りによって、知ったことはどんなことですか。文章中から二十六字で抜き出し、はじめと終わりの五字を書きなさい。（10点）

□□□□□～□□□□□

7 よく出る　謝罪を受け入れてもらえなかった「僕」が、自分で自分を罰している行動を描いている一文を文章中から抜き出し、はじめの五字を書きなさい。（10点）

□□□□□

9　振り返って見つめる

知識の泉　Q「この小説の最後の場面は圧巻だ。」――線の使い方は○か×か？

確認のワーク ステージ1

グループ新聞　一年間の自分とクラスを振り返って

学習のねらい
●新聞の構成や特徴を知ろう。
●読み手に自分の考えが伝わる文章の書き方を学ぼう。

解答 20ページ

教科書の要点

1 記事の書き方　次の言葉は記事を書くときの「5W1H」です。あてはまる英単語を□から選び、記号で答えなさい。　教p.221

①いつ（　）　②どこで（　）
③誰が（　）　④何を（　）
⑤なぜ（　）　⑥どのように（　）

ア Who　イ When　ウ Where　エ How　オ Why　カ What

2 記事の書き方　次の新聞記事の内容はどんな順番で書くとよいですか。順番になるように、番号を書きなさい。　教p.221

（　）伝えようとすることの関連情報。
（　）伝えようとすることの結果や結論など。
（　）伝えようとすることの結果や結論に至る経緯。

3 検索のしかた　インターネットの検索エンジンを利用して、次の条件で検索することを何と呼びますか。あとから選び、記号で答えなさい。　教p.276

① 必要のないキーワードを除外して探す。（　）
② いずれかのキーワードを含むサイトを探す。（　）
③ 複数のキーワードで探す。（　）

ア OR検索　イ NOT検索　ウ AND検索

4 新聞用語　次の①〜④の場所に入る文や記事を何と言いますか。用語を書きなさい。　教p.222

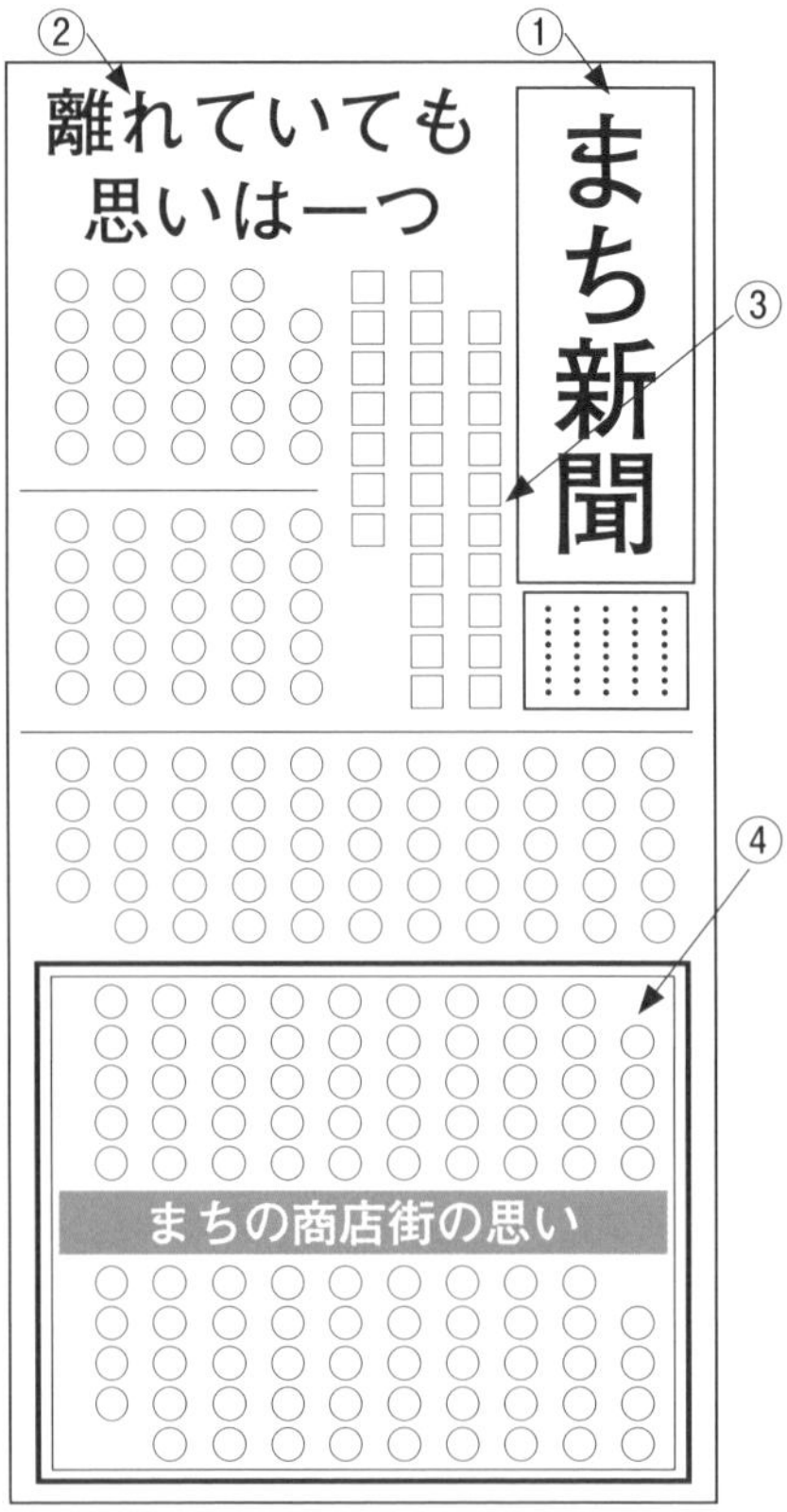

①（　）　②（　）
③（　）　④（　）

5 新聞用語　次の内容にあてはまる用語を選びなさい。　教p.223

① 記事の末尾に書く、編集者によるあとがき。（　）
② 紙面を考えて、文字や写真などを配置すること。（　）
③ 写真の一部を切り取るなどして加工すること。（　）

ア レイアウト　イ 題下　ウ 字詰め
エ トリミング　オ 編集後記　カ 段抜き

知識の泉　A ○。　優れた答案（巻）をいちばん上に載せた故事から「書物などで最も優れている部分」。

基本問題

次のグループ新聞を読んで、問題に答えなさい。

2021年2月25日発行　グローバル新聞

グローバル新聞

2021年
2月25日
▲▲中学校
1年2組
佐藤・上原・安田・大川

“交流授業”で通じた！わかった！相手の言葉

一月十四日(金)、アメリカの●●中学校の日本語初級クラスとわがクラスとの、初めての交流授業が実現した。

モニター越しの初対面では、歓声が上がり、どちらからともなく手を振り合った。互いに相手の言語でコミュニケーションを図ろうと懸命に話しかける。

橋口先生の発案で、英語だけを使う時間、日本語だけを使う時間をつくって、質問し合うことにした。

【英語だけの時間では、学校のシステムの違いに質問が集中。●●中学校では受けたい授業を自分で選べることに驚いた。

一転して、日本語だけの時間では、好きな和食の話で盛り上がりました。

それぞれの文化の違いを実感しながら、四十分間の交流は終了。最後は再会を誓(ちか)い、手を振り合って別れた。】

A

B

「全員が必ず一つ以上英語で質問すること。」交流授業が決まったときにクラスで決めた目標だ。「ジェスチャーを交えてもよい。相手に通じるまで、知っている単語をつなげよう。」と頑張った。次はもっと話したいと、英語学習への意欲が高まっている。

1 「“交流授業”で通じた！　わかった！　相手の言葉」の見出しがついた記事は、この新聞ではどのような位置づけの記事ですか。

2 よく出る　記事中の【　】の中で、直したほうがよい部分が含まれる一文を探し、正しく書き直しなさい。

攻略！　文末に着目して、文章を推敲(すいこう)してみよう。

3 新聞の A の部分には、何をレイアウトするのが最もふさわしいですか。記事の内容に注意して次から一つ選び、記号で答えなさい。

ア　相手の中学校のある場所を示す地図。
イ　日本語の簡単なやり取りを英訳した表。
ウ　活発にやり取りをする様子が伝わる写真。
エ　一年二組のクラス全員を紹介するイラスト。

4 記事の内容から、この記事を書いた四人のどんな気持ちが伝わってきますか。二十字以内で簡潔に書きなさい。

攻略！　見出しを参考にして、まとめよう。

5 よく出る　新聞の B の部分の見出しとして最もふさわしいものを次から一つ選び、記号で答えなさい。

ア　白熱する英語の授業
イ　クラス全員、英語で質問
ウ　交流経験で、英語が身近に
エ　意外と簡単！　英語で話せた

確認のワーク ステージ1 電車は走る

学習のねらい
- 登場人物の行動の描写から心情を読み取ろう。
- 登場人物の視点に立って心情を考えてみよう。

解答 21ページ 予想問題 133ページ

教科書の要点

1 場面 （　）に教科書の言葉を書き入れなさい。 教p.244～246

① カズオ…胸を（　）させて座っている。

② タケシ…唇を（　）とかみしめて座っている。

③ ヒナコ…（　）を何度も飲み込んで座っている。

④ サユリ…ワクワクした胸の（　）を抑えて座っている。

2 内容理解 タケシから見たおじいさんはどんな様子でしたか。（　）に教科書の言葉を書き入れなさい。 教p.245

タケシが席を譲ってくれるのを（　）ようにも、立ち上がらないことに（　）ようにも見える。

3 構成のまとめ （　）に言葉を書き入れなさい。 教p.244～249

場面		目の前の人物	心情や様子
一	カズオ	二人のおばあさん	▼どちらに席を譲るべきか迷い、じっと目をつぶり、（①　）をする。
二	タケシ	おじいさん	▼切符を買った自分には席に（②　）があるので譲りたくない。 ▼こちらをちらちら見る周りの人は、（③　）で（④　）だ。
三	ヒナコ	赤ちゃんと小さなお兄ちゃんを連れたお母さん	▼（⑤　）が悪いため、席を「譲りたくても譲れなかった」ことをわかってほしい。
四	サユリ	松葉づえをついたお姉さん	▼席を譲るが、（⑥　）されないことにがっかりし、席を譲らなきゃよかったと思う。
五	主題	▼「（⑦　）」という名前の電車に乗り合わせた「私の正しさ」は、必ずしも「（⑧　）の正しさ」とは一致しない。	

おさえよう

主題 人にはそれぞれ、自分が信じる「私の正しさ」がある。それは時として世の中の〔ア 規則　イ 常識〕からはみ出してしまうこともある。「それぞれの正しさ」はすれ違ったりぶつかり合ったりしながら、〔ア 共に　イ 相反して〕毎日を生きている。

知識の泉 A ア。「欠」の漢字には「歌・歓」など，「隹」（ふるとり）には「雑・雄」などがある。

基本問題

次の文章を読んで、問題に答えなさい。 教p.244・①～245・上⑩

①カズオは電車の中にいる。ロングシートの席に座って、さっきから胸をドキドキさせて。

目の前に、二人のおばあさんが立っている。

席を譲らなくちゃ——。でも、カズオが立ち上がっても、シートには一人分のスペースしか空かない。おばあさん二人のうち、座れるのは一人だけだ。

年をとっているほうのおばあさんに声をかけようか。だけど、若く見えるおばあさんは大きな荷物を持っている。遠くの駅まで乗るほうに座ってもらおうと思っても、行き先なんてわからない。二人で話し合って決めればいい？　そんなの、どうやってお願いすればいいんだろう……。

おばあさんたちは、怒っているかもしれない。それとも悲しんでいるのだろうか。カズオは二人と目が合うのが怖くて、うつむいてしまう。それだけでは足りずに、目もつぶった。座れるおばあさんと座れないおばあさんを分けてしまうのはよくないんだ、と自分に言い聞かせた。そんなの不公平だもの。座れないおばあさんがかわいそうだもの。②だったら二人とも座れないほうがすっきりする……はずだ。

電車は走る。ガタゴトと揺れながら、走る。周りの人は、カズオのことを「優しくない子供」だと思っているかもしれない。本当は違うのに。③おばあさんが一人だけなら、すぐに席を譲ってあげたいのに。カズオは胸をドキドキさせたまま、ただじっと目をつぶって、眠ったふりをする。

〈重松清「電車は走る」による〉

1 ①胸をドキドキさせて とありますが、カズオはどのような状況に「ドキドキ」しているのですか。（　）にあてはまる言葉を、文章中から抜き出しなさい。

席を譲りたいが、（　　　　　）しか空かないため、（　　　　　）のどちらに譲るべきか迷っている状況。

2 ②だったら二人とも座れないほうがすっきりする……はずだ。とありますが、ここから、カズオのどのような心情が読み取れますか。次から一つ選び、記号で答えなさい。

ア　悩んだ末に正しい答えを導けたことに満足する気持ち。
イ　考えることに疲れてしまいどうでもよくなっている気持ち。
ウ　自分の出した答えが正しいと思いたいという気持ち。
エ　答えが出たので堂々と座っていられることに安堵する気持ち。

攻略！「……はずだ」に込められた思いを読み取ろう。

（　　）

3 よく出る ③おばあさんが一人だけなら、すぐに席を譲ってあげたいのに。とありますが、カズオが、おばあさんが二人いると席を譲らないのはなぜですか。

知識の泉　Q「たかをくくる」の意味は？

実力判定テストA ステージ2

電車は走る

30分

自分の得点まで色をぬろう！
100点 80 60 0
/100

解答 21ページ

★ 次の文章を読んで、問題に答えなさい。

〔電車の中でサユリは、目の前に立つ松葉づえをついたお姉さんに声をかけ、自分の席を譲った。〕

教 p.247・⑤～249・下④

お姉さんは小さく会釈をして、座った。

それだけ――？

会釈のときに低い声でぼそっと「あ、どーも。」と言ったきり、お礼の言葉も感激の笑顔もない。せっかく勇気を出して譲ってあげたのに、まるでそんなの当然のことだとでも言うように……いや、べつにどっちでもいいんだけど、というほうが近いだろうか。とにかくお姉さんはめんどうくさそうに座って、イヤホンで音楽を聴き始めたのだ。

がっかりした。①感謝してくれないんだったら席を譲らなきゃよかった、と思った。

あーあ、とつり革につかまっていたら、隣に立っていたおばさんが「えらいわねえ。」と、にこにこ笑いながら褒めてくれた。よかった。ちゃんとわかってくれる人がいた。周りの人もこっちを見ている。②サユリは胸を張って言った。

「だって、困っている人やかわいそうな人を助けてあげるのは当然のことです！」

おばさんは「そうね、そのとおりね。」と――言ってくれなかった。にこにこ笑っていた顔が一瞬こわばったように見えた。周りの人たちが目をそらしていることにも気づいた。

どうして褒めてもらえなかったのか、サユリにはわからない。ただ、周囲の空気が急にどんよりと重くなって、なんともいえず居心地が悪くなっていた。

もう、おばさんはサユリに声をかけてこない。お姉さんは音楽を聴きながら雑誌をめくっている。「この子にちゃんとお礼を言いなさいよ。」とおばさんが言ってくれればいいのに。周りの人も、恩知らずのお姉さんを冷たい目で見てくれればいいのに。でも、なんだか逆に、サユリのほうがみんなに③叱られているような気がしてしかたない。

なんで？　ねえ、なんで――？

電車は走る。サユリはつり革を強く握りしめる。何がなんだかわからないまま、さっきのひと言をお姉さんに聞かれなくてよかったのかもしれないと、ふと思った。なぜそう思ったのかも、わからないまま、だったけれど。

僕たちは、みんな、電車の中にいる。「世の中」という名前の電車に乗り合わせた乗客だ。僕たちは誰もが。

座っている人もいる。立っている人もいる。重い荷物を提げた人もいれば、身軽な人もいる。④「私の正しさ」は、乗っている人

知識の泉　A　**たいしたことはないと見くびること。**「たか」(高)は，程度・値打ちの意味。

の数だけある。でも、それは必ずしも「他の人の正しさ」とは一致しない。なんとなく決まっている「みんなの正しさ」（それを「常識」と呼ぶ）から、「それぞれの正しさ」がはみ出してしまうことだって、ある。

⑤電車は走る。数えきれない「正しさ」は、すれ違ったりぶつかり合ったりしながら、電車に揺られている。床に転がって誰かに踏みつぶされてしまった「正しさ」も、きっとそこにはあるだろう。あなたの「正しさ」はどこにある？　そして、それは誰の「正しさ」と衝突して、誰の「正しさ」と手を取り合っているのだろう。

〈重松清「電車は走る」による〉

1 よく出る　①感謝してくれないんだったら席を譲らなきゃよかったとありますが、サユリはお姉さんから何を期待していましたか。文章中から二つ、それぞれ五字で抜き出しなさい。　5点×2（10点）

□□□□□・□□□□□

2 ②サユリは胸を張って言った。とありますが、ここからサユリのどのような気持ちが読み取れますか。あてはまらないものを次から一つ選び、記号で答えなさい。（10点）

ア 自分の行動は正しいと信じて疑わない気持ち。
イ お姉さんに対して仕返しをしたい気持ち。
ウ 褒められたことを周りの人に自慢したい気持ち。
エ おばさんにわかってもらえてうれしい気持ち。

（　　）

攻略！「胸を張って」に込められた気持ちを読み取ろう。

3 周りの人がサユリに対して冷めた雰囲気になったことがわかる表現を文章中から十八字で抜き出しなさい。（15点）

□□□□□□□□□□□□□□□□□□

4 記述　③なんで？　ねえ、なんで――？　とありますが、「――」に省略されたサユリの気持ちを考えて書きなさい。（15点）

（　　）

攻略！前の段落からサユリの気持ちを読み取り、まとめよう。

5 ④「私の正しさ」は、乗っている人の数だけある。とありますが、「私の正しさ」をサユリにあてはめて説明した次の文の（　）にあてはまる言葉を、文章中から抜き出しなさい。　10点×4（40点）

その行為を本人から（③　　）され、周りから（④　　）られるべきだというのが、サユリの考える「正しさ」である。

（①　　）を助けたら、（①　　）や（②　　）

6 よく出る　⑤電車は走る。とありますが、筆者は、何を「電車」にたとえて説明していますか。文章中から抜き出しなさい。（10点）

（　　）

確認のワーク ステージ1 紅鯉（べんごい）

学習のねらい
● 登場人物の特徴や主人公との関係を捉えよう。
● 場面ごとの主人公の心情の変化を読み取ろう。

解答 22ページ　予想問題 134ページ

教科書の要点

1 主な登場人物と設定

（　）に教科書の言葉を書き入れなさい。　教 p.250〜259

● 僕＝（①　　）ちゃん…主人公。小学五年生。
● 麦わら帽子のおじさん…あごがとがり、（②　　）が目立つ顔。僕がコイを見つけたことを信じていない。
● 中学生二人…顔見知りともう一人。
● ひろし…僕の（③　　）。
● 頭に手拭いをかぶった（④　　）…僕のことをかばう。
● 手拭いでハチマキをした（⑤　　）…僕の話を聞いてコイを探すが、見つけることができない。
● ゴム長を履いたひげ面のおじさん…投網で（⑥　　）と（⑦　　）を捕らえる。

2 構成のまとめ

（　）に言葉を書き入れなさい。　教 p.250〜259

場面	できごと	「僕」の心情や様子
第一場面 教はじめ〜p.252・上⑭	「僕」がコイを捕り逃がす	▼手に触れたのが本当にコイだったかどうか、（①　　）がなくなる。
第二場面 p.252・上⑮〜p.254・上⑨	「僕が」ベンゴイを捕り逃がす	▼（②　　）と深みを眺めながら、胸の高鳴りがおさまらない。じわっと（③　　）が広がる。
第三場面 p.254・上⑩〜p.257・上⑦	周囲の人が探すが、ベンゴイが現れない	▼ほらだと言われたことに慌てる。すっかり（④　　）しまう。▼見間違いだったのかと（⑤　　）になり、みんなを（⑥　　）思う。
第四場面 p.257・上⑧〜終わり	コイとベンゴイが捕まる	▼うそつきにならずに済んだ満足感のあとに再び（⑦　　）がつのる。▼おばさんのいたわりの言葉に胸がいっぱいになり、（⑧　　）になる。

おさえよう

主題　「僕」が、ベンゴイを見つけたことをまわりの人に信じてもらえず追い込まれていく様子と、結局はベンゴイが見つかったことで、信じてもらえない〔ア 苦しみ　イ 怒り〕から解放されるまでの〔ア 揺れ動く心情　イ 揺るぎない心情〕が描かれている。

知識の泉　A 一・千（三）・二・三・五。　ほかにも「一石二鳥」など数字を使う四字熟語は多い。

基本問題

次の文章を読んで、問題に答えなさい。

教 p.252・下⑪〜253・下②

①ぶるるっと武者震い(ぶる)が起きた。網(あみ)をしっかり右手に握り(にぎ)しめると、はやる心を抑え(おさ)、僕(ぼく)は、そろりそろりコイに近づいていった。頭の上からすっぽり網をかぶせようか、それとも、浅瀬(あさせ)に追い込(こ)もうか、心を決めかねながら。

コイは、僕に気がついているようなそぶりも見せず、ゆっくりと同じ速度で、ぐるぐる左回りに泳いでいる。

浅瀬に追い込もう……。

僕は腰(こし)をかがめ、網で逃げ(に)道を塞ぐ(ふさ)ようなかっこうをして迫(せま)っていった。

二メートルほどに近づいたとき、ついに②コイは僕に気づいた。コイは一瞬(いっしゅん)、動きを止めた。そしてすぐに、ぴっぴっと直線的に泳ぎながら逃げ道を探し始めた。僕は網を持って、じわっ、じわっとコイに近づいていった。

あと一メートルというときだ。コイは驚く(おどろ)ほどの速さで、鋭く(するど)僕の足もとへ突進(とっしん)してきた。とっさに僕は網を出した。しかし、その網をかいくぐって、赤い塊(かたまり)が矢のように後ろの方へ飛んでいくのが見えた。僕は身を翻し(ひるがえ)て、ばしゃばしゃと浅瀬を追いかけて走った。

だが、あっというまに、コイの姿は目の前の深みの中に消えてしまった。全く、一瞬のできごとだった。僕はぼうぜんとして、深みを眺め(なが)ていた。胸の高鳴りはいっこうにおさまらなかった。

やっと巡り(めぐ)合った幸運をつかみそこねたのだ。大物のコイだった。それも誰(だれ)もが欲し(ほ)がっている紅鯉(べんごい)を！

③僕の胸に、じわっと口惜し(お)さが広がっていった。

〈丘(おか)修三(しゅうぞう)「紅鯉(べんごい)」による〉

1 ①ぶるるっと武者震いが起きた。とありますが、このとき、「僕」はどのような気持ちでしたか。次から一つ選び、記号で答えなさい。

ア コイを必ず手に入れたいと意気込む気持ち。
イ コイをつかまえる自信のなさを隠(かく)したい気持ち。
ウ コイが自分の手に入ることを確信する気持ち。
エ コイを目の前にして急に怖気(おじけ)づく気持ち。

（　　）

攻略！ 「武者震い」の意味を捉(とら)えて考えよう。

2 ②コイは僕に気づいた　とありますが、そのあとコイは僕からどのように逃げましたか。コイの様子をまとめた次の文の（　）にあてはまる言葉を、文章中から抜(ぬ)き出しなさい。

（　　　　　）な動きで逃げ道を探していたが、「僕」の足もと目がけて突進し、（　　　　　）のように後ろの方へ（　　　　　）いった。

3 よく出る ③僕の胸に、じわっと口惜しさが広がっていった。とありますが、それはなぜですか。わかりやすく書きなさい。

（　　　　　　　　　　　　　　　）

知識の泉 Q「取得」と同じ構成の熟語は？　ア＝採集　イ＝取捨　ウ＝得点

実力判定テストA ステージ2

紅鯉

30分

自分の得点まで色をぬろう!
100点 合格! 80 もう一歩 60 がんばろう! 0
/100

解答 22ページ

★ 次の文章を読んで、問題に答えなさい。 教 p.257・上⑰〜258・下⑤

「さっきも、そんなことを言ったんだよ、こいつは。だけど、何もいなかったんだ。あてにならねえよ。」

僕は、もうベンゴイを捕り逃がした悔しさなど忘れていた。①それより、誰かが僕の正しさを証明してくれることを祈っていた。だから、②早くそこから逃げ出したい気持ちと、懸命に闘っていたのだ。

「そんなら、ひとつ、網を打ってみますか。」

「無駄かもしれないぞ。」

「まあ、何かいるでしょう。」

おじさんは、あごひげをひとなぜすると、投網を両手に抱え、膝と腰を弾ませながら、ぶらんぶらんと揺すり始めた。

そして、えんじ色の網がいちばん大きく揺れたところで、ぱっと水面目がけて投げた。網はみごとに広がって、その淵の形いっぱいに落ちた。

人々の目が、じっとおじさんの手もとに集中した。おじさんは、ゆっくり投網をたぐっていく。果たして、コイはいるか。

おじさんの右手が、しだいに網を絞っていった。最後の一絞りをして、水から引き揚げようとしたそのときである。バシッと、大きな音がして、何かが網の中で跳ねたかと思うと、黒い大きな塊が、網の外に飛び出して逃げた。

「あっ!」と、みんなが息をのんだ。なんと、それは紛れもないコイだったのだ。しかも、僕が捕り逃がしたベンゴイとは違う黒いコイだったのだ。

だとすると、その淵には、二匹のコイがいることになる。僕は③意外な展開にびっくりしていた。

ひげ面のおじさんは、少しも慌てた様子も見せずに、丁寧に網から小魚や、ごみを取り去ると、再び深みの端に立った。それから、ぐいと淵を見渡し、初めと同じ形に網を打った。

おじさんは、さっきは網を跳ねて逃げられたので、今度はいっそう注意深く網をたぐっていった。

僕たちが固唾をのんで見守っていると、おじさんは水の中に右腕を肩の付け根まで突っ込んで、網の底を抱え込むようにして、そっくり持ち上げた。

その網の中で、大きな獲物が動くのが見えた。おじさんは重そうに両手で抱え、勢いをつけて、網ごと河原に放り投げた。

すると、網から黒い塊が転がり出た。大きなコイだった。コイは乾いた河原の砂利の上を、勢いよく跳ね回った。水から上がったおじさんは、まず手際よくそれを袋に収め、それから放っておいた網を広げにかかった。

すると、まもなく「おっ!」という声が上がった。網の中に、鮮やかな朱色が見えたからだ。

知識の泉 A ア。 似た意味の漢字を組み合わせたものを選ぶ。

「ベンゴイだ！」

ひろしが目を丸くして、僕の顔を見た。

「修ちゃん、ほんとに、いたんだ。」

僕はひろしをにらみつけてやった。④ひろしは僕の気持ちにおかまいなく、「惜しかったなぁ、惜しかったなぁ。」を連発していた。

確かに、それは僕の手に入るべきコイだった。でも、そのときはもう、⑤そんなことはどうでもよかった。〈丘修三「紅鯉」による〉

1 ①それより、誰かが僕の正しさを証明してくれることを祈っていた。について答えなさい。

(1) 「それ」は、何を指していますか。文章中から抜き出しなさい。（10点）

（　　　）

(2) よく出る 「僕の正しさを証明してくれること」とは、具体的にどうすることですか。書きなさい。（15点）

（　　　）

2 ②早くそこから逃げ出したい気持ち　とありますが、どのような状況から「逃げ出したい」と思っているのですか。次から一つ選び、記号で答えなさい。（15点）

ア　ベンゴイを捕り逃がしたことを責められている状況。
イ　人々からうそをついていると思われている状況。
ウ　おじさんからまたひどい言葉をあびせられる状況。
エ　ベンゴイが本当にいたかどうか自信がない状況。

（　　　）

3 ③意外な展開にびっくりしていた　とありますが、どのようなことが「意外な展開」だったのですか。（　）にあてはまる言葉を文章中から抜き出しなさい。10点×2（20点）

（　　　）がいると思っていたのに、それとは違う（　　　）がいたこと。

4 どのような特徴によってベンゴイだとわかったのですか。文章中から六字で抜き出しなさい。（10点）

攻略！「僕」が想像していた展開は何かを捉えて考えよう。

5 よく出る ④ひろしは……連発していた。とありますが、このとき僕は、どのような気持ちでしたか。次から一つ選び、記号で答えなさい。（10点）

ア　ひろしにベンゴイを自慢できなくて残念な気持ち。
イ　ひろしの思いやりのない言動に失望して悲しむ気持ち。
ウ　そばで見守ってくれていたひろしに感謝する気持ち。
エ　自分を疑っていたひろしに腹を立てる気持ち。

攻略！直前の「にらみつけてやった」から心情を捉えよう。

（　　　）

6 記述 ⑤そんなことはどうでもよかった　とありますが、「僕」がそのように思ったのはなぜですか。「そんなこと」の指す内容を明らかにして書きなさい。（20点）

（　　　）

読書の広場

知識の泉 Q □に入る漢字は？「異□同音」

確認のワーク ステージ1

古事記

学習のねらい
●現代語訳を参考にしながら、古典の内容を読み取ろう。
●古典の世界観を感じ取り、古典を楽しもう。

解答 23ページ

言葉

1 語句の意味 意味を下から選んで、線で結びなさい。

① 悉く　・　　・ア　だます。
② 欺く　・　　・イ　あなた。
③ 汝　　・　　・ウ　全て。

教科書の要点

1 作者・作品・登場人物 「古事記」とその登場人物について、（　）に教科書の言葉を書き入れなさい。 教 p.260〜265

成立	八世紀のはじめ頃。
作品	稗田阿礼が口伝えした天皇の系譜と古い伝承を、天武天皇の命令で太安万侶が書き記した。
登場人物 ①（　　）（大穴牟遅神）	日本神話に登場する神の一人で、出雲大社の祭神。ヤマタノオロチを退治した須佐之男命の子孫だとされる。

2 構成のまとめ （　）に言葉を書き入れなさい。 教 p.260〜265

登場人物	
②（　　）	因幡の国の八上に住んでいた姫。
③（　　）（日本武尊）	第十二代景行天皇の子とされる。父の命令により、全国各地を平定していった。

場面	内容
大国主神と因幡の白兎	●兄弟の神々のあとを行く①（　　）は、気多の岬で痛み苦しんで泣き伏すウサギに出会う。 ●ウサギにそのわけを聞くと、②（　　）に皮を剝がれたこと、兄弟の神々の言うとおりにしたら、かえって傷がひどくなり、苦しんでいることを伝えた。 ●①（　　）はウサギに正しい治療法を教えてやり、ウサギの体はもとどおりになった。
倭建命の望郷の歌	●③（　　）が三重を経て④（　　）に着いたとき、故郷をなつかしんで歌を詠んだ。 ●その後、病気が急変し、その地でお亡くなりになった。

おさえよう

要旨 「大国主神と因幡の白兎」は〔ア 神話　イ 実話〕であり、大国主神の優しさが描かれている。「倭建命の望郷の歌」では、故郷をなつかしみながら他の地で亡くなる倭建命の〔ア 怒り　イ 悲しみ〕が描かれている。

知識の泉　A 口。　みんなが異なる口から同じことを言うこと。「異句同音」は間違い。

基本問題

次の文章を読んで、問題に答えなさい。 教 p.264・上①～265・下④

そこより幸して、三重村に到りしときに、また、詔ひしく、「吾が足は、三重に勾れるが如くして、甚だ疲れたり。」とのりたまひき。故、そこを号けて三重と謂ふ。そこより幸行して、能煩野に到りしときに、国を思ひて、歌ひて曰はく、

倭は　国の真秀ろば　たたなづく　青垣
山籠れる　倭し麗し　…A

また、歌ひて曰はく、

命の　全けむ人は　畳薦　平群の山の
熊白檮が葉を　髻華に挿せ　その子　…B

この歌は、思国歌ぞ。
また、歌ひて曰はく、

愛しけやし　我家の方よ　雲居立ち来も　…C

これは、片歌ぞ。

[現代語訳]

（倭建命が）そこから進んでいらっしゃって、三重村に着いたときに、また、「私の足は三重に折れるようになって、ひどく疲れてしまった。」とおっしゃった。それで、その地を名づけて、三重という。そこからさらに進んでいらして、能煩野に着いたときに、故郷を思って、歌っていうには、

大和は国の中でも最もよいところだ。重なりあった青い垣根の山、その中に籠っている大和は、美しい。

また、歌っていうには、

命の無事な人は、（畳薦）平群の山の大きな樫の木の葉をかんざしに挿せ。おまえたちよ。

この（二首の）歌は、ふるさとをなつかしんで歌った歌である。
また、歌っていうには、

□、わが家の方から、雲がこちらへ湧き起こってくるよ。

これは片歌である。

〈「古事記」による〉

1 よく出る Aの歌は何を思って歌っていますか。古文の中から具体名を抜き出しなさい。（　　）

2 Bの歌にこめられた倭建命の思いを次から一つ選び、記号で答えなさい。

ア　はるか遠くにある大和の国に、自分は二度と行かないだろう。
イ　大和の国のことはきっぱりと忘れて、新しい場所をめざそう。
ウ　この能煩野の地も、大和に負けないよい場所だと気づいたよ。
エ　自分も元気なら、命の無事な人と共に大和の国をたたえたい。（　　）

3 攻略！「この歌は、思国歌ぞ。」とあることから考える。

Cの歌について答えなさい。

(1) 「愛しけやし」の意味を次から一つ選び、記号で答えなさい。

ア　美しい　イ　なつかしい　ウ　さびしい　エ　待ち遠しい（　　）

(2) よく出る この「片歌」の形式を説明した次の文の□にあてはまる言葉を書きなさい。

□・七・□の三句から成る形式。

実力判定テストA ステージ2 古事記

30分

自分の得点まで色をぬろう！ 100点 合格！ 80 もう一歩 60 がんばろう！ 0 /100

解答 23ページ

★ 次の文章を読んで、問題に答えなさい。 教 p.261・上⑦〜263・下⑤

「僕、淤岐島に在りて、①此地に度らむと欲ひしかども、度らむ因無かりき。故、②海のわにを欺きて言ひしく、『吾と汝と、競べて、族の多さ少なさをⓐ計らむと欲ふ。故、汝は、その族の在りの随に、悉く率て来て、この島より気多之前に至るまで、皆列み伏し度れ。しかくして、吾、その上を踏み、走りつつ読み度らむ。ここに、吾が族といづれか多きを知らむ。』と言ひき。ⓑかく言ひしかば、欺かえて列み伏すときに、吾、その上を踏み、読み度り来て、今地に下りむとするときに、吾が言はく、『③汝は、我に欺かえぬ。』と言ひ竟るに、即ち最も端に伏せりしわに、我を捕らへて、悉く我が衣服を剝ぎき。これに因りて④泣き患へしかば、先づ行きし八十神の命以て、誨へて告らししく、『海塩を浴み、風に当たりて伏せれ。』と告らしき。故、教への如く為しかば、我が身、悉く傷れぬ。」と言ひき。

ここに、大穴牟遅神、その菟に教へて告らししく、「今急やけくこの水門に往き、水を以て汝が身を洗ひて、即ちその水門の蒲黄を取り、敷き散してその上に輾転ばば、汝が身、本の膚の如く必ず差えむ。」と告らしき。故、教への如く為しに、⑤その身、本の如し。これ、稲羽の素菟ぞ。今には菟神と謂ふ。故、その菟、大穴牟遅神にまをししく、

「この八十神は、必ず八上比売を得じ。袋を負へども、汝が命、獲む。」とまをしき。

[現代語訳]
「私は隠岐島にいました。それでこちらに渡ろうと思いましたが、渡る方法がありませんでした。そこで海のワニをだまして、『私とあなたと比べて、どっちの同族が多いか少ないかを数えたい。そこで、あなたはその同族（ワニのこと）をいる限り全部連れてきて、この島（隠岐島）からケタ（気多）の岬まで並んでください。そうしたら、その上を跳んで走りながら数えましょう。これで私の同族（ウサギのこと）とどちらが多いかわかるでしょう。』と言いました。だまされたワニが並んでいるときに、私はその上を踏んで数えながら渡ってきて、今、地面に降りようというときに、『おまえたちは私にだまされたのだよ。』と言い終わるやいなや、いちばん端に伏せていたワニが、私を捕らえて、身ぐるみ剝いでしまったのです。それで泣いて困っていると、先に行ったおおぜいの神々が（私に）教えて、『海水を浴びて、風に当たって伏していなさい。』と仰せになりました。それで、そのとおりにしていると、私の身は、全身傷だらけになったのです。」と（ウサギは）言いました。

そこで、オオアナムヂはそのウサギに教えて、

知識の泉 A イ。 保障＝保護し，守ること。保証＝確かであると請け合うこと。補償＝損害を償うこと。

「今すぐにこの河口に行き、真水でおまえの体を洗って、すぐにその河口に生えている蒲（ガマ）を取って、敷きつめてその上に寝転がれば、おまえの体はきっともとの肌のように治るだろう。」と仰せになった。そこで教えどおりにすると、ウサギの体はもとどおりになった。これが因幡の白兎である。今はこのウサギのことを「兎神」という。このウサギはオオアナムヂにこう申した。「あのおおぜいの神々はきっとヤカミヒメを得ることはできないでしょう。袋を背負ってはいても、あなた様がめとるでしょう。」と。

〈『古事記』による〉

1 よく出る 〰〰線ⓐ・ⓑを現代仮名遣いに直し、全て平仮名で書きなさい。 5点×2（10点）

ⓐ（　　　　） ⓑ（　　　　）

2 ①此地 とはどこですか。古文の中から抜き出しなさい。（10点）

（　　　　）

攻略！ ウサギがどこからどこへ行こうとしたのかを読み取る。

3 ②海のわにを欺きて について答えなさい。

(1) よく出る ウサギは、海のワニに何をしたいと言ったのですか。古文の中から二十字で抜き出しなさい。（15点）

□□□□□□□□□□□□□□□□□□□□

(2) ウサギは海のワニに何をするよう言ったのですか。次から一つ選び、記号で答えなさい。（10点）

ア ワニを全部連れてこさせて、陸に上がるように言った。
イ ワニを全部連れてこさせて、島から岬まで並ばせた。
ウ 全てのワニを、陸と同じ高さまで積み重ねさせた。
エ 全てのワニに、自由な場所へ行ってよいと伝えた。

（　　）

4 ③汝は、我に欺かえぬ。と言ったときの、ワニに対するウサギの気持ちを次から一つ選び、記号で答えなさい。（10点）

ア ばかにする気持ち。　イ 悪いと思う気持ち。
ウ 頼りにする気持ち。　エ 腹を立てる気持ち。

（　　）

攻略！ たくらみがまさに成功しそうなときにウサギが言ったことから考える。

5 ④泣き患へしかば とありますが、ウサギは誰に何をされたことによって、こうなったのですか。現代語訳を参考にして書きなさい。（15点）

（　　　　）

6 ⑤その身、本の如し について答えなさい。

(1) 記述 ウサギの身がもとに戻ったいきさつを簡潔に書きなさい。（18点）

（　　　　）

(2) もとに戻ったウサギは大穴牟遅神に何と言いましたか。古文の中からそれぞれ五字以内で人名を抜き出しなさい。6点×2（12点）

□□□□□が□□□□□をめとるだろう。

確認のワーク ステージ1

この小さな地球の上で

学習のねらい
・地球や人間の未来に対する筆者の考え方を読み取ろう。
・筆者の考えの根拠（こんきょ）を捉（とら）えよう。

解答 23ページ　予想問題 135ページ

言葉

1 語句の意味 意味を下から選んで、線で結びなさい。

1 目をみはる・　・ア 驚いて目を大きく見開く。
2 感慨（かんがい）・　・イ 思いや考えを述べること。
3 風刺（ふうし）・　・ウ 遠回しに批判すること。
4 述懐（じゅっかい）・　・エ 心に深く感じること。

2 語句の意味 意味を書きなさい。

1 もろい（　　）
2 英知（　　）

教科書の要点

1 内容理解 筆者は次のとき、人間をどのようだと感じましたか。（　）に教科書の言葉を書き入れなさい。 教 p.266〜268

①ナスカ高原の巨大地上絵をまのあたりに見たとき。
→人間は、（　　）生き物だ。
②絶海の孤島（ことう）であるイースター島をおとずれたとき。
→人間は、（　　）悲しむべき存在だ。

2 筆者の考え イースター島で地球の未来を感じた筆者は、どのような考えをもちましたか。（　）に教科書の言葉を書き入れなさい。 教 p.267

イースター島は地球と人間の未来の姿の（　　）ではないか。

3 内容理解 宇宙飛行士のAさんは、宇宙から地球を眺（なが）めた感想をどのように言っていましたか。（　）に教科書の言葉を書き入れなさい。 教 p.268

地球はガラス玉のようで、もろくてすぐに（　　）だ。

4 筆者の考え 筆者は、生命についてどのように考えていますか。（　）に教科書の言葉を書き入れなさい。 教 p.268

人間も（　　）も、生命の重さは（　　）だ。

5 筆者の考え 筆者がこの文章を通して最も言いたかったことはどのようなことですか。あとの［　］から選び、書き入れなさい。 教 p.266〜270

地球とそこに生きる物の［　　］について考えること。

［ 英知　未来　責任 ］

知識の泉 **A 具体的（具象的）。** 具体的＝はっきりとした実体を備えている様子。

おさえよう

6 構成のまとめ

（　）に教科書の言葉を書き入れなさい。（各段落に1〜31の番号をつけて読みましょう。）教p.266〜271

まとまり／内容

筆者の主張１　人間と地球

1〜5段落

考え
▼人間は偉大で、驚異的な賢さをもったすばらしい生き物。

↔ 相反する思い

具体例
●ナスカ高原にある巨大地上絵の技術。

6〜12段落

考え
▼人間は限りなく愚かしく悲しむべき存在。
・自然破壊と食糧危機、殺戮から自滅にいたる人類史を（①　　）しているのではないか。
↕未来への不安

具体例
●イースター島の巨人像。
↕歴史の象徴
●イースター島の歴史。……殺し合いと疫病により島民の大部分が死んでしまった。

13〜18段落

考え
・地球にはたくさんの人間と生物がしがみついている。壊れやすい地球に対してどう対処するか。
↕危機感

具体例
●NASAの宇宙飛行士Aさんの話。
↓地球はもろくて、すぐ壊れそうな気がした。

筆者の主張２　人間のエゴや矛盾

19〜23段落

考え
▼人間も他の生き物も生命の存在ということについては平等。
・人間は（③　　）としての生き物の一員にすぎない。
【関連作品】「火の鳥」……人間のエゴに対する風刺作品。

具体例
●人間性原理という物理学の考え方。
↓あらゆる物理学上の問題を（②　　）に考える。

24〜29段落

考え
・特定の動物がちやほやされているのに対し、人間本位の世界で、（④　　）を失う動物がいる。
↕矛盾
【関連作品】「ジャングル大帝」……矛盾を強調した作品。

具体例
●戦争体験……巻きぞえをくって死んだ動物。
●薬殺や、置き去りにより餓死する動物。

まとめ　人間が次にやるべきこと

30〜31段落

▼自然保護や愛護の運動が根強く続いている。
↕悲しむべき状況での人間のすばらしさ
▼英知をもった人間が次にやるべき大いなる仕事
↓他の生き物と人間との温かい（⑤　　）、（⑥　　）の運動を進めていくこと。

要旨　壊れやすい地球で生きるためには、人間は今までの〔ア 人間　イ 動物〕本位の考えを改め、人間も地球という運命共同体の一員であるという〔ア 自覚　イ 自信〕をもつ必要がある。

知識の泉　Q　次の□に当てはまる漢字は？　「鶏□となるとも牛□となるなかれ」

実力判定テストA ステージ2

この小さな地球の上で

30分

自分の得点まで色をぬろう！ 100点 合格！ 80 もう一歩 60 がんばろう！ 0 /100

解答 24ページ

1 次の文章を読んで、問題に答えなさい。 教 p.267・上⑩〜268・上③

しかし、①人間は、一方で、限りなく愚かしく悲しむべき存在なのだ……としみじみ思ったのは、イースター島という絶海の孤島へ行ったときのことである。

この島は、日本から世界中でいちばん遠くにある、つまり地球の真裏に当たる島で、千体もの石の巨人像がにょきにょき立っている。これをつくったのは、この島へ漂着して住みついたポリネシア人だといわれている。

島は火山岩だらけで作物もろくにできない。獣もいないから猟もできない。僅かな魚と鳥。しかもこの島は、海流のぐあいで、一種のブラックホールになっていて、②島からは小舟では外へ抜け出せないのである。

そして何百年かの間に島民は、食糧不足と、その結果としての殺し合い、そのうえ、疫病まではやって、大部分が死んでしまったのだ。

僕は石像の立つ丘に座り込んで島の両側の海を眺め、動くものもない寂寞としたたたずまいの中で、ふと、地球の未来を感じた。

もしかして、この島は地球と人間の未来の姿のパロディじゃないかな、と思った。

この狭い地球の上に増え続ける人間。自然破壊と食糧危機、そして殺戮——③自滅に至る人類史を、暗示しているんじゃないか、と思い、深く、無常を覚えた。

〈手塚 治虫「この小さな地球の上で」による〉

1 よく出る ①人間は、……存在なのだ とありますが、筆者がこうした思いをもったのは、イースター島でどのようなことがあったからですか。その理由が読み取れる一文を文章中から抜き出し、はじめの五字を書きなさい。（10点）

2 ②島からは小舟では外へ抜け出せない ことと同様に、他と往来ができない状況にある島を表現した言葉を、文章中から五字で抜き出しなさい。（10点）

攻略！ 往来ができない＝孤立状態にあるということだよ。

3 ③自滅に至る人類史を、暗示しているんじゃないか には、筆者のどんな思いが表れていますか。次から一つ選び、記号で答えなさい。（15点）

ア 憎しみ　イ むなしさ
ウ 怒り　エ あせり

（　）

2 次の文章を読んで、問題に答えなさい。

教p.268・上⑳〜269・①

人間性原理、という理論物理学の考え方がある。我々人間が存在するから宇宙が存在するのだという論理である。あらゆる物理学上の問題を人間の立場で人間本位に考える、それは我々が人間だからしかたがないことだろうが、あまりにもエゴイスティックで他の生命体に差別をしすぎるのじゃないか、といつも首をかしげる。

僕の作品で「火の鳥」というのは、①そんなエゴに対する風刺でもある。

「火の鳥」で生きがいについて鳥が人間に説く場面で、カゲロウやアリを引き合いに出すことがしばしばある。②カゲロウのような、成虫になってからほんの数日の寿命しかない生き物でも、交尾と繁殖という重要な仕事を全うし、それが永遠の生きがいにつながるのだ。それは百年生きる人間でも、他の生き物でも同じ生きがい。生命の重さは全て同じ——と、鳥は言い聞かせる。

また、僕の作品で輪回転生をテーマにしたものが多いのはなぜですか、何かの著書で人が死んで動物に生まれ変わるというのを読みましたよ、③あれはおかしいですね、と尋ねられたことがある。

でも僕は、④人間も他の生き物も、生命の存在ということについては、全く平等だと、いいたいだけなのである。それは、イースター島の印象や宇宙飛行士Aさんの述懐によってますます強められた、運命共同体としての生き物、その一員にしかすぎない人間、という解釈をもっているからである。

〈手塚治虫「この小さな地球の上で」による〉

---

1 ①そんなエゴに対する風刺 とありますが、筆者はどのような考え方を批判しているのですか。次の□にあてはまる言葉を文章中から抜き出しなさい。（15点）

他の生命体を差別した□の考え方。

2 よく出る ②カゲロウのような、……生き物 とありますが、これと対比されている生き物を文章中から七字で抜き出しなさい。（15点）

3 ③あれはおかしいですね とありますが、このような発言をする人はどんな考え方をしている人間だと言えますか。次から一つ選び、記号で答えなさい。（15点）

攻略！ 寿命の長さに着目しよう。

ア 輪回転生なんて、単なる迷信である。
イ 死後の世界など、あるはずがない。
ウ 命の重さは動物も人間も変わりない。
エ 人間は動物よりも優れた存在である。

（　）

4 記述 ④人間も他の……だけなのである とありますが、筆者がこう言うのは、人間をどんな存在だと考えているからですか。文章中の言葉を使って書きなさい。（20点）

知識の泉 Q 人に対する態度が謙虚なことを表す慣用句は？ □が低い

実力判定テストB　ステージ3

この小さな地球の上で

30分

自分の得点まで色をぬろう!
100点　合格!　80　もう一歩　60　がんばろう!　0
/100

解答 24ページ

次の文章を読んで、問題に答えなさい。

教p.269・②～270・下⑦

僕は、ペンネームに虫がついているように、学生時代、昆虫マニアで、四六時中、昆虫採集に明け暮れていたときがあった。チョウ集めなら誰でもやることだが、捕まえたチョウを殺すのにべつに殺虫瓶に入れる必要はないので、二本の指でチョウの胸を強く押さえて潰せばよいのだ。チョウやガならひと押しで死んでしまうほどあっけない。

それを長い間平気で続けていたのに、あるときから、①それをやることがひどく怖くなってしまった。胸を潰すとき、つぶらなチョウの目が訴えているような気がして、捕まえても逃がしてやることが多くなり、やがて②チョウ集めもやめてしまったのだった。

何がきっかけか、と考えてみると、いろいろある理由の中でやっぱり、あの戦争体験がいちばん衝撃的だったからだということになる。

空襲でおおぜいの人間の死体が散乱している中に、牛や犬の死体もあって、人間の死体と一緒くたに燃えていた光景が、今でも目に浮かぶ。彼らはわけも知らずに人間の殺し合いの巻きぞえをくったのだ。

特定の動物がちやほやされる一方で、例えばうち捨てられた動物園の動物たちが薬殺されたり、三原山の噴火で置き去りにされた動物が餓死したり、というニュースが毎日マスコミをにぎわせる。人間本位の、人間に牛耳られた世界では、他の生き物は生存の権利を失うのだ。僕の「ジャングル大帝」では、③その矛盾を強調したかった。

だが、そういった悲しむべき状況にもかかわらず、自然保護や愛護の運動が根強く続いていることは、人間のすばらしさを感じさせる。生物の、生きるための関わり合いの中で、人間一人一人もその責任を担う自覚が消えていないことは、まことに喜ばしい。

宇宙に人間がもっと旅立っていけば、宇宙飛行士Aさんのような感慨を抱く人はもっと増え、地球という運命共同体の中で、生き物と人間との温かい触れ合い、助け合いの運動は大きく進むだろう。それは、ナスカの地上絵をつくった人間の英知が、④次にやるべき大いなる仕事だ。

〈手塚治虫「この小さな地球の上で」による〉

1 記述　①それは、どんなことを指していますか。二十字以内で書きなさい。（15点）

知識の泉　**A 腰。**　反対に，人に対して高圧的であることを表す言葉は「高飛車」など。

2

(1) ②チョウ集めもやめてしまった　について答えなさい。

よく出る　筆者はなぜチョウ集めをやめたのですか。次から一つ選び、記号で答えなさい。（10点）

ア　チョウの目が何かを訴えている気がして、殺すのが怖くなったから。
イ　捕まえてきたチョウを、殺虫瓶に入れて殺すことが嫌（いや）になったから。
ウ　戦争が始まったことで、チョウ集めをする余裕（よゆう）がなくなったから。
エ　チョウ集めを誰もがやるようになったことで熱が冷めてしまったから。

（　　）

(2) 筆者がチョウ集めをやめるきっかけとなった最も大きなできごととしてあげているものを、文章中から四字で抜（ぬ）き出しなさい。（10点）

□□□□

(3) (2)のできごとのなかで「牛や犬の死体」を見た筆者は、その「牛や犬」についてどのように考えていますか。文章中から二十三字で抜き出し、はじめと終わりの五字を書きなさい。（10点）

□□□□□～□□□□□

3

③その矛盾　について答えなさい。

(1) レベルUP　「その矛盾」とは、どんな矛盾ですか。次の（　）にあてはまる言葉を、わかりやすい表現で書きなさい。（20点）

特定の動物がちやほやされる一方で、人間の手によって、（　　　　　）という矛盾。

(2) 「その矛盾」を説明するのにどのようなことを例にあげていますか。次から一つ選び、記号で答えなさい。（10点）

ア　戦争中に、人間と牛や犬の死体が一緒に燃やされたこと。
イ　愛される一方で薬殺されたり餓死したりする動物もいること。
ウ　虫は平気で殺せるのに、人間の死体には衝撃を受けること。
エ　動物を捨てる人間がいる一方で、愛護する人間もいること。

（　　）

4

④次にやるべき大いなる仕事だ　について答えなさい。

(1) よく出る　筆者は、人間は地球の中で次にどんなことをやるべきだと考えていますか。文章中の言葉を使って書きなさい。（15点）

（　　　　　　　　　　）

(2) (1)のことをするためには、人間はどんな自覚をもつ必要がありますか。次の□にあてはまる言葉を、文章中から抜き出しなさい。（完答10点）

地球という□□□□の一員として、自然保護や愛護の□□を担うという自覚。

知識の泉　Q「言う」の謙譲語（けんじょうご）は？

確認のワーク ステージ1

食感のオノマトペ

言葉

1 語句の意味 意味を下から選んで、線で結びなさい。

① なじみ ・　・ア 物事の一定のレベル。
② 頻度 ・　・イ 同じことが繰り返し起こる度合い。
③ 水準 ・　・ウ 慣れ親しんでいること。
④ 依然 ・　・エ 前のままであること。

2 語句の意味 意味を書きなさい。

① 示唆 （　　）
② 顕著 （　　）

教科書の要点

1 話題 食感のオノマトペについて、（　）に言葉を書き入れなさい。 教p.272〜273

食感のオノマトペとは、「しゃきしゃき」などのように、ものを食べたときに感じる感覚を表す（　　）語や（　　）語のことである。

学習のねらい
●事実と筆者の考えを読み分けよう。
●オノマトペの意味や効果を捉えよう。

解答 24ページ ｜ 予想問題 136ページ

2 筆者の考え 筆者は、食感のオノマトペにはどのような力があると考えていますか。（　）に教科書の言葉を書き入れなさい。 教p.272

食感が（　　）に伝わり、（　　）に訴える力がある。

3 情報を読み取る 教科書273ページのグラフを見て、次の内容にあてはまる食感のオノマトペを（　）に書き入れなさい。 教p.273

① 中学生、若年層、中年層で使われている割合が最も高い。（　　）
② 高齢者の約八割が使っているが、その他の世代で使っている人は六割に満たない。（　　）
③ 他の世代は七割以上が使っているのに比べ、中学生が使っている割合は半数に満たない。（　　）

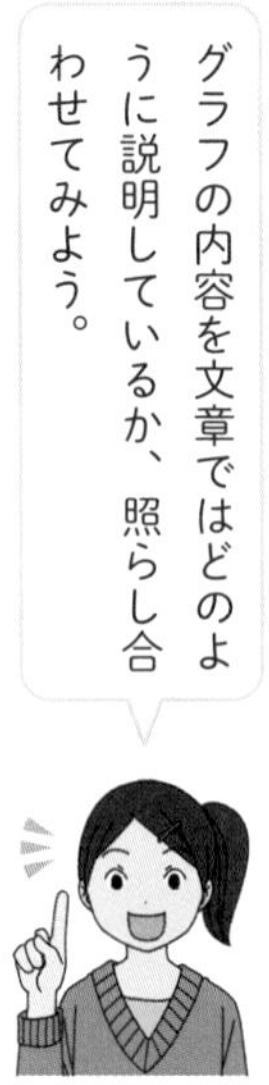

グラフの内容を文章ではどのように説明しているか、照らし合わせてみよう。

4 構成のまとめ

（　）に教科書の言葉を書き入れなさい。（各段落に1～10の番号をつけて読みましょう。）。教 p.272～274

	序論	本論		結論
まとまり	オノマトペのもつ力	調査でわかったこと		オノマトペの意義
段落	1～2段落	3～8段落		9～10段落
内容	**体験談** ●テレビで女子高生がオノマトペを使って味を表現しているのを耳にする。（「マッタリ」「シュワーッ」） ↓実感をもって迫ってきた。	**調査方法** ●国語辞典、擬音語・擬態語辞典、論文などに使われている全てのオノマトペの数を数える。	**調査方法** ●「この言葉は食べるときの感覚を表すか。」というアンケートを行う。 ↓「ごりごり」「すかすか」「しゅわしゅわ」「ぷるぷる」などのオノマトペについて、使う人の割合を世代ごとにグラフで表示。	●食べ物の科学的な測定は進歩しているが、食感は主観的要素が強く、客観的に測定しにくい。 ← ●日本語の豊富なオノマトペは、客観的に捉えにくい人間の微妙な感覚を、実感をもって伝えてくれる。
	考え ▼食感のオノマトペの力 ・より（①　　）に伝わる。 ・（②　　）に訴えるものがある。	**調査結果** ◆食感に関する日本語のオノマトペの数は、非常に多く、（③　　）語にも及ぶ。	**調査結果** ◆日常生活で使っているオノマトペには、（④　　）がある。 ▼理由…・時代による農産物の品質の違い。 ・言葉のリズムや響きについての好みの違い。 ・対象となる食品への親しみの有無。	**考え** ▼食べ物に対する（⑤　　）の調査・研究は、よりおいしい食事、食品作りにおいて、今後ますます活用されるだろう。 ▼食感のオノマトペは、食べ物の性質や特色、個人や世代の食の好みを知る（⑥　　）になる。

要旨　日本語には食感のオノマトペが豊富にあるが、使われ方には〔ア 性別　イ 世代〕により違いがある。食感のオノマトペは、〔ア 主観的　イ 客観的〕要素が強く、科学的には測定しにくい食べ物の〔ア 栄養素の量　イ 性質や特色〕、個人や世代の食の好みを知る、有力な手がかりになる。

知識の泉　Q ——線を漢字で書くと？　果物のイタみが早い。

実力判定テストA ステージ2

食感のオノマトペ

30分

自分の得点まで色をぬろう！
合格！　もう一歩　がんばろう！
100点　80　60　0
/100

解答 25ページ

1 次の文章を読んで、問題に答えなさい。

教 p.272・下②〜273・上⑧

私は調理科学を研究しているが、その立場からこのような食感に関する日本語のオノマトペを調べていくと、次のようなことがわかってきた。

その一つは、①その数が非常に多いということである。②例えば英語では、歯応えの感覚を表現する言葉として、「クリスピー」(crispy)と「クランチー」(crunchy)などがある。「クリスピー」には文脈に応じて、「さくさく」「ぱりぱり」「こりこり」「ぽりぽり」などの日本語が、また「クランチー」には「かりかり」「がりがり」「ばりばり」「ぼろぼろ」などのさまざまな日本語があてられている。これは、日本語のオノマトペがいかに豊富であるかということを示唆する一つの例である。

それでは、実際、日本語ではどれくらいの数のオノマトペが使われているだろうか。国語辞典、擬音語・擬態語辞典、食感を研究した論文、それに食感の研究者へのアンケート結果などから、食感を表現すると思われるオノマトペを全てピックアップしていくとどうなるだろうか。中には、「くにょくにょ」「ぬちゃぬちゃ」「もろっ」のように、一般になじみの薄いものも含まれているが、それらを含めると③三百十二語にも及ぶ。

〈早川 文代「食感のオノマトペ」による〉

1 筆者は、どんな立場で食感のオノマトペを調べていますか。次の□にあてはまる言葉を文章中から抜き出しなさい。（10点）

□□□□□□□□する立場。

2 ①その数が非常に多い　とありますが、筆者はその具体的な数をどのように調べましたか。次から一つ選び、記号で答えなさい。（10点）

ア　具体的な数が載っている資料がないか、片っ端から探した。
イ　辞典や論文などで扱われているオノマトペの数を数えた。
ウ　オノマトペに関する専門の研究者に調査の結果をたずねた。
エ　全ての英単語に日本語のオノマトペをあてはめ、数を数えた。

（　　）

3 よく出る　②例えば　とありますが、筆者は例を用いてどのようなことを述べようとしていますか。文章中から抜き出しなさい。（10点）

（　　）

4 ③三百十二語　とありますが、これは何の数ですか。（10点）

（　　）

攻略！ この文章の話題を読み取ろう。

知識の泉　**A 傷。**　食べ物が悪くなること。「痛む」は体の苦しさを指すことが多い。

2 次の文章を読んで、問題に答えなさい。 教p.273・上⑨～274・上⑥

　二つめは、日常生活で使っているオノマトペに世代間の相違(そうい)があることである。「この言葉は食べるときの感覚を表すか。」という質問をアンケートによって行ったところ、相違が顕著(けんちょ)に表れた言葉がある。まず、①「ごりごり」「すかすか」②「こちんこちん」「ぷりんぷりん」である。これらは、中高年世代はよく使うものの若い世代はあまり使わないことがわかった。

　「ごりごり」や「すかすか」は、品質の悪い農産物に関係が深い表現である。かつて、農産物の品質は現在ほど安定しておらず、ごりごりのサトイモや、すかすかのスイカを食べる経験は多かった。現在は農産物の品質が向上し、安定したため、若い人はこのような農産物を食べる経験が少ない。そのため、これらの表現は若い世代にあまり使われていないのではないかと考えられる。また、「こちんこちん」「ぷりんぷりん」は、言葉のリズムが若い世代よりも中高年層や高齢者(こうれい)に好まれているのではないかと推測される。図には示していないが、「かちんこちん」「ぶりんぶりん」も③同様の傾向(けいこう)であった。

　これに対して、④若い世代に使用頻度(ひんど)が高く、中高年世代ではあまり使わないオノマトペは「しゅわしゅわ」「ぷるぷる」である。「しゅわしゅわ」は炭酸飲料、「ぷるぷる」はゼリーやグミなどに対して用いられる。若い人のほうがこれらの食品に対して親しみがあるうえに、言葉の響(ひび)きに幼い印象があるので、中高年層や高齢者はあまり使わないと考えられる。

〈早川(はやかわ) 文代(ふみよ)「食感のオノマトペ」による〉

1 ①「ごりごり」「すかすか」②「こちんこちん」「ぷりんぷりん」とありますが、筆者は、これらの言葉を中高年層がよく使う理由をどのように考えていますか。適切なものをそれぞれ選び、記号で答えなさい。 10点×2（20点）

ア　中高年層に言葉のリズムが好まれているから。
イ　こうした食感の食べ物を中高年層が好んで食べるから。
ウ　品質の悪い、かつての農産物の食感を表す言葉だから。
エ　中高年層は、品のよい言葉を好んで使うから。
オ　言葉の響きが幼く、中高年層にも使いやすいから。

①（　　）　②（　　）

2 よく出る　③同様の傾向　とは、どんな傾向ですか。（20点）

（　　　　）

3 ④若い世代に使用頻度が高く、中高年世代ではあまり使わないオノマトペ　について答えなさい。

(1)　そのオノマトペを文章中から全て抜き出しなさい。（10点）

（　　　　）

(2)　筆者は、(1)のオノマトペが中高年世代ではあまり使われない理由をどのように考えていますか。文章中から四十字で抜き出し、はじめと終わりの五字を書きなさい。（10点）

□□□□□ ～ □□□□□

実力判定テストB ステージ3

食感のオノマトペ

30分

自分の得点まで色をぬろう!

100点　合格!　80　もう一歩　60　がんばろう!　0

/100

解答 25ページ

★ 次の文章を読んで、問題に答えなさい。

教 p.273・上⑨〜274・下⑨

二つめは、日常生活で使っているオノマトペに世代間の相違があることである。①「この言葉は食べるときの感覚を表すか。」という質問をアンケートによって行ったところ、②相違が顕著に表れた言葉がある。まず、「ごりごり」「すかすか」「こちんこちん」「ぷりんぷりん」である。これらは、中高年世代はよく使うものの若い世代はあまり使わないことがわかった。

「ごりごり」や「すかすか」は、品質の悪い農産物に関係が深い表現である。かつて、農産物の品質は現在ほど安定しておらず、ごりごりのサトイモや、すかすかのスイカを食べる経験は多かった。現在は農産物の品質が向上し、安定したため、若い人は③このような農産物を食べる経験が少ない。[　　]、これらの表現は若い世代にあまり使われていないのではないかと考えられる。また、「こちんこちん」「ぷりんぷりん」は、言葉のリズムが若い世代よりも中高年層や高齢者に好まれているのではないかと推測される。図には示していないが、「かちんこちん」「ぶりんぶりん」も同様の傾向であった。

これに対して、若い世代に使用頻度が高く、中高年世代ではあまり使わないオノマトペは「しゅわしゅわ」「ぷるぷる」である。「しゅわしゅわ」は炭酸飲料、「ぷるぷる」はゼリーやグミなどに対して用いられる。若い人のほうがこれらの食品に対して親しみがあるうえに、言葉の響きに幼い印象があるので、中高年層や高齢者はあまり使わないと考えられる。

今、食物や調理について研究する分野では、栄養素の量など、食べ物の科学的な測定はかなりの水準にまで達している。しかし、そのような科学的な測定がどんなに進歩しても、食べるのは生身の人間である。④「それを食べてどう感じたか」という感覚の世界は依然として残る。こうした食べ物に対する感覚の調査・研究は、よりおいしい食事、食品作りにおいて、今後ますます活用されていくと思われる。

食べ物に含まれている物質の量と違って、食感自体は主観的要素が強く、客観的に測定しにくいものである。それだけに、食感のオノマトペは、食べ物の性質や特色、また個人や世代の食の好みを知る有力な手がかりになる。日本語の豊富なオノマトペは、客観的に捉えにくい人間の微妙な感覚を、実感をもって伝えてくれている。

〈早川文代「食感のオノマトペ」による〉

1 よく出る ①「この言葉は……アンケートによって行った」とありますが、筆者はこのアンケートからわかったことの理由をどのように考えていますか。次の[　]にあてはまる言葉を、文章中からそれぞれ抜き出しなさい。　10点×3（30点）

知識の泉 **A** ウ。　総意＝全員のまとまった意見。相違＝二者間の違い。創意＝新しい思いつき。

・時代による［　　　　　　］の違い。

・言葉の［　　　］や響きについての好みの違い。

・対象となる食品に対する［　　　］の有無の違い。

2 ②相違が顕著に表れた言葉 について答えなさい。

(1) どんなことがわかりましたか。文章中から二十七字で抜き出し、はじめと終わりの五字を書きなさい。（5点）

［　　　　　］〜［　　　　　］

(2) 若い世代ではあまり使われないが、中高年世代でよく使われるオノマトペを、文章中から全て抜き出しなさい。（完答5点）

（　　　　）

(3) 中高年世代ではあまり使われないが、若い世代でよく使われるオノマトペを、文章中から全て抜き出しなさい。（完答5点）

（　　　　）

3 ③このような農作物 を言い換えた表現を、文章中から八字で抜き出しなさい。（10点）

［　　　　　　　　］

4 文章中の［　］にあてはまる言葉を次から一つ選び、記号で答えなさい。（5点）

ア　しかし　　イ　そのため

ウ　なぜなら　　エ　あるいは

（　　）

5 レベルUP ④食べ物に対する感覚の調査・研究 とありますが、科学的な測定の他にこうした調査・研究が必要となるのはなぜですか。（　）にあてはまる言葉を、文章中から抜き出しなさい。（15点）

よりおいしい食事や食品づくりのために必要な、（　　　　）を知る有力な手がかりになるから。

6 記述 筆者は、日本語のオノマトペには何を伝える力があると考えていますか。文章中の言葉を使って書きなさい。（15点）

（　　　　）

7 よく出る この文章の内容に合うものを次から一つ選び、記号で答えなさい。（10点）

ア　食感のオノマトペは若い世代ほどよく使われる傾向にある。

イ　食感を科学的に測定できるように研究が進められている。

ウ　食感のオノマトペは個人や世代の食の好みを知る手段となる。

エ　食感や栄養素の量は科学がいくら進歩しても測定できない。

（　　）

プラスワーク 聞き取り問題① スピーチ

ヤゴ救出大作戦

放送文は、上のQRコードから聞くことができます。

解答 26ページ

/100

放送を聞いて、問題に答えなさい。

メモ欄 放送の間は、問題に答えずメモを取りましょう。

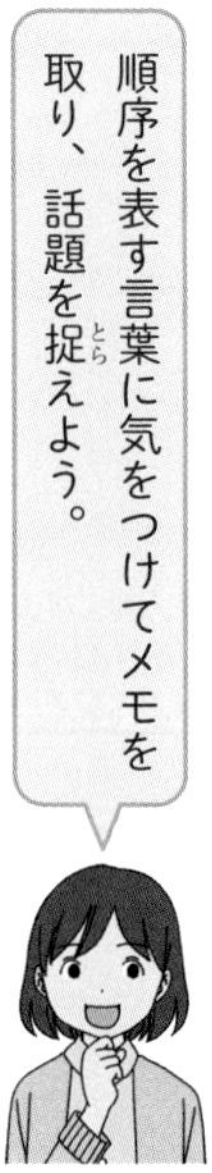

順序を表す言葉に気をつけてメモを取り、話題を捉えよう。

⬇ここより下は問題になります。放送の指示にしたがって答えましょう。

(1) (問題は放送されます。) (20点)

(2) (問題は放送されます。) (20点)

大勢の人が一度にプールに入ると、　　　　。

(3) (問題は放送されます。) (20点)

(4) (問題は放送されます。) 10点×2 (20点)

(5) レベルUP (問題は放送されます。) (20点)

プラスワーク

聞き取り問題② 会話

「まちの駅」ってどんなところ

放送文は、上のQRコードから聞くことができます。

解答 27ページ

/100

★ 放送を聞いて、問題に答えなさい。

メモ欄(らん)　放送の間は、問題に答えずメモを取りましょう。

会話文を聞き取るときは、誰(だれ)がどういう内容を話しているかに注意してメモを取ろう。

↓ここより下は問題になります。放送の指示にしたがって答えましょう。

(1)（問題は放送されます。）

＿＿＿＿方法がある。（20点）

(2)（問題は放送されます。）（20点）

(3)（問題は放送されます。）（20点）

(4)（問題は放送されます。）

総合学習の授業で＿＿＿＿を先生に提案してみる。（20点）

(5) レベルUP（問題は放送されます。）（20点）

プラスワーク 日本文学史（奈良時代～平安時代）

文学史の要点

奈良時代

【口承文学から記載文学へ】文字がない時代には、物語は口で語り伝えられていたが、中国から漢字が伝来し、神話や歌謡などが記録されるようになった。

歴史書

古事記　現存最古の歴史書。太安万侶編。天皇の命で、稗田阿礼が暗誦した神話、歴史、歌謡などを記録。「日本書紀」とあわせて「記紀」と呼ばれる。

日本書紀　舎人親王ら編。国の歴史を、年代順（編年体）にまとめた歴史書。

歌集

万葉集　現存する日本最古の和歌集。大伴家持ら編。幅広い階層の歌を収め、五七調の素朴で力強い歌が多い。代表的歌人は柿本人麻呂、山上憶良ら。

❖三代歌集
万葉集（奈良時代）・古今和歌集（平安時代）・新古今和歌集（鎌倉時代）

平安時代

【貴族文化と女流文学】仮名文字が考案され国風文化が広まり、優美で情緒的な貴族文化の繁栄と、仮名文字を使いこなした女流文学の台頭が見られた。

物語

竹取物語　現在に伝わる日本最古の作り物語。「物語の出で来はじめの祖」と呼ばれる。

伊勢物語　現存最古の歌物語。在原業平と思われる男を主人公としている。

源氏物語　紫式部。光源氏とその子薫大将を主人公に貴族の世界を描いた長編物語。

歌集

古今和歌集　最初の勅撰和歌集。紀貫之ら撰。七五調の繊細で優美な歌が多い。代表的歌人は、紀貫之、在原業平、小野小町、僧正遍昭など。「もののあはれ」の文学といわれている。

日記

土佐日記　最初の仮名日記。紀貫之。当時仮名文字は女性が使うものだったため、貫之は女性をよそおい土佐から京都までの旅を仮名文字でつづった。

随筆

枕草子　清少納言。宮廷生活や自然・人間を鋭い観察と独特の感性で捉え、簡潔な文体で表現している。「をかし」の文学といわれている。

基本問題

(1) 現存する日本最古の書物を答えなさい。（　　）

(2) 日本で最初の勅撰和歌集を答えなさい。（　　）

(3) 日本最古の作り物語を答えなさい。（　　）

(4) 「源氏物語」の作者を次から選びなさい。（　　）
ア　紫式部　イ　清少納言
ウ　小野小町　エ　紀貫之

(5) 「をかし」の文学といわれる、日本を代表する随筆の作品名を答えなさい。（　　）

解答　(1) 古事記　(2) 古今和歌集　(3) 竹取物語　(4) ア　(5) 枕草子

覚えておきたい 故事成語

蛇足

意味 よけいなもの。無駄な行い。

由来 楚の国の話。酒をふるまわれた従者たちは、蛇の絵を最初に描き終えた者が酒を飲むことに決めた。ある者が先に描き終えたが、調子に乗って蛇の足を描き足してしまい、結局酒を飲み損ねた。

用例 蛇足になりますが、最後に一言申し上げます。

五十歩百歩

意味 本質的には大きな差のないこと。

由来 梁の恵王は、孟子に「よい政治をしているのに、私の国に人が集まらないのはなぜか」と尋ねた。孟子は、「戦争が始まったとたん逃げた兵士がいました。五十歩逃げた者が百歩逃げた者を笑ったとしたらどうでしょうか」と答え、隣国の政治と大差がないことを諭した。

用例 五分遅れるのも三十分遅れるのも五十歩百歩だ。

背水の陣

意味 決死の覚悟で事に当たること。

由来 漢の名将韓信は、戦争の時にわざと川を背にして陣を敷いた。そうして、兵たちにもう退却できないという覚悟をさせ、必死に戦わせて敵軍を打ち破った。

用例 もう負けられないと背水の陣で試合に臨む。

漁夫の利

意味 両者が争っている間に、第三者が利益を手に入れること。

由来 しぎが貝の肉を食べようとすると、貝は殻を閉じてしぎのくちばしをはさんだ。両者が互いに相手を離そうとせずにいるところに、漁師がやってきて、両方とも捕らえてしまった。

用例 姉と妹が一枚のクッキーを巡り争っている間に、弟が漁夫の利を占めてそのクッキーを食べてしまった。

杞憂

意味 無用な心配をすること。取り越し苦労。

由来 杞の国に、天が崩れ落ちてこないかと心配して、食べ物も喉に通らない人がいた。

用例 何十年も先まで心配するのは杞憂というものだ。

虎の威を借る狐

意味 権力のある人の力に頼っていばる人のこと。

由来 虎に捕らえられた狐は、虎を後ろに連れて歩き、他の動物が虎を恐れて逃げるのを自分のせいだと思わせて、虎をだまし、助かった。

用例 父親が有名人だからといっていつもいばっているあの人は、虎の威を借る狐だ。

推敲

意味 詩や文章の言葉を何度も練り直すこと。

由来 唐の詩人賈島は、詩作をしていて、「僧は推す月下の門」という句の「推す」を「敲く」にしようかと夢中で考えているうちに、うっかり都の長官の韓愈の行列にぶつかってしまった。いきさつを韓愈に話すと、韓愈は「敲く」がよいだろうと言った。

用例 推敲に推敲を重ねて清書し、提出する作文を仕上げた。

助長

意味 よけいな手助けをして、かえって害を与えること。（力添えをして成長させる意味にも用いる。）

由来 宋の国の話。苗の生育が遅いので、伸ばしてやろうとして、全ての苗を引っ張った人がいた。あとで見に行くと、苗は全部枯れていた。

用例 掃除当番をさぼるのを一人でも許すと、他の人がさぼるのを助長することになる。

四面楚歌

意味 周りを敵に囲まれて、孤立すること。

由来 楚の項羽は、漢の劉邦の軍に四方を囲まれた。漢軍が楚の国の歌を歌うのを聞いて、項羽は、楚の国はすでに漢軍によって占領されたと思い、嘆いた。

用例 首相は、国民やマスコミから非難されて、四面楚歌の状態になった。

覚えておきたい 部首

へん（偏）＝字の左側にあるもの

部首	画数	よび名	意味	例
亻	2	にんべん	人。	伸 倒
冫	2	にすい	凍る。寒い。	冷 凍
彳	3	ぎょうにんべん	行く。道路。	復 彼
阝	3	こざとへん	丘。盛り土。	陸 降
忄	3	りっしんべん	心。精神作用。	快 悟
扌	3	てへん	手。手の動作。	振 押
犭	3	けものへん	犬。犬に似た動物。	独 犯
氵	3	さんずい	水。液体。	渡 濃
日	4	ひへん	太陽。日時。	暖 暇
月	4	つきへん	月。舟。	服 朕
木	4	きへん	木。木材。	桃 栓
歹	4	かばねへん／いちたへん	死。骨。	死 残
火	4	ひへん	火。	灯 燃
礻	4	しめすへん	神。祭り。	礼 祝
月	4	にくづき	肉。人体の部分。	胸 腰
禾	5	のぎへん	穀物。	種 税
衤	5	ころもへん	衣服。	複 補
糸	6	いとへん	糸。織物。	縦 縮
言	7	ごんべん	言葉。	詞 詳
貝	7	かいへん	財宝。金銭。	貯 財
足	7	あしへん	足。足の動作。	路 踏
金	8	かねへん	金属。	鋼 針
食	8	しょくへん	食べること。食べ物。	飯 飼

つくり（旁）＝字の右側にあるもの

部首	画数	よび名	意味	例
刂	2	りっとう	刀。刃物で切る。	刻 削
力	2	ちから	力。	効 勤
卩	2	ふしづくり	ひざまずく形。	印 却
彡	3	さんづくり	飾り。輝き。	影 彫
阝	3	おおざと	国。地域。	郡 郷
寸	3	すん	手。	射 将
攵	4	のぶん／ぼくにょう	うつ。強制する。	救 攻
斗	4	とます	ひしゃく。はかる。	料 斜
斤	4	おのづくり	おの。おので切る。	新 断
欠	4	あくび	口を開ける動作。	歌 欲
殳	4	るまた	殴る。打つ。	段 殴
見	7	みる	見る。	観 視
隹	8	ふるとり	鳥。	雑 難
頁	9	おおがい	頭。	額 頂

かんむり（冠）＝字の上部にあるもの

部首	画数	よび名	意味	例
亠	2	なべぶた	―	京 交
人	2	ひとやね	人。	会 介
冖	2	わかんむり	覆う。	写 冠
宀	3	うかんむり	家。屋根。	宅 宝
艹	3	くさかんむり	草。	芽 荒
耂	4	おいかんむり	年寄り。	考 老
癶	5	はつがしら	両足を開く。	登 発
穴	5	あなかんむり	穴。	究 窓
罒	5	あみがしら／よこめ	網。	置 罪
竹	6	たけかんむり	竹。	節 簡
雨	8	あめかんむり	雨。気象。	雲 雪

あし（脚）＝字の下部にあるもの

部首	画数	よび名	意味	例
儿	2	ひとあし／にんにょう	人。人の体。	元 光
廾	3	にじゅうあし	両手。	弁 弊
心	4	こころ	心。精神作用。	懸 恐
⺗	4	したごころ	心。精神作用。	恭 慕
灬	4	れんが／れっか	火。	照 烈
皿	5	さら	皿。	盛 盟

たれ（垂）＝字の上部から左にたれたもの

部首	画数	よび名	意味	例
厂	2	がんだれ	がけ。石。	原 厚
尸	3	しかばね／かばね	人体。人の尻。	居 展
广	3	まだれ	家。屋根。	座 床
疒	5	やまいだれ	病気。	痛 癖

にょう（繞）＝字の左から下部に続くもの

部首	画数	よび名	意味	例
廴	3	えんにょう	ひきのばす。進む。	建 延
辶	3	しんにょう／しんにゅう	行く。進む。道。	違 途
走	7	そうにょう	走る。	起 越

かまえ（構）＝字の外側を囲むもの

部首	画数	よび名	意味	例
冂	2	どうがまえ／けいがまえ	―	再 冊
凵	2	うけばこ	上方に開けた形。	出 凶
勹	2	つつみがまえ	抱え込む。	包
囗	3	くにがまえ	囲む。	囲 困
弋	3	しきがまえ	棒。道具。	式 弐
行	6	ぎょうがまえ／ゆきがまえ	道路。行く。	街 術
門	8	もんがまえ	門。	関 閉

＊部首は辞書によって異なることがあります。

定期テスト対策

得点アップ！予想問題

1 この「**予想問題**」で実力を確かめよう！

時間も計ろう

2 「**解答と解説**」で答え合わせをしよう！

3 わからなかった問題は戻(もど)って復習しよう！

この本での学習ページ

スキマ時間で漢字と知識事項(じこう)を確認(かくにん)！
別冊「**スピードチェック**」も使おう

●予想問題の構成

回数	教科書ページ	教科書の内容	この本での学習ページ
第1回	20〜29	竜	4〜7
第2回	44〜51	クジラの飲み水	14〜19
第3回	64〜75	空中ブランコ乗りのキキ	22〜27
第4回	78〜83	字のない葉書	32〜35
第5回	96〜103	玄関扉	38〜43
第6回	116〜128	竹取物語	48〜53
第7回	132〜135	故事成語——矛盾	54〜57
第8回	168〜179	トロッコ	70〜77
第9回	184〜191	意味と意図——コミュニケーションを考える	78〜81
第10回	202〜215	少年の日の思い出　(1)	84〜91
第11回	202〜215	少年の日の思い出　(2)	84〜91
第12回	244〜249	電車は走る	94〜97
第13回	250〜259	紅鯉	98〜101
第14回	266〜271	この小さな地球の上で	106〜111
第15回	272〜274	食感のオノマトペ	112〜117

第1回 予想問題　竜

次の文章を読んで、問題に答えなさい。

解答 29ページ　15分　●4問中　問

①三太郎はとうとう心を決め、それから三日したある真夜中、ものすごい勢いで沼の底から飛び出した。沼のまん中から竜巻が起こり、雲を呼んで駆ける三太郎の下に広がる田畑一面に大雨を降らせた。

そのころ日照り続きに頭を抱えていた百姓たちは躍り上がって喜んだ。

――なんでも、あの沼から竜神様が飛び上がったちゅうど。

――やっぱ、竜がござらっしゃったか。

――どんと、祭るべや。

沼の周りに見物に来ていた連中が引き揚げたのもあたりまえ。日照り続きに、竜見物どころではなくなったのであった。

そんなこととは知らぬ三太郎は、久しぶりに風呂に入ったようにさっぱりした気持ちで、また、ずぶりと沼に身を沈めた。

百姓たちが沼の周りにしめ縄を張りめぐらし、立て札を立てていきさつを書き連ねるのにもまた何日もかからなかった。

見物衆が、以前にもまして増えたのはいうまでもなく、三太郎は以前より小さくなっていなければならなくなってしまった。

しかし、②けがの功名とはいえ、竜神様とたてまつられるのは、まんざら悪い気持ちでもない。これなら、十年もして、とっつあんの竜大王が見回りに来たとき、ちっとは申しわけも立とうというものだ。

三太郎はそう思うと、頬を赤らめ、気の弱そうな苦笑いを浮かべて、ああんと一つ、小さなあくびをして考えた。（③神様ちゅうもんは、退屈なもんじゃ……。）

三太郎のあくびは、きれいな緑色のあぶくになって、ゆっくりと沼の中を上っていった。

〈今江祥智「竜」による〉

1 ①三太郎はとうとう……飛び出した。について答えなさい。

(1) 三太郎の行動によって、百姓たちが喜んだのはなぜですか。

(2) 三太郎自身は、どんな気持ちになりましたか。

2 ②けがの功名 とはどんなことを指していますか。次から一つ選び、記号で答えなさい。

ア 三太郎の行動が、意図せず百姓たちを救う結果となったこと。

イ 三太郎が何度も失敗を重ねた末に、目的を達成できたこと。

ウ 勇気を出した三太郎が、自分の存在を世にしらしめたこと。

エ 以前にもまして見物衆が増えて、三太郎の人気が出たこと。

3 ③神様ちゅうもんは、退屈なもんじゃ……。とありますが、このときの三太郎の気持ちを、本文中から十三字で抜き出しなさい。

1 (1)	1 (2)	2	3

第2回 予想問題 クジラの飲み水

次の文章を読んで、問題に答えなさい。

解答 29ページ　15分　●7問中　問

そうなると残された道は、クジラが自らの体内で水を作るということになる。

一般(いっぱん)に動物は食べ物を消化して、脂肪や炭水化物やタンパク質を分解する。そのときにエネルギーと水ができるのだ。クジラはこの水を利用しているのである。特に脂肪が体内で分解されるときには、炭水化物やタンパク質に比べ、多くの水が生まれる。①幸運なことに、クジラの食べ物には多量の脂肪分が含まれているのである。

また、クジラの体には多くの脂肪がⓐ蓄えられている。だから、食べ物を口にしないときも、クジラはこの脂肪を分解して水を得ることができるのである。砂漠にいるラクダも、背中のこぶにためた脂肪を分解して水を得ることによって、長時間水を飲まずに暮らすことができる。

しかし、食べ物や体内に蓄えた脂肪から、あり余るほどの水ができるわけではない。この貴重な水分を有効に使うため、②クジラの体はできるだけ余分な水分を失わないようになっている。

陸上の動物の場合、体の水分が失われる要因としては、呼吸・発汗・排(はい)せつの三つがある。だが、海洋では水蒸気がⓑヒカク的多く、湿度が非常に高いので、呼吸によって失われる水分の量は極(きわ)めて少ない。また、クジラにはⓒ汗腺がないため、汗によって水分が失われることはない。したがって、クジラの場合、貴重な水分は主に排せつによって失われることになる。③これはもったいない話のように思える。けれども、尿を出すことは、どうしても体内に取り込んでしまう余分な塩分や老廃物(ろうはいぶつ)を排出するという重要な役目を果たしているのである。

〈大隅(おおすみ)清治(せいじ)「クジラの飲み水」による〉

1 ══線ⓐ・ⓒは読み仮名(がな)を書き、══線ⓑは漢字に直しなさい。

2 ①幸運なことに、……脂肪分が含まれている　とありますが、多量に脂肪分が含まれていることがなぜ幸運なことなのですか。

3 ②クジラの体は……ようになっている　について答えなさい。

(1) その体のしくみを具体的に説明している一文を文章中から抜き出し、はじめと終わりの五字を書きなさい。

(2) クジラは何によって最も多くの水分を失っていますか。

4 ③これはもったいない話のように思える。とありますが、「これ」には、実際にはどんな役目がありますか。

1	2	3		4
ⓐ		(1)	(2)	
ⓑ		〜		
ⓒ				

第3回 予想問題

空中ブランコ乗りのキキ

次の文章を読んで、問題に答えなさい。

解答 29ページ

15分 ●3問中 問

テントの高い所にあるブランコまで、縄ばしごをするすると登ってゆくと、お客さんにはそれが、天に昇ってゆく白い魂のように見えました。ブランコの上で、キキは、お客さんを見下ろして、ゆっくり右手を上げながら心の中でつぶやきました。

「見ててください。四回宙返りは、この一回しかできないのです。」

ブランコが揺れるたびに、キキは、世界全体がゆっくり揺れているように思えました。薬を口の中に入れました。

「あのおばあさんも、このテントのどこかで見ているのかな……。」

キキは、ぼんやり考えました。

しかし、次の瞬間、キキは、大きくブランコを振って、真っ暗な天井の奥へ向かってとび出していました。

ひどくゆっくりと、大きな白い鳥が滑らかに空を滑るように、キキは手足を伸ばしました。それがむちのようにしなって、一回転します。また花が開くように手足が伸びて、抱き抱えるようにつぼんで……二回転。今度は水から跳び上がるお魚のように跳ねて……三回転。お客さんは、はっと息をのみました。

しかしキキは、やっぱり緩やかに、ひょうのような手足を弾ませると、次のブランコまでたっぷり余裕を残して、四つめの宙返りをしておりました。

人々のどよめきが、潮鳴りのように町中を揺るがして、その古い港町を久しぶりに活気づけました。人々はみんな思わず涙を流しながら、辺りにいる人々と、肩をたたき合いました。

でもそのとき、誰も気づかなかったのですが、キキはもうどこにもいなかったのです。お客さんがみんな満足して帰ったあと、がらんとしたテントの中を、団長さんをはじめ、サーカス中の人々が必死になって捜し回ったのですが、無駄でした。

翌朝、サーカスの大テントのてっぺんに白い大きな鳥が止まっていて、それが悲しそうに鳴きながら、海の方へと飛んでいったといいます。

もしかしたらそれがキキだったのかもしれないと、町の人々はうわさしておりました。

〈別役実「空中ブランコ乗りのキキ」による〉

1 キキはもうどこにもいなかったのです とありますが、キキがいなくなることを暗示している表現を、文章中から十字で抜き出しなさい。

2 町の人がキキと重なるものを感じ取ったのは、何でしたか。文章中から六字で抜き出しなさい。

3 この文章から読み取れるキキの生き方を次から一つ選び、記号で答えなさい。

ア おばあさんに振り回されて死んでいった、悲しい生き方。

イ 命の大切さに気づかず、人気だけを求めた愚かで悲しい生き方。

ウ 命をかけてスターとしての道を選んだ、純粋で悲しい生き方。

エ 周囲の期待により、意志を貫けなかった受け身で悲しい生き方。

1 2 3

第4回 予想問題

字のない葉書(はがき)

次の文章を読んで、問題に答えなさい。

解答 29ページ

15分　7問中　問

　死んだ父は筆まめな人であった。

　私が女学校一年で初めて親元を離(はな)れたときも、三日にあげず手紙をよこした。当時保険会社の支店長をしていたが、一点一画もおろそかにしない大ぶりの筆で、

「向田邦子(むこうだくにこ)ⓐ殿」

と書かれた表書きを初めて見たときは、①ひどくびっくりした。父が娘(むすめ)宛(あ)ての手紙に「殿」を使うのは当然なのだが、つい四、五日前まで、

「おい邦子！」

と呼び捨てにされ、「ばかやろう！」の罵声(ばせい)やげんこつは日常のことであったから、突然の変わりように、こそばゆいような晴れがましいような気分になったのであろう。

　文面も、折りめ正しい時候の挨拶(あいさつ)に始まり、新しい東京の社宅の間取りから、庭の植木の種類まで書いてあった。文中、私を貴女(あなた)と呼び、

「貴女の学力では難しい漢字もあるが、勉強になるからまめに字引(じびき)を引くように。」

という訓戒(くんかい)もⓑソえられていた。

　ふんどし一つで家中を歩き回り、大酒を飲み、かんしゃくを起こして母や子供たちに手を上げる父の姿はどこにもなく、ⓒ威厳と愛情にあふれた非の打ちどころのない父親が②そこにあった。

　暴君ではあったが、反面照れ性(しょう)でもあった父は、他人行儀(ぎょうぎ)という形でしか十三歳の娘に手紙が書けなかったのであろう。もしかしたら、③日頃気恥ずかしくて演じられない父親を、手紙の中でやってみたのかもしれない。


〈向田(むこうだ)邦子(くにこ)「字のない葉書」による〉

---

1 ＝線ⓐ・ⓒは読み仮名(がな)を書き、＝線ⓑは漢字に直しなさい。

2 ①ひどくびっくりした　とありますが、このとき同時に筆者が感じた気持ちを文章中から抜き出しなさい。

3 ②そこ　とはどこですか。文章中から四字で抜き出しなさい。

4 ③日頃……父親　とは、どのような父親ですか。文章中から二十字程度で抜き出し、はじめと終わりの四字を書きなさい。

5 最後の段落の説明として適切なものを次から一つ選び、記号で答えなさい。

ア　父親への強い共感をもって、主観的に説明している。
イ　暴君である父親に対し、反発を感じながら説明している。
ウ　個性的な父親を幼い娘なりに理解しようとしている。
エ　年月を経て、当時の父親の心情を思いやっている。

1	2	3	4
ⓐ			
ⓑ			〜
ⓒ			5

第5回 予想問題　玄関扉

次の文章を読んで、問題に答えなさい。

解答 30ページ　15分　●4問中　問

　内開きのドアは、体当たりによって押し破られもするが、外からの力に負けずに押し返せば、開かない。外部からの侵入を防ぐために、ドアの内側に戸棚などを斜めに立てかけるのは、映画の場面によく出てくる。このようにすれば、内開きのドアは、例えば鍵を壊されても侵入を阻止できる。これを、外開きのドアの場合に置き換えてみると、侵入しようとする者と中にいる人が、両側からドアを引っぱり合うかたちになって、なんともさまにならない。内開きのドアの場合は、ドアを挟んで、外からの力と内からの力がぶつかり合う。それは引っぱり合うのに比べてずっと①直接的な闘争の表現となる。内開きのドアは外来者に対して「いらっしゃいませ。」と開くばかりでなく、ときには外来者を敵として頑固に拒みもするのだ。□、欧米人が内開きを選択したのは外敵の侵入を防ぐため、ともいえる。それは家を厚い壁で囲い、都市に市壁をめぐらして自分の領域を明確に示し、敵対的な存在を厳しく締め出そうとする②ヨーロッパ的な考え方を反映しているのだろう。

　一方、日本はどうかというと、古来、ドア形式が全くなかったわけではないが、③圧倒的に多かったのは引き戸である。相対する者のどちらの位置も侵さず、横に軽やかに滑って視界から消える、という引き戸の特徴は、自然に対しても近隣の人々に対しても親和的、融合的な日本人の態度にいかにもふさわしいといえよう。

〈渡辺武信「玄関扉」による〉

---

1 ①直接的な闘争の表現 とは、どのような様子のことですか。「……様子。」につながるように、文章中から抜き出しなさい。

2 文章中の□にあてはまる言葉を次から一つ選び、記号で答えなさい。

ア しかし　**イ** あるいは　**ウ** なぜなら　**エ** つまり

3 ②ヨーロッパ的な考え方 とありますが、どのような考え方ですか。次から一つ選び、記号で答えなさい。

ア 家は機能性よりも見た目を重視するという考え方。
イ 領域にこだわらず誰でも受け入れようとする考え方。
ウ 自分の領域に外部の人間が入るのを嫌がる考え方。
エ 家を美しく装飾して自分の領域を示すという考え方。

4 ③圧倒的に多かったのは引き戸 とありますが、引き戸は、日本人のどのような性質に合っていると述べていますか。「……性質。」につながるように、文章中から二十五字で抜き出し、はじめと終わりの五字を書きなさい。

1	2	3	4
様子。			〜 性質。

第6回 予想問題 竹取物語

次の文章を読んで、問題に答えなさい。

解答 30ページ 15分 ● 8問中　問

今は昔、①竹取の翁（おきな）といふ者ありけり。野山にまじりて竹を取りつつ、ⓐよろづのことに使ひけり。名をば、さぬきの造（みやつこ）となむⓑいひける。その竹の中に、もと光る竹なむ一筋ありける。あやしがりて、②寄りて見るに、筒の中光りたり。それを見れば、三寸ばかりなる人、いとⓒうつくしうて③ゐたり。

〈「竹取物語」による〉

［現代語訳］

今となっては昔のことだが、竹取の翁という者がいた。野山に分け入って竹を取っては、いろいろなことに使っていた。名は、さぬきの造といった。その竹の中に、根もとの光る竹が一本あった。不思議に思って、近寄って見ると、筒の中が光っている。それを見ると、三寸ほどの大きさの人が、たいそうかわいらしい様子で□。

1　ⓐよろづ、ⓑいひける、ⓒうつくしうて　を現代仮名遣い（かなづかい）に直しなさい。

2　①竹取の翁　について答えなさい。

(1)　この人物と同じ人物を指す言葉を、古文の中から抜き出しなさい。

(2)　この人物の職業を表す一文を古文の中から抜き出し、はじめの五字を書きなさい。

3　②寄りて見るに　とありますが、なぜこのような行動をしたのですか。簡潔に書きなさい。

4　③ゐたり　の意味を次から一つ選び、記号で答えなさい。

ア　笑っている　イ　立っている

ウ　座っている　エ　見つめている

5　翁が見つけた子供が、明らかに不思議な存在であることがわかる部分を、古文の中から八字で抜き出しなさい。

1	2	3	4
ⓐ	(1)		
ⓑ	(2)		5
ⓒ			

第7回 予想問題　故事成語——矛盾

次の文章を読んで、問題に答えなさい。

解答 30ページ

15分　●10問中　問

①楚人（そひと）に盾（たて）と矛（ほこ）とをひさぐ者あり。
これを誉（ほ）めてⓐいはく、
「わが盾の堅きこと、よくとほすなきなり。」と。
また、その矛を誉めてⓑいはく、
「わが矛の利（り）なること、物においてとほさざるなきなり。」と。
ある人ⓒいはく、
「子（し）の矛をもって、子の盾をとほさば、いかん。」と。
その人②こたふることあたはざるなり。

［現代語訳］
楚の人で、盾と矛とを売っている者がいた。
その盾を自慢して言うには、
「私の盾の堅いことといったら、突き通すことのできるものはない。」と。
更に、その矛を自慢して言うには、
「私の矛の鋭いことといったら、どんなものでも突き通さないものはない。」と。
ある人が（尋ねて）言うには、
「あなたの矛で、あなたの盾を突いたら、どうなるか。」と。
その人は□。

〈「故事成語——矛盾」による〉

1　══線ⓐ〜ⓒの「いはく」の中で、動作をする人が異なるものを一つ選び、記号で答えなさい。

2　①楚人について答えなさい。
(1)　何をしている人ですか。簡潔に書きなさい。
(2)　この人はどんなことを自慢していますか。次の□Ⅰ〜Ⅳにあてはまる言葉を、Ⅰ・Ⅲは書き下し文の中から一字で抜き出し、Ⅱ・Ⅳは六字以内で考えて書きなさい。
　自分の□Ⅰが何をもってしても□Ⅱほど堅いことと、自分の□Ⅲが何でも□Ⅳほど鋭いこと。

3　②こたふることあたはざるなりを、Ⅰ…現代仮名遣い（かなづかい）に直し、Ⅱ…その意味を書きなさい。

4　この故事から生まれた故事成語と、その意味を書きなさい。

1	2 (1)	2 (2) Ⅰ	2 (2) Ⅱ	2 (2) Ⅲ	2 (2) Ⅳ	3 Ⅰ	3 Ⅱ	4 故事成語	4 意味

第8回 予想問題 トロッコ

次の文章を読んで、問題に答えなさい。

解答 30ページ　15分　●6問中　問

ところが土工たちは出てくると、車の上の枕木に手を掛けながら、むぞうさに彼にこう言った。

「われはもう帰んな。俺たちは今日は向こう泊まりだから。」

「あんまり帰りが遅くなると、われのうちでも心配するずら。」

良平は一瞬間あっけにとられた。もうかれこれ暗くなること、去年の暮れ母と岩村まで来たが、今日の道はその三、四倍あること、それを今からたった一人、歩いて帰らなければならないこと、――そういうことが一時にわかったのである。良平はほとんど泣きそうになった。が、泣いてもしかたがないと思った。①泣いている場合ではないとも思った。彼は若い二人の土工に、取ってつけたようなおじぎをすると、どんどん線路づたいに走りだした。

良平はしばらく無我夢中に線路のそばを走り続けた。そのうちに懐の菓子包みが、じゃまになることに気がついたから、それを道端へ放り出すついでに、板草履もそこへ脱ぎ捨ててしまった。するとⓐウスい足袋の裏へじかに小石が食い込んだが、足だけははるかに軽くなった。彼は左に海を感じながら、急な坂道を駆け登った。ときどき涙がこみあげてくると、自然に顔がゆがんでくる。――それは無理に我慢しても、鼻だけは絶えずくうくう鳴った。

竹やぶのそばを駆け抜けると、夕焼けのした日金山の空も、もうほてりが消えかかっていた。良平は②いよいよ気が気でなかった。行きと帰りと変わるせいか、景色の違うのも不安だった。すると今度は着物までも、汗のぬれ通ったのが気になったから、やはり必死に駆け続けたなり、羽織をⓑ道端へ脱いで捨てた。

みかん畑へ来る頃には、辺りは暗くなる一方だった。「③命さえ助かれば。」――良平はそう思いながら、滑ってもつまずいても走っていった。

〈芥川龍之介「トロッコ」による〉

1 ══線ⓐは漢字に直し、══線ⓑは読み仮名を書きなさい。

2 ①泣いている場合ではないとありますが、良平はこのときどうすることを考えたのですか。

3 ②いよいよ気が気でなかったのはなぜですか。

4 ③命さえ助かれば。とありますが、このような良平の必死な様子を表している言葉を、文章中から四字で抜き出しなさい。

5 この文章で、良平の気持ちはどう変化していますか。次のⅠ〜Ⅲにあてはまる言葉をあとから選び、記号で答えなさい。

（Ⅰ）→（Ⅱ）→（Ⅲ）→あせり

ア 絶望　イ 期待　ウ 覚悟　エ 驚き　オ 安心

1	2	3	4
ⓐ			
ⓑ			

5
Ⅰ → Ⅱ → Ⅲ

第9回 予想問題　意味と意図――コミュニケーションを考える

次の文章を読んで、問題に答えなさい。

解答 31ページ　15分　●6問中　問

①「あなたのように写真が上手じゃない人は、どうすればいい写真が撮れるようになるんでしょうね。」

こういうことを言われたら、あなたはこの人から「写真が上手だ」と言われていると思うでしょうか。それとも、「写真が下手だ」と言われていると思うでしょうか。それは、「あなたのように写真が上手じゃない人」という部分を、「あなたと違って写真が上手ではない人」と取るか、「あなたと同様に写真が苦手な人」と取るかによって変わります。もしあなたがこの発言者のことをよく知っており、なおかつ会話の流れが明らかな場合は、どちらに解釈すべきかをあまり迷うことはないでしょう。しかし、もしこれが個人的に知らない相手の、文脈のよくわからない発言だったら、ただとまどうしかないかもしれません。このような例では最悪の場合、「発言者はあなたを褒(ほ)めているつもりだったのに、あなたはけなされていると思った」という②ひどい誤解が生じる危険性もあります。

文字によるコミュニケーションでは、イントネーションなどの音声的な情報がなく、また発言者の表情や状況(じょうきょう)が見えない分、③相手がどういう意図で発言したかを推測するのが難しくなります。そのうえ、個人的に知らない相手や、それまで会話に参加していなかった相手とは、その発言に至るまでの経緯(けいい)が十分に共有できないこともあり、意図が間違って伝わる危険性が高くなってしまうのです。

このように、④言葉によるコミュニケーションは、自分と相手が「言葉の辞書的な意味」のみならず、その他の多くの知識を共有していることを土台にして成立するものです。そして、そういった土台が不足したり崩(くず)れたりすると成立しなくなってしまう、実に危ういものでもあるのです。

〈川添(かわぞえ)愛(あい)「意味と意図――コミュニケーションを考える」による〉

1　①あなたのように……なるんでしょうね。とありますが、この言葉の解釈に迷うのはどのような発言のときですか。文章中から二十四字で抜き出し、はじめの五字を書きなさい。

2　②ひどい誤解が生じる　とありますが、「写真」の例ではどのような誤解を指しますか。

3　③相手が……難しくなります　とありますが、文字によるコミュニケーションでは推測が難しくなるのはなぜですか。文章中の言葉を使って二つ書きなさい。

4　④言葉によるコミュニケーション　は、何の共有を土台に成立しますか。二つ書きなさい。

1	2	3	4

第10回 予想問題　少年の日の思い出 (1)

次の文章を読んで、問題に答えなさい。

解答 31ページ　15分　●6問中　問

「おまえは、エーミールのところに、行かねばなりません。」と母はきっぱりと言った。「そして、自分でそう言わなくてはなりません。それよりほかに、どうしようもありません。おまえの持っているもののうちから、どれかをうめ合わせによりぬいてもらうように、申し出るのです。そして許してもらうように頼まねばなりません。」

　あの模範(もはん)少年でなくて、他の友達だったら、すぐにそうする気になれただろう。彼が僕(ぼく)の言うことをわかってくれないし、恐らく全然信じようともしないだろうということを、僕は前もって、はっきり感じていた。かれこれ夜になってしまったが、僕は出かける気になれなかった。母は僕が中庭にいるのを見つけて、「今日のうちでなければなりません。さあ、行きなさい！」と小声で言った。それで僕は出かけていき、エーミールは、と尋ねた。彼は出てきて、すぐに、誰かがクジャクヤママユをだいなしにしてしまった。悪いやつがやったのか、あるいはⓐネコがやったのかわからない、と語った。僕はそのチョウを見せてくれと頼んだ。二人は上に上がっていった。彼はろうそくをつけた。僕はだいなしになったチョウが展翅板(てんしばん)の上にⓑノっているのを見た。エーミールがそれを繕うために努力した跡が認められた。壊れた羽はⓒタンネンに広げられ、ぬれた吸い取り紙の上に置かれてあった。しかしそれは直すよしもなかった。触角もやはりなくなっていた。そこで、①それは僕がやったのだと言い、詳しく話し、説明しようと試みた。

　すると、エーミールは激したり、僕をどなりつけたりなどはしないで、低く、ちえっと舌を鳴らし、しばらくじっと僕を見つめていたが、それから②「そうか、そうか、つまり君はそんなやつなんだな。」と言った。〈ヘルマン＝ヘッセ　高橋健二(たかはしけんじ)訳「少年の日の思い出」による〉

1　══線ⓐ〜ⓒを漢字に直して書きなさい。

2　①それは僕がやったのだと言い、詳しく話し、説明しようと試みたとありますが、「試みた」という表現は「僕」のどのような気持ちを表していますか。次の文の□にあてはまる言葉を、文章中から三十四字で抜き出し、はじめと終わりの五字を書きなさい。

説明してもエーミールは、□という気持ち。

3　②そうか、そうか、つまり君はそんなやつなんだな。とありますが、エーミールは「僕」をどのような人間だといっているのですか。次から二つ選び、記号で答えなさい。

ア　自分の欲望を満たすために平気で盗みをする人間。
イ　人のを壊すくらいチョウの扱い方が荒っぽい人間。
ウ　謝(あやま)れば許してもらえると考えている単純な人間。
エ　自分の罪を素直に認めず言い訳ばかりする人間。
オ　チョウを壊したことを自ら言いにくる正直な人間。

1	2	3
ⓐ	〜	
ⓑ		
ⓒ		

第11回 予想問題

少年の日の思い出 (2)

次の文章を読んで、問題に答えなさい。

解答 31ページ

15分　●5問中　問

するとエーミールは激したり、僕をどなりつけたりなどはしないで、低く、ちえっと舌を鳴らし、しばらくじっと僕を見つめていたが、それから「そうか、そうか、つまり君はそんなやつなんだな。」と言った。

僕は彼に僕のおもちゃをみんなやると言った。それでも彼は冷淡にかまえ、依然僕をただ軽蔑的に見つめていたので、僕は自分のチョウの収集を全部やると言った。しかし彼は、「けっこうだよ。僕は君の集めたやつはもう知っている。そのうえ、今日また、君がチョウをどんなに取り扱っているか、ということを見ることができたさ。」と言った。

その瞬間、僕はすんでのところであいつの喉笛に飛びかかるところだった。もうどうにもしようがなかった。僕は悪漢だということに決まってしまい、エーミールはまるで世界のおきてを代表でもするかのように、冷然と、正義を盾に、あなどるように、僕の前に立っていた。彼は罵りさえしなかった。ただ僕を眺めて、軽蔑していた。

そのとき初めて僕は、一度起きたことは、もう償いのできないものだということを悟った。僕は立ち去った。①母が根ほり葉ほり聞こうとしないで、僕にキスだけして、かまわずにおいてくれたことをうれしく思った。僕は、床にお入り、と言われた。僕にとってはもう遅い時刻だった。だが、その前に僕は、そっと食堂に行って、大きなとび色の厚紙の箱を取ってき、それを寝台の上に載せ、闇の中で開いた。②そしてチョウを一つ一つ取り出し、指でこなごなに押し潰してしまった。

〈ヘルマン＝ヘッセ　高橋健二訳「少年の日の思い出」による〉

1 「僕」の告白を聞いたエーミールは、どのような態度を取りましたか。［　］にあてはまる言葉を、文章中から抜き出しなさい。

「僕」を［　］した態度。

2 罪を告白した「僕」と、それを聞いたエーミールの立場を対照的に描いた一文を文章中から抜き出し、はじめの五字を書きなさい。

3 ①母が……かまわずにおいてくれたから、母のどのような気持ちがわかりますか。次から一つ選び、記号で答えなさい。

ア 正直に罪を告白した「僕」の態度に感心している。
イ すぐに謝りに行かなかった「僕」にあきれている。
ウ 「僕」が盗みを犯したことが信じられないでいる。
エ 「僕」のつらい気持ちを理解し、いたわっている。

4 ②チョウを……押し潰してしまった　とありますが、このときの「僕」の気持ちを次から二つ選び、記号で答えなさい。

ア いやな出来事を少しでも早く忘れたいという気持ち。
イ もう二度とチョウの収集はしないと心にちかう気持ち。
ウ エーミールが収集したチョウはいらないという気持ち。
エ エーミールに自分の収集を渡したくないという気持ち。
オ 取り返しのつかない罪を犯した自分を罰しようという気持ち。

1
2
3
4

第12回 予想問題 電車は走る

次の文章を読んで、問題に答えなさい。

解答 32ページ　15分　4問中　問

席を譲ってあげたい——。いつもなら、ためらうことなく立ち上がって、「ここ、どうぞ。」と声をかけているはずだ。

でも、今日はダメ。悪いけど、今日はダメ。①ごめんなさい。

頭が痛い。ちょっと気分も悪い。乗り物酔いをしてしまったようだし、背中がゾクゾクして寒けもするから、もしかしたら風邪をひきかけているのかもしれない。こんな体調で席を譲ったら、こっちが倒れてしまう。

お願い、許してください、と心の中で謝った。周りの人には頭痛も寒けもわからない。だから、私のことを「なんてひどい子供なんだ。」と思っているかもしれない、と想像するだけで、ヒナコは泣きそうになってしまう。

隣の席のおじさんが「どうぞ。」とお母さんに席を譲った。お母さんはホッとした様子で「ありがとうございます。」とお礼を言って座った。よかった。②ヒナコまでホッとした。

でも、お母さんと入れ替わりにヒナコの目の前に立ったおじさんは、小さく舌打ちをした。

怒ってる——？　私のことを——？

違うのに。私は席を「譲らなかった」のではなく、「譲りたくても譲れなかった」のに。お願い、わかってください。ノートに『私はぐあいが悪いんです。』と書いて、看板みたいに持っていようか。そうすればみんなもわかってくれる。だけど、それもうそだと思われたら……どうしよう……。

電車は走る。ヒナコの降りる駅はまだずっと先だったが、次の駅で降りよう、と決めた。ホームのベンチに座って少し休もう。③この電車には、もう乗っていたくない。ヒナコはうつむいた。まぶたが急に熱くなって、涙がぽとんと膝に落ちた。〈重松清「電車は走る」による〉

1　①ごめんなさい。とありますが、このように謝るのはなぜですか。

2　②ヒナコまでホッとした。とありますが、どのようなことに「ホッとした」のですか。

3　ヒナコは、席を譲らず座り続けた自分の行動について、心中でどう考えていますか。文章中から三十字で抜き出し、はじめの五字を書きなさい。

4　③この電車には、もう乗っていたくない。とありますが、ヒナコがこのような気持ちになったのはなぜですか。理由を次から一つ選び、記号で答えなさい。

ア　混雑した電車内にいると、ますます体調が悪化しそうだったから。

イ　おじさんがヒナコの事情を察しないことに、腹が立ったから。

ウ　席を譲らない後ろめたさを打ち消せる手段が見つからないから。

エ　子供であるヒナコに対して冷たい大人たちに、失望したから。

1	2	3	4

第13回 予想問題　紅鯉

次の文章を読んで、問題に答えなさい。

解答 32ページ　15分　●4問中　問

おじさんは僕を見ると、なんだといった顔をして、足もとにペッと唾を吐いた。

「こいつは、さっきもコイを見たと言ったよ。コイなんかいないのに。」

このひと言で、周りの空気が変わった。すぐに、何人かが立ち去った。残った人たちの目が僕を襲った。

「なあんだ、ほらか……。」

顔見知りの中学生が、僕を振り返った。

「ちぇっ！　おい、行こうぜ。」

もう一人の中学生も、僕をばかにしたように見下ろすと、連れだって行ってしまった。ひろしが哀れむような目で、僕を見た。

①僕は慌てた。

確かに、さっきははっきりしないまま、コイと言ってしまったけれど、今度のことは、誰がなんと言ってもほんとのことだった。僕は見ただけでなく、それを取り押さえようとして浅瀬を走ったのだ。それを、ほらだと言って信じてくれない。僕はすっかりうろたえてしまった。

どう説明したらいいのだろう。②初めから説明しても、おじさんの言葉にかないそうになかった。見たのは僕一人だし、そのあと、ベンゴイはあの鮮やかな朱色をひとかけらさえ、見せてくれないのだ。

大声で、「だって、いたんだもの！」と叫びたかった。叫んでみたところで、それはなんの証拠にもならなかっただろうけれども。③僕は唇をかんで、おじさんをにらみつけるよりほかなかった。

ひどく傷ついていた。

〈丘修三「紅鯉」による〉

1　ベンゴイの特徴を表している言葉を、文章中から六字で抜き出しなさい。

2　①僕は慌てた。とありますが、僕が慌てたのはなぜですか。次の□にあてはまる言葉を、十字以内で書きなさい。

周りの人たちに、僕が□と思われたから。

3　②初めから説明しても、おじさんの言葉にかないそうになかった。とありますが、僕がこのように思ったのはなぜですか。

4　③僕は唇をかんで、おじさんをにらみつけるよりほかなかった。とありますが、このときの「僕」はどのような気持ちでしたか。次から一つ選び、記号で答えなさい。

ア　自分が疑われていることに対して反論できず、悔しい気持ち。

イ　他の中学生たちに僕の悪評を広めたことを、恨む気持ち。

ウ　誰にも信じてもらえなくても仕方ないと、あきらめる気持ち。

エ　ベンゴイを横取りされるかもしれないと想像し、不安な気持ち。

1	2	3

4

第14回 予想問題 この小さな地球の上で

次の文章を読んで、問題に答えなさい。

解答 32ページ　15分　●5問中　問

①特定の動物がちやほやされる一方で、例えばうち捨てられた動物園の動物たちが薬殺されたり、三原山（みはらやま）の噴火（ふんか）で置き去りにされた動物が餓死（がし）したり、というニュースが毎日マスコミをにぎわせる。人間本位の、人間に牛耳（ぎゅうじ）られた世界では、他の生き物は生存の権利を失うのだ。僕の「ジャングル大帝（たいてい）」では、その矛盾を強調したかった。

［　　］、そういった悲しむべき状況（じょうきょう）にもかかわらず、②自然保護や愛護の運動が根強く続いていることは、人間のすばらしさを感じさせる。生物の、生きるための関わり合いの中で、人間一人一人もその責任を担（にな）う自覚が消えていないことは、まことに喜ばしい。

宇宙に人間がもっと旅立っていけば、宇宙飛行士Aさんのような感慨（かんがい）を抱（いだ）く人はもっと増え、地球という運命共同体の中で、生き物と人間との温かい触（ふ）れ合い、助け合いの運動は大きく進むだろう。③それは、ナスカの地上絵をつくった人間の英知が、次にやるべき大いなる仕事だ。

〈手塚（てづか）治虫（おさむ）「この小さな地球の上で」による〉

1 ①特定の動物が……毎日マスコミをにぎわせる。とありますが、これはどんなことを述べるための具体例ですか。「……こと。」につながるように、文章中から三十三字で抜き出し、はじめと終わりの五字を書きなさい。

2 文章中の［　　］にあてはまる言葉を次から一つ選び、記号で答えなさい。

ア そのうえ　イ つまり　ウ あるいは　エ だが

3 ②自然保護や愛護の運動が根強く続いていることは、どんなことの表れだと筆者は考えていますか。次の［　］Ⅰ・Ⅱにあてはまる言葉を、文章中からそれぞれ抜き出しなさい。

他の生物と関わることに対して、人間一人一人にも［Ⅰ］があるという［Ⅱ］の表れである。

4 ③それとは、どんなことですか。

1	2	3	4
〜 こと。		Ⅰ　Ⅱ	

第15回 予想問題　食感のオノマトペ

次の文章を読んで、問題に答えなさい。

解答 32ページ　15分　●5問中　問

今、食物や調理について研究する分野では、栄養素の量など、食べ物の①科学的な測定はかなりの水準にまで達している。［　］、そのような科学的な測定がどんなに進歩しても、食べるのは生身の人間である。②「それを食べてどう感じたか」という感覚の世界は依然として残る。こうした食べ物に対する感覚の調査・研究は、よりおいしい食事、食品作りにおいて、今後ますます活用されていくと思われる。

食べ物に含まれている物質の量と違って、食感自体は主観的要素が強く、客観的に測定しにくいものである。それだけに、食感のオノマトペは、食べ物の性質や特色、また個人や世代の食の好みを知る有力な手がかりになる。日本語の豊富なオノマトペは、客観的に捉えにくい人間の微妙な感覚を、実感をもって伝えてくれている。

〈早川文代「食感のオノマトペ」による〉

1 ①科学的な測定　とありますが、科学的に測定できるものの例としてあげているものを、文章中から五字で抜き出しなさい。

2 ［　］にあてはまる言葉を次から一つ選び、記号で答えなさい。

ア だから　イ つまり
ウ あるいは　エ しかし

3 ②「それを食べてどう感じたか」という感覚の世界は依然として残る。について答えなさい。

(1) 「感覚」が測定しにくいのはなぜですか。十一字以内で書きなさい。

(2) 「依然として残る」のはなぜですか。はじめの段落の中にある言葉を使って書きなさい。

4 食感のオノマトペに、筆者はどのような意味を見いだしていますか。あてはまるものを全て選び、記号で答えなさい。

ア 食感に関する科学的な分析が期待できる可能性を秘めている。
イ 食べ物の性質や特色、個人や世代の食の好みを探れる。
ウ 消費者の食べ物への強い関心を引き起こすことができる。
エ 人間の微妙な感覚を実感として伝えることができる。
オ よりおいしい食事や食品作りの手がかりとなる。

1	2	3 (1)	3 (2)	4

教科書ワーク 国語 特別ふろく①

無料アプリ どこでもワーク

こちらにアクセスして，ご利用ください。
https://portal.bunri.jp/app.html

スキマ時間で国語の知識問題に取り組めるよ！

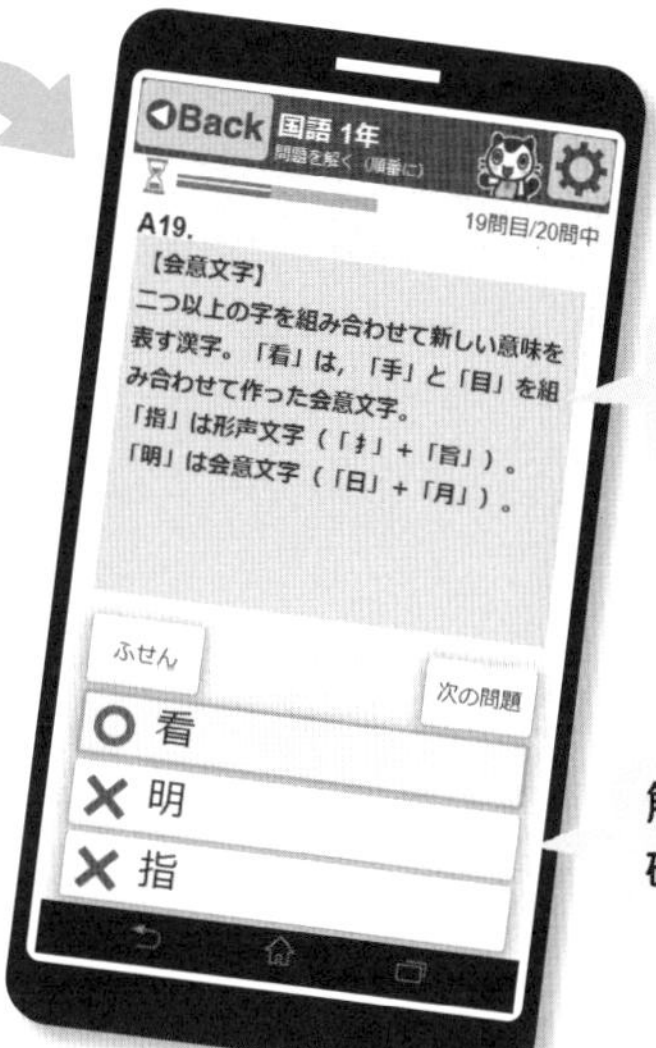

丁寧な解説つき！

解答がすぐに確認できる！

間違えた問題は何度もやり直せるよ！

無料ダウンロード ホームページテスト

無料でダウンロードできます。表紙カバーに掲載のアクセスコードを入力してご利用ください。
https://www.bunri.co.jp/infosrv/top.html

問題▶

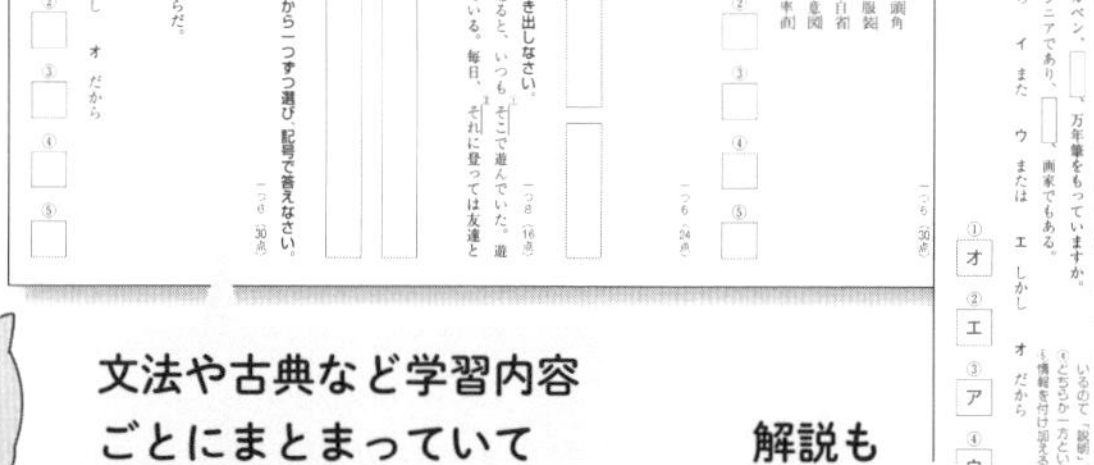

▼解答

解答が同じ紙面にあるから採点しやすい

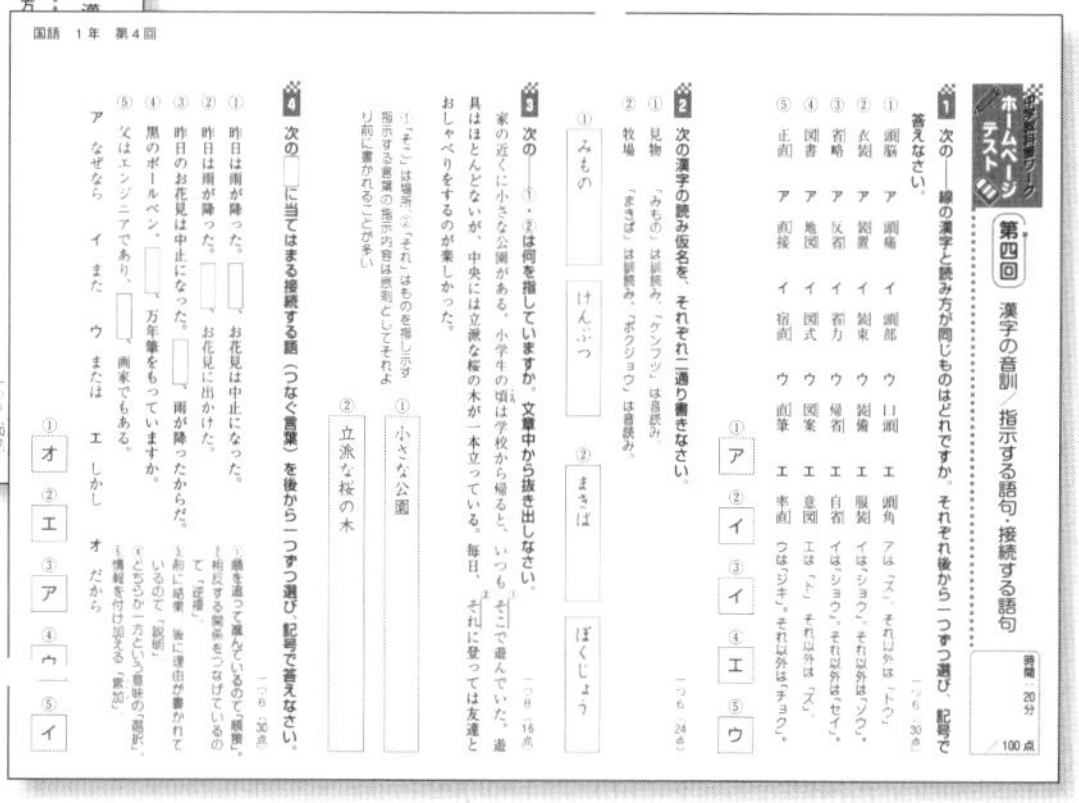

文法や古典など学習内容ごとにまとまっていて取り組みやすい！

解説も充実！

注意　●アプリは無料ですが，別途各通信会社からの通信料がかかります。
● iPhone の方は Apple ID，Android の方は Google アカウントが必要です。対応 OS や対応機種については，各ストアでご確認ください。
●お客様のネット環境および携帯端末により，アプリをご利用いただけない場合，当社は責任を負いかねます。ご理解，ご了承いただきますよう，お願いいたします。

中学教科書ワーク 解答と解説

この「解答と解説」は、取りはずして使えます。

国語1年 三省堂版

朝のリレー

2～3ページ ステージ1

教科書の要点

❶ イ・イ　❷ ①一　②二　③二

❸ ①メキシコ　②ローマ　③リレー

おさえよう 〔順に〕ア・イ・イ

基本問題

1 ローマの少年は柱頭を染める朝陽にウインクする

2 地球・朝　3 交替で地球を守る

4 例1遠くの場所に朝がおとずれた様子。例2地球上のどこか遠くで朝がはじまっている様子。

5 イ

解説

2 「いつもどこかで」という言葉に着目する。地球上にはさまざまな場所があるが、いつも必ずどこかは「朝」なのである。

3 **重要** 「朝をリレーする」とは、場所が次々に移りながら朝がはじまる様子を表現した言葉で、「ぼくら」の連帯を感じさせる。その様子を「交替で地球を守る」と言いかえている。

4 **記述対策**

・**考え方**…直後の二行から、「目覚時計のベルが鳴る」は、朝のおとずれを表すとわかる。

・**書き方**…実際に目覚時計のベルが鳴るということではなく、朝がおとずれたという意味を書く。

竜

4～5ページ ステージ1

漢字と言葉

1 ❶りゅう　❷か　❸ぬま　❹い・か　❺もぐ　❻つ　❼しめ・け　❽お　❾いっぴき　❿ぬ　⓫しず　⓬びしょう

2 ❶腰　❷沈　❸隠　❹浮　❺抜　❻突

3 ❶ウ　❷ア　❸イ

教科書の要点

❶ ①（竜の子）三太郎　②竜大王　③檜やん

❷ 〔右から順に〕2・6・4・1・5・3

❸ ①かんしゃく　②弱い　③驚いた　④つまってくる　⑤うまかった　⑥うれしく　⑦竜神様　⑧さっぱりした　⑨悪い気持ち　⑩申しわけ

おさえよう 〔順に〕ア・イ

6～7ページ ステージ2

❶ 1 三太郎のひげ　2 わああっと脅かされた　3 ウ

❷ 1 胸の中に灰　2 ウ　3 ひとつ思いきって飛び出してやろう

4 例1自分の体をさっぱりさせるため。例2体についた藻や水ごけを落としてきれいにするため。

2

❶ 解説

1 あとに続く部分を読み進めると、三太郎が顔を突き出した描写のあとに、「うなぎがひょろりと立ち上がった。そいつが三太郎のひげだったことは、いうまでもない。」とある。

2 **重要** すぐあとに、三太郎が楢やん以上に驚いた様子が描かれている。楢やんがわあっとわめいたことで、三太郎は楢やんに脅かされたとまで感じている。また、驚いた三太郎の声が「きゃっ」と表現されていることにも着目。ここからも三太郎の気の弱さが読み取れる。

3 直前に「前よりももっとひっそりと息をころして」とある。「息をころす」とは静かにじっとしていることで、三太郎は、これ以上**誰にも見つからないように**したいと思っているのである。

❷

1 「灰色の砂漠」は、**我慢する三太郎が抱く暗く不満な気持ち**をたとえた表現である。

2 「そろそろ」を二つ重ねた表現からは、三太郎が**非常にゆっくりと鼻先を突き出す様子**が読み取れる。気の弱い三太郎の用心深さを表す描写であり、**ウ**が適している。

3 あとの部分に着目すると、何日も沼の周りに人が来ない様子が、三太郎の気持ちを変化させたことが読み取れる。気が弱く用心深い三太郎も、ようやく、人の気配のない沼の外へと飛び出す決意を固めたのである。

4 記述対策

- **考え方**…すぐ前の段落に、何日も沼の底にいる三太郎が自分の体を気持ち悪く感じていることと、体をさっぱりさせる方法が書かれている。沼から飛び出したのは、雲に乗って一駆けし、体をきれいにするためである。
- **書き方**…「さっぱりさせる」「藻や水ごけを落とす」など、三太郎の体をきれいにすることを表す言葉を入れる。また、何のためかと問われているので、最後は「……ため。」と結ぶ。

グループディスカッション／言葉発見① ほか

8～9ページ ステージ1

❶ 漢字

❶しょうかい ❷ぼうとう ❸かざ ❹ようし ❺けいじ ❻かくとく ❼しんせん ❽さっきん

❷

❶優秀 ❷募集 ❸捉 ❹扱

教科書の要点 グループディスカッション

❶ 異なる・交換

☆ 基本問題 グループディスカッション

1 ①理由の質問 ②発言の促し

2 A 美化コンクールの入賞はどうかな。 B 松下

3 イ

教科書の要点 言葉発見①

❶ 音節・字数

❷ 子音・母音

基本問題 言葉発見①

1 ①ウ ②エ ③カ ④イ ⑤オ ⑥ア ⑦キ

2 ①三 ②四 ③四

解説

☆ 基本問題 グループディスカッション

1 ①は直前に発言した松下さんに考えの理由を質問している。②は川村さんに発言することを促している。

2 Aは提案している言葉、Bはその発言者をそれぞれ選ぶ。提案は「体育大会の入賞」と「美化コンクールの入賞」があるが、メモの効果に「更に新たなアイデアを考えるきっかけ」とあることから、二つめの「美化コンクールの入賞」の言葉があてはまる。

3 川村さんの「それにもう少し工夫を加えたいな。」という発言に対して、その内容を確かめている。

基本問題 言葉発見①

1 ①半濁音は「パ行」のみ。②小さい「ゃ・ゅ・ょ」を含むのは拗音。③つまる音である小さい「っ」は促音。⑤はねる音である「ん」は撥音。⑦のばす音「ー」は長音。

2 ①「か」「ぞ」「く」となり三音節。②「きょ」「う」「か」「しょ」となり四音節。拗音は一音節となる。③「シャ」「ッ」「タ」「ー」となり四音節。促音や長音も一音節となる。

ペンギンの防寒着

10～11ページ ステージ1

漢字と言葉

1 ❶かれ ❷ちが ❸いだ（だ） ❹しぼう ❺し ❻ぬ ❼えさ ❽うば

2 ❶脂肪 ❷抱 ❸違 ❹奪 ❺餌（餌） ❻塗

3 ❶イ ❷オ ❸ウ ❹エ ❺ア

教科書の要点

❶ 寒さ（別解真冬）・しのいでいる

❷ 脂肪層

❸ 脂肪層（↓）皮膚（↓）空気層（↓）羽根（↓）羽根に塗られた脂

❹ ①保温のしくみ ②空気の層（別解空気層） ③体温の低下 ④卵やヒナ ⑤熱 ⑥空気層 ⑦脂

おさえよう ［順に］ア・イ

12～13ページ ステージ2

✪ **1** 保温のしくみ **2** 全体が一枚～につながる

3 例1外からの寒さを防ぐとともに、皮膚との間に空気の層をつくって体温の低下を防ぐ役目。
例2外からの寒さを防ぎ、体温が下がることを防ぐための空気の層をつくる役目。

4 ア

5 例厚い脂肪層のある皮で卵やヒナを覆って温めるため。

6 脂肪層、皮膚、空気層、羽根、羽根に塗られた脂［順不同］

7 イ **8** 一つめは羽～あります。

✪ **解説**

1 重要 第二段落で問題を提起し、本論につなげている。

3 記述対策
- 考え方…「防水性のコートやウエットスーツの役目を果たしている」のは、一枚の布（皮）のようにつながった羽根である。その羽根のしくみが、保温にどのように役立っているのかは、直後に述べられている。
- 書き方…「外からの寒さを防ぐ」、「空気の層をつくって体温の低下を防ぐ」という二つの役目を書く。

5 直後に「例えば」としてエンペラーペンギンの例をあげて、理由を説明している。寒さの中で卵やヒナを温めるのに、皮の脂肪層の厚さが重要となる。

7 ア約四〇パーセントという数値は、ヒナの体重における脂肪層の割合であるため、誤り。ウ一枚一枚の羽根が小さくびっしり生えていて、水にぬれたり水圧がかかったりすると、全体が布のようにつながるため、誤り。

8 序論（第一・第二段落）、本論（第三～第七段落）、結論（第八段落）に分けられる。序論で問いを立て、本論で保温のしくみを説明し、結論で問いに対する答えを述べるという構造になっている。

クジラの飲み水／漢字のしくみ1

14～15ページ ステージ1

漢字と言葉

1 ❶かたまり ❷ほにゅうるい ❸かんきょう ❹あせ ❺かわ ❻かんそう ❼いっしょ ❽たくわ ❾かんせん

2 ❿あねったい ⓫こうい ⓬ほうわ

❶砂漠 ❷必需 ❸尿 ❹頼 ❺含 ❻恥

3 ❶イ ❷ア ❸ウ

4 ❶ウ ❷イ ❸ア

教科書の要点 クジラの飲み水

1 クジラ・飲み水（別解 水分・水）

2 排せつ

3 脂肪・分解・体内

4 ①飲み水 ②生物 ③脂肪 ④汗腺

⑤排せつ（別解 尿・尿を出すこと） ⑥体内

おさえよう ［順に］ア・ア

16〜17ページ ステージ2

1
1 例 クジラはどのようにして飲み水を得ているのかということ。
2 海水を飲むことができるのではないか
3 (1) クジラも海〜はできない (2) エ
(3) 体液中の塩〜っていない

2
1 (1) 例 食べ物となる生物の体内に含まれる水分を飲み水として利用する方法。
(2) アダックス
(3) 例 体液の塩分の割合が海水とほぼ同じである
2 ア

解説

1
1 文章の冒頭で「いったいクジラはどのようにして飲み水を得ているのであろうか」と問題を提起している。
2 二つめの段落のはじめに「第一に考えられるのは」とある。この段落の内容が、筆者の立てた仮説の一つである。
3 この文章が、問題提起→仮説→検証→結果（結論）という構成になっていることを捉え、検証における根拠（こんきょ）と結果を読み取る。

2
1
(1) 記述対策
・**考え方**…「この」とあるので前に書かれている内容に着目する。すると、「この方法」は直前の段落の「この水分を……利用するという方法」を指しているとわかる。さらに「この水分」は第一段落中の「食べ物となる生物の体の中に含まれる水分」を指していることを読み取る。
・**書き方**…「この水分」の内容を明らかにして書くこと。どのような方法と問われているので、「……方法。」で結ぶ。

(2) 直前に「けれども」とあることに注目する。「この方法」が使えないクジラに対して、「この方法」が使える動物が、前にあげられていると考えられる。

(3) 直後に「それは、含まれる塩分の量が、植物と動物とでは違うからである。」と、クジラが食べ物に含まれる水分を利用できない理由を説明する文が続く。そのあとの内容から理由を読み取る。

2 **重要** 「クジラは食べ物となる生物の体の中に含まれる水分を利用しているのではないか」という仮説を否定しているという文脈を読み取る。仮説を検証した結果と合うのは、ア。

18〜19ページ ステージ3

★
1 例 動物が食べ物を消化して、脂肪や炭水化物やタンパク質を分解するときにできる水。
2 例 クジラの食べ物には多量の脂肪分が含まれていること。
3 体内・脂肪・分解
4 (1) 呼吸（・）発汗（・）排せつ ［順不同］
(2) イ (3) 汗腺がない
(4) 排せつ（別解 尿・尿を出すこと）
5 例 脂肪を分解して得た貴重な水分が、主に排せつによって失われること。

6 エ

解説

1 「この」は、直前の二文の内容を指しているので、ここをまとめる。「どんな水」と問われているため、「……水。」で結ぶこと。

2 **重要** 脂肪が分解されるときに多くの水が生まれる。脂肪がクジラの食べ物に多く含まれているということは、効率よく水を得ることができるということであり、幸運なことといえる。

3 クジラは食べ物を口にしないときでも、体内に蓄えられた「脂肪を分解して水を得る」ことができる。同様の性質をもった動物の例として、「背中のこぶにためた脂肪を分解して水を得る」ことができる「ラクダ」をあげている。

4 (1) 直後に「陸上の動物の場合、体の水分が失われる要因としては、呼吸・発汗・排せつの三つがある。」とある。

(2) 「呼吸によって失われる水分の量は極めて少ない」のは、「海洋では水蒸気が比較的多く、湿度が非常に高い」からである。

(3) 「クジラには汗腺がないため、汗によって水分が失われることはない」とある。

(4) 「貴重な水分は主に排せつによって失われる」とある。

5 記述対策

・**考え方**…直前に「これ」とあることに着目し、「これ」の指す内容が、その前の一文であることを捉える。「貴重な水分」とは、食べ物に含まれる脂肪や体内に蓄えられた脂肪を分解して得た水分を指していることを読み取る。

・**書き方**…「貴重な水分」については解答の条件となる字数（＝三十五字以内）を考慮して、「脂肪を分解して得た貴重な水分」と詳しく言いかえる。指定の言葉である「脂肪」を必ず使い、文末は「……こと。」で結ぶ。

6 クジラは「自らの体内で水を作る」という体のしくみにより「飲み水」としての水を飲まなくても生きていける。エが合う。

レポート／言葉発見② ほか

20〜21ページ ステージ1

漢字と言葉

1 ①ひきん ②はんざつ ③ちんしゃ ④すず ⑤みつばち ⑥め ⑦ついずい ⑧いっそう

2 ①北斗 ②訂正 ③日頃 ④仰 ⑤架 ⑥描

3 ①例あまり ②例しっかりと（別解きちんと）

4 ①イントネーション ②プロミネンス

教科書の要点 レポート

1 ①複数 ②明確 ③読み手

2 ①ウ ②ア ③イ

3 ①× ②○ ③○

基本問題 レポート

1 ウ

2 エ

3 例1ネットを利用する時間のほうが長い
例2インターネットの利用時間のほうが多い

解説

1 アは、文末が「……実態が読み取れる。」となっており、グラフから読み取れる事実が書かれている。イも、「同じグラフを見ると……結果になっている。」と書かれているため、グラフを読み取った事実が書かれている。ウは、文末が「……好きなようだ。」となっており、ネットの利用時間が多い理由について自分が考えたことを述べている。

2 インターネットの利用目的を述べようとしているのだから、利用項目ごとの人数を調べたエの棒グラフが適切である。

3 調査結果の内容や、□の直後の言葉も参考にしてまとめる。

空中ブランコ乗りのキキ

22〜23ページ ステージ1

漢字と言葉

1 ❶は ❷だれ ❸けんめい ❹さび ❺かたすみ ❻すわ ❼ふ ❽だま ❾す ❿せいだい ⓫ゆ ⓬しゅんかん

2 ❶余裕 ❷無駄 ❸拍手 ❹肩 ❺伸 ❻昇

3 ❶例ずっと同じことが話題の中心となること。
❷例口を閉じて、何も言わない。

教科書の要点

1 ①キキ ②ピピ ③ロロ

2 〔右から順に〕2・4・7・3・1・5・6

3 ①三回宙返り ②評判 ③四回宙返り ④死んだほうがいい ⑤今夜限り ⑥四回宙返り ⑦白い大きな鳥

おさえよう 〔順に〕イ・ア

24〜25ページ ステージ2

1 例今夜、ピピが、三回宙返りをやったこと。 2 ウ

3 (1) 例明日の晩四回宙返りをやること。
(2) 三回宙返り〜、今夜限り
明日の晩の〜きくはない 〔順不同〕

4 例1お客さんから大きな拍手をもらうことのほうが大切だ
例2拍手のために四回宙返りをすることのほうが重要だ

5 ア 6 イ

解説

2 「まだ」「二人しか」という言葉には、ピピが三回宙返りに成功したことにあせりを感じながらも、まだ自分の人気は落ちずに続くのではないか、というキキの期待がこめられている。

3 (1) ——線③のキキの様子を見て、おばあさんは「おまえさんは、明日の晩四回宙返りをやるつもりだね。」と言っている。そして、キキも「ええそうです。」と答えている。
(2) **重要** キキにとって、人気がなくなること、拍手がもらえないことは、命を落とすことよりもつらいことなのである。

4 **記述対策**
・**考え方**…おばあさんの「お客さんから大きな拍手をもらいたいという、ただそれだけのために死ぬのかね」という質問に「そうです。」と答えていることに着目し、命よりも拍手のほうが大切だというキキの考えを読み取る。
・**書き方**…「よりも」とあることから、比較の対象となる内容を書く。二十五字以内とあることから、八割（二十字）以上は書くようにする。

5 「一度やって……それで終わりさ。」とある。「それで終わり」とは、この世を去ること＝死を意味している。

6 ピピが三回宙返りを成功させたことへの「驚き」→ピピが三回宙返りを成功させたことで自分の人気が落ちるのではないかという「あせり」→人気が落ちることをさけるために、死んでもいいから四回宙返りをするという「決意」へと変化している。

26〜27ページ ステージ3

1 エ 2 死

3 ①例伸ばした手足がしなる様子。
②例手足が伸びて、抱き抱えるようにつぼむ様子。
③例跳ねる様子。

4 例1キキが本当に四回転めを始めたから。
例2四回宙返りが成功するかどうかが決まる場面だから。

5 白い大きな鳥・キキだったのかもしれない

解説

1 「ほとんど町中の人々がキキのサーカスのテントに集まってきました」とあることから、キキに関心が移ったことがわかる。

2 **重要** 「天に昇ってゆく白い魂」は、四回宙返りを終えたキキが姿を消すこと（この世を去ること）＝死を暗示した表現である。

3 直後の四回転の描写に着目する。一回転めの様子を「むち」、二回転めの様子を「花」、三回転めの様子を「魚」にたとえている。

4 記述対策

・**考え方**…「息をのむ」とは、おそれや驚きなどで一瞬息を止めること。はじめて四回転めに挑戦するキキを見て、お客さんは緊張しているのである。

・**書き方**…四回転めを始めたこと、あるいは四回宙返りが成功するかどうかが決まる場面であることを書く。「なぜ」と問われているので、文末は、「……から。」「……ため。」で結ぶ。

5 直前にある「それ」は、「悲しそうに鳴きながら、海の方へと飛んでいった」「白い大きな鳥」を指している。「白い大きな鳥」に、純粋に生きたキキの姿を重ねているのである。

文法の窓1 言葉の単位・文節の関係

28～29ページ ステージ1

教科書の要点

❶ ①文章 ②段落 ③文 ④文節 ⑤単語

❷ ①主語 ②述語 ③修飾語 ④接続語 ⑤独立語

❸ ①主部 ②述部 ③修飾部 ④接続部 ⑤独立部

❹ ①並立 ②補助

❺ ①連文節 ②まとまり

30～31ページ ステージ2

❶ (1) 三 (2) 七

(3) ①体育祭で／百メートル走に／出場した。

②しだいに／一人ずつ／追い抜いて／いく。

(4) ③とてもうれしかった。

④一生懸命走ったことがよかったと思う。

❷ ①私は／クラスで／いちばん／背が／高い。

②妹は／父と／買い物に／行った。

③葉っぱが／ひらひら／風に／まって／いる。

④今日は／午後から／雨が／降るようだ。

⑤赤ちゃんが／にっこり／笑いかけた。

⑥春に／なると／公園に／たくさん／花が／さく。

❸ 〔主語・述語の順に〕①時間は・過ぎた ②実が・つく ③三班が・する ④私だって・喜んだ ⑤誰も・しない ⑥映画館が・完成するそうだ

❹ ①イ ②イ ③エ ④ア ⑤ウ ⑥エ ⑦イ

❺ ①すると ②暑いので ③疲れたが ④けれども

❻ ①いいえ ②おはよう ③富士山 ④おい

❼ ①ウ ②イ ③エ ④ア

❽ ①ウ ②エ ③イ

❾ ①イ ②コ ③カ ④ウ

解説

❶ (3) ②の「追い抜いて」（「追い抜く」）は複合語なので一文節、「～ていく」という形のときは、「いく」のみで一文節。

❷ ③「ひらひら」はこれで一単語。④「降るようだ」は「降る（ネ）ようだ（ネ）」とはくぎれず、「降るようだ」で一文節である。

❸ ④「私だって」が主語。主語になるのは、「……は」や「……が」だけではないことに注意する。

❹❽ ア～エのそれぞれにつなげてみて、意味がつながる文節を探す。選択肢は、ア補助の関係、イ主述の関係、ウ修飾・被修飾の関係、エ並立の関係である。

字のない葉書

32～33ページ ステージ1

漢字と言葉

❶ ❶どの（との） ❷そ ❸いげん ❹じゅうさんさい ❺そかい ❻ぜんめつ ❼はだぎ ❽あかえんぴつ ❾くき

⑩さんじょう ⑪ね ⑫しゅうかく

2 ❶疎開 ❷威厳 ❸歳 ❹収穫 ❺寝 ❻添

3 ❶ウ ❷イ ❸ア

教科書の要点

❶ (1) ①親元 ②妹・疎開（別解学童疎開）
(2) 父（別解父親）

❷ 父（別解父親）・妹（別解末の妹）・マル

❸ ①威厳 ②びっくり ③晴れがましい ④元気 ⑤赤鉛筆の大マル ⑥声をあげて泣いた

おさえよう 〔順に〕ア・イ

34～35ページ ステージ2

1 学童疎開
2 妹は、まだ字が書けなかった。 3 エ
4 (1) 付き添って (2) 情けない黒鉛筆の小マル
5 例（急激に）元気がなくなっていった様子。
6 例妹を喜ばせるため。
7 茶の間に座 8 ウ

解説

1 当時、上の妹はすでに疎開をしていたが、下の妹は「余りに幼く不憫」だったため、「両親が手放さなかった」。しかし、東京大空襲に遭い、末の妹も「学童疎開」させようと「心を決めた」のである。

2 妹は「小学校一年」で「まだ字が書けなかった」ため、父は妹が一人で宛名を書いて手紙を出すことは難しいと考え、「自分宛ての宛名を書いた」葉書をもたせたのである。

3 幼い娘を一人で疎開させなければならなかった父の気持ちを考える。「おびただしい」葉書に宛名を書き、「毎日一枚ずつ」と言ってきかせていることからも、毎日娘の様子を知りたいと思う父の気持ちを読み取ることができる。

4 (1)「地元婦人会が赤飯やぼた餅をふるまって歓迎してくださった」という話を聞き、筆者は妹が「威勢のいい赤鉛筆の大マル」を書いてきたことに納得している。おいしいものを食べることができて満足している妹の様子がうかがえる。
(2)「威勢のいい」⇔「情けない」、「赤鉛筆」⇔「黒鉛筆」、「大マル」⇔「小マル」というように対照的な表現となっている。

5 記述対策
・**考え方**…「大マル」が「元気・満腹・楽しい」という様子を表しているのに対し、「小マル」は「元気がない・空腹・つらい」という様子を表していると考えられる。
・**書き方**…「楽しくなくなっていった」、「さびしくなってきた」など、妹が元気ではなくなってきたことを書く。どんな様子と問われているので、「……様子。」で結ぶ。

6 あとに「これくらいしか妹を喜ばせる方法がなかった」とある。何のためと問われているので、「……ため。」という形でまとめる。

7 履き物を履くこともせず「はだしで表へとび出した」からは、父の一刻も早く娘に会いたいという思いが、また、「声をあげて泣いた」からは、つらく不憫な思いをさせてしまった娘に申し訳なく感じていることが読み取れる。

8 重要 「初めて見た」に筆者の驚きが表現されている。筆者は、父が声をあげて泣く姿から、娘を思う父の愛情の深さを感じて、驚くとともに感動している。

漢字のしくみ2／随筆 ほか

36～37ページ ステージ1

漢字

1 ❶いだい ❷はたん ❸しょうてん ❹えきびょう ❺そうげい ❻すいこう ❼ちょうえつ ❽はっぽう ❾しっこく ❿かんよう ⓫ふんいき ⓬ろうえい ⓭じょじゅつ ⓮とぼ ⓯ごうう ⓰かんき ⓱きょぎ

⑱さいそく ⑲けんとう ⑳しんぼく

2 ❶大胆 ❷遠征 ❸根拠 ❹安泰 ❺慕 ❻互

基本問題 漢字のしくみ2

1 ①へん ②かんむり ③あし ④たれ ⑤かまえ

2 ①イ ②ウ ③エ ④ア ⑤エ ⑥ウ

☆**基本問題** 随筆

1 イ

2 ウ

3 例このまま家に帰るか、おばあさんに声をかけるかで、迷う気持ち。

4 例余裕がないときこそ相手を思いやること

☆解説

3 筆者が何に迷っているかは、すぐ前に書かれている。「でも」を重ねて、最後に「……！」をつけることで、揺れ動く気持ちや、おばあさんのことを気にかける気持ちを強調している。

4 「メモ」の「体験から得た考え方」を参考にする。

玄関扉

38～39ページ ステージ1

1 漢字と言葉

❶げんかんとびら ❷いっぱんてき ❸はいしゅつ ❹げんえき ❺しんにゅう ❻とだな ❼がんこ ❽きんりん ❾ゆうごう ❿ふつう ⓫きせき ⓬あいさつ

2 ❶距 ❷執念 ❸握手 ❹嫌 ❺拒 ❻脱

3 ❶イ ❷ウ ❸ア

教科書の要点

❶ 外開き

❷ 生活習慣

❸ おじぎ・押しのけられる

❹ ①押しのける ②招き入れる ③履き物を脱ぐ ④親和的 ⑤外敵の侵入（別解 外部からの侵入） ⑥おじぎ ⑦握手

おさえよう 〔順に〕イ・ア・イ

40～41ページ ステージ2

☆

1 日本…外開き 欧米…内開き

2 押しのける・招き入れる

3 例履き物を脱ぐから・例水洗いしたいから・例隙間風（やほこり）を嫌うから

4 エ

5 (1) ドアの方向に向かって、土間に水勾配をとる

(2) 例ドアを開けたとき、ドアの下端が土間の高い部分をこするという問題。

(3) ア

6 例玄関ドアを外開きにすること。

☆解説

3 **重要** 三つめと四つめの段落で考察している。外開きの玄関ドアは、「『履き物を脱ぐ。』『土間を水洗いしたい。』『隙間風を嫌う。』という日本人の生活様式に適し」ているというのが筆者の考えである。

5 (2) 「ドアの方向に向かって、土間に水勾配をとる」という方法を述べた直後に、「こうすると……」と、その問題点を提示していることに着目し、簡潔にまとめる。

(3) 土間を水洗いする場合に、内開きのドアで起こる問題点を提示し、外開きのほうが適していることを説明している。

6 日本人の生活様式に合わせようとすると、内開きのドアでは不都合が生じたり、処理が必要となったりするが、外開きのドアにすることで、それらの問題は解決できるのである。

42〜43ページ ステージ3

★
1 (1) 例ドアの内側に戸棚などを斜めに立てかけること。
(2) 外からの力に負けずに押し返せば、開かない
2 (1) さまにならない（。）
(2) ドアを挟んで、外からの力と内からの力がぶつかり合う
(3) 直接的な闘争の表現
3 イ・オ
4 ア
5 例1 自然や近隣の人々に対して親和的、融合的な日本人にふさわしい
例2 どんなものにも親和的、融合的な態度をとる日本人に合っている
6 敵対的な存在・相対する者

解説

2 (1)〜(3)「両側からドアを引っぱり合う」様子を、「なんともさまにならない」と述べているのに対し、「ドアを挟んで、外からの力と内からの力がぶつかり合う」様子を、「直接的な闘争の表現」と表している。

3 「内開きのドアは外来者に対して『いらっしゃいませ。』と開くばかりでなく、ときには外来者を敵として頑固に拒みもするのだ。」とある。

4 すぐあとの文の内容を正しく表している選択肢を選ぶ。

5 記述対策
・**考え方**…日本について述べられている二つめの段落の最後の部分に着目する。相対する者のどちらの位置も侵さない引き戸は、日本人の態度にふさわしいから定着したのだと、筆者が考えていることを読み取る。
・**書き方**…自然や近隣の人々など、どんなものに対しても親和的、融合的な日本人にふさわしいという内容を入れる。

6 重要 「ヨーロッパ的な考え方」と「日本的な考え方」という言葉をヒントにして考える。ヨーロッパ的な考え方とは、相手が敵対的であれば厳しく締め出そうとする考え方である。一方、日本的な考え方とは、自分と相手のそれぞれを尊重し、親和的、融合的にふるまおうとする考え方である。

言葉発見③／スピーチ ほか

44〜45ページ ステージ1

漢字
1 ❶れんけい ❷せきはい ❸きんこう ❹そち

基本問題 言葉発見③
1 ①順接 ②逆接 ③並立 ④説明 ⑤対比 ⑥転換
2 ①ウ ②カ ③オ ④ア ⑤イ ⑥エ
3 ①それ ②あそこ ③こっち ④どちら ⑤そんな ⑥ああ ⑦この ⑧どの
4 ①（大きな）ビル ②公園 ③（新しい）シャツ

★ 基本問題 スピーチ
1 ウ 2 イ
3 国語の教科書・タイトル
4 例1（明治・大正時代の作家なのに、）自分が共感できる内容が書かれているから。
例2（古い作品なのに、）中学生が共感できるような心情が書かれているから。

解説

2 基本問題 言葉発見③
①は説明・補足、②は順接、③は対比・選択、④は並立・累加、⑤は逆接、⑥は転換となる。

★ 基本問題 スピーチ
1 スピーチの冒頭で聞き手に呼びかけることで、自分はどうだろうという思いをもたせ、話に引き込むことができる。

2 名前を言う前に少し間をとることで、「教科書で読んだ作者とは誰だろう」と聞き手に思わせ、さらに話に引き込むことができる。

4 「いちばんのポイントは」という言葉がある文に着目して、内容を簡潔にまとめる。

月を思う心

46〜47ページ ステージ1

教科書の要点

❶ ①睦月 ②如月 ③弥生 ④卯月 ⑤皐月 ⑥水無月 ⑦文月 ⑧葉月 ⑨長月 ⑩神無月 ⑪霜月 ⑫師走

❷ ①空 ②歌

おさえよう 〔順に〕ア・イ

基本問題

1 ⓐ・ⓑ・ⓓ・ⓖ 〔順不同〕

2 睦み合う月・衣を更に着る月・新月

3 春…一・三 夏…四・六 秋…七・九 冬…十・十二

4 ア

解説

2 「例えば」以降の文章で一月と二月の呼び名の由来を具体的に説明しているので、字数に合わせて抜き出す。またそれよりも前の部分で、暦(こよみ)は「新月になる日を月の始まり」（＝一日）としていることが説明されている。

3 指示語の指す内容は前に書かれていることが多い。すぐ前にある「季節は……分けていました。」の文に着目して答える。

4 「昔の人が使っていた暦（旧暦(きゅうれき)）は、現在の暦とは、一か月ほど後ろにずれています。」とある。よって、アが不適である。

竹取物語／古文の読み方 古典の仮名遣い(かなづか)い

48〜49ページ ステージ1

漢字

1 ❶つ ❷つつ ❸なげ ❹つか ❺かみ ❻じょう ❼ともな ❽たく ❾けんじょう ❿たず ⓫は・だ ⓬けむり

2 ❶献上 ❷嘆 ❸尋 ❹遣

教科書の要点

❶ ①平安 ②物語

❷ ①い・え・お ②じ・ず ③わ・い・う・え・お ④う ⑤ゅう ⑥ょう ⑦か ⑧ん

❸ ①不思議に思う ②かわいらしい ③座る ④いろいろ ⑤たいそう ⑥退去する ⑦残念に思う

❹ ①竹 ②五 ③月の都 ④雲 ⑤手紙 ⑥富士の山

おさえよう 〔順に〕イ・ア・ア

50〜51ページ ステージ2

1 ⓐよろずのことにつかいけり ⓑなんいいける ⓒうつくしゅうていたり

2 さぬきの造　3 例いろいろなことに使うため。

4 (1) 竹取の翁（別解さぬきの造） (2) もと光る竹 (3) ア

5 Aイ Bエ

6 例黄金の入った竹をたびたび見つけるようになったため、暮らしは豊かになった。

7 (1) この子は、 (2) この子を見ると、気分が悪く苦しいことも吹き飛んでしまう

解説

1 重要 ⓐ「づ」は「ず」とする。また、語頭以外の「ひ」は「い」

とする。ⓑ「む」は「ん」とする。ⓒ「しう」は「しゅう」とする。「ゐ」は「い」とする。

4 (3)「あやしがりて」の部分が翁の気持ちである。

5 B「いとうつくしうて」の「いと」は現代では使われなくなった言葉、「うつくし」は現代では意味が変化した言葉である。

6 記述対策

・**考え方**…黄金の入った竹を見つけるようになったことで、翁と媼の暮らしは豊かになったのである。

・**書き方**…理由がわかるように、「……ため、……なった。」のようにまとめる。

7 (2)「輝くばかりの美しさで、家の中は光に満ち」という部分は、かぐや姫の美しさの描写である。それに対する翁の気持ちは、あとに続く「翁は」以後の部分に書かれている。

52〜53ページ ステージ3

❶ 1 (1) が (2) イ

(3) 例かぐや姫を月の都に連れもどすため。

2 (1) あいたたかわんこころもなかりけり (2) ア

(3) 例物の怪に取りつかれたような状態。

❷ 1 例1 日々が過ぎ、かぐや姫が翁や媼と別れてしまうこと。

例2 時が過ぎ、かぐや姫が翁や媼のもとを去っていくこと。

2 例残念

3 エ

4 ウ

解説

❶ 1 (1)「人」は「雲に乗りて下りきて」など、あとに続く動作をする人(＝主語)である。古文では**人物を表す語のあとの言葉**(助詞)**が省略されることが多い**ので、注意する必要がある。

2 (2)「**あひ戦はむ心もなかりけり**」の主語は「**内外なる人**」。かぐや姫を天人から守るために帝が派遣し、翁の家の中や外を守っていた兵士たちである。

❷ 1 (3)「物におそはれたるやうにて」の現代語訳を参考にする。

記述対策

・**考え方**…「過ぎ」とは、日々が過ぎるということ、「別れぬる」とは、かぐや姫が翁、媼と別れてしまうということである。

・**書き方**…指定語句である「かぐや姫」「翁」「媼」を必ず入れて、何が「過ぎ」、誰が誰と「別れぬる」のかをまとめる。

2 「本意なし」は、残念に思う・不本意だという意味である。

3 重要 月へ帰らなければならないかぐや姫は、地上の人々に、空の月をながめることで自分を思い出してほしいという気持ちを伝えている。

故事成語——矛盾／漢文の読み方　訓読の仕方

54〜55ページ ステージ1

漢字と言葉

❶ ❶むじゅん ❷じまん ❸かた ❹さら ❺するど

❷ ❶自慢 ❷矛盾 ❸更 ❹鋭 ❺堅

❸ ❶例理くつが合わず、筋道が通らない。

❷例物事が基づくもの。

教科書の要点

❶ 中国に昔から伝えられている話・故事成語

❷ エ

❸ 返り点・訓点

❹ ①漢字 ②訓点 ③漢字仮名交じり

❺ ①ウ ②ア ③イ

❻ ①一字だけ ②二字以上離れた ③一・二点

❼ 〔順に〕①1・4・3・2・5 ②3・1・2・5・4

❽ ①蛇足 ②背水の陣 ③五十歩百歩

おさえよう 〔順に〕イ・ア・イ

56～57ページ ステージ2

❶
1 ⓐいわく ⓑとおす
2 盾と矛とをひさぐ者　3 盾　4 エ　5 イ
6 例突き通さないものはない。　7 どうなるか
8 (1) その人は答えることができなかった（。）
(2) 例何によっても突き通せない盾と何でも突き通す矛は同時に存在
9 イ

❷ ①イ ②エ ③カ ④オ ⑤ウ

❸ ①エ ②ア ③カ ④ウ ⑤オ

解説

❶ 6 **重要** 「とほさざる」は「とほす」を否定している。よって、「突き通さない」となる。「……なきなり」は、「……ものはない」とすればよい。

8 (2) **記述対策**
・**考え方**…「何によっても突き通すことのできない盾」と、「何でも突き通す矛」を自慢していた商人が、話のつじつまが合わないことを指摘されたことをおさえる。
・**書き方**…「盾」と「矛」は「同時には存在し得ない」ことを「……しないから。」につながるようにまとめる。

漢字のしくみ3 漢字の音と訓 ほか

58～59ページ ステージ1

漢字

❶ ❶ぎおん ❷けっしょう ❸たいしょう ❹ぜせい ❺そくせき ❻さといも ❼かきね ❽やますそ ❾ふくめん ❿すいてき ⓫せっしゅ ⓬せんたくし ⓭か・じく ⓮ばっさい ⓯へんぼう ⓰とうとつ ⓱いしょく ⓲じょばん ⓳きんぱく ⓴ちっそく

❷ ❶貢献 ❷指摘 ❸福祉 ❹肯定 ❺名誉 ❻歓迎

基本問題 漢字のしくみ3

1 ①（漢字の）発音 ②日本の言葉
2 ①こころざし・B ②ばん・A ③えき・A ④から・B ⑤まく・A
3 (1)①ご ②こう ③のち ④うし ⑤あと
(2)①じゅう ②ちょう ③おも ④かさ ⑤え
4 ①同音異字 ②同訓異字
5 (1)①異議 ②意義 (2)①保障 ②保証
(3)①対称 ②対照 ③対象 (4)①暖 ②温
(5)①勤 ②務 ③努 (6)①建 ②絶 ③立

解説

2 ③「えき」、⑤「まく」は音読み。間違いやすいので注意する。

「みんなでいるから大丈夫」の怖さ／行事案内リーフレット ほか

60～61ページ ステージ1

漢字

❶ ❶だいじょうぶ ❷ぶんせき ❸ぼうだいがく ❹みわた

❷ ❶傾向 ❷兼 ❸遅 ❹逃

教科書の要点 防災に関するデータ

❶ ①食料・飲料水〔順不同〕 ②ア・エ
③避難する場所・安否確認の方法 ④ウ

教科書の要点 「みんなでいるから大丈夫」の怖さ

❶ 予告・火災報知器・行動をとる

教科書の要点 行事案内リーフレット

❶ リーフレット
❷ 目的意識・相手意識

基本問題 行事案内リーフレット

★ 1 例ハンドベルで奏でるクリスマスミュージック
2 エ　3 例ご協力ください　4 ウ

解説

3 「お願い」にふさわしいていねいな言葉遣いに直す。

62～63ページ ステージ2

1 (1) ①ア ②イ ③ウ (2) エ
(3) 例ドアを開けて何か起きていないか確認する行動（をとった）。
(4) 三分・開始した

2 例火災報知器の音を誤報か点検だと思い、火災とは思わなかったから。

3 集団同調性バイアス

4 (1) 緊急行動が遅れる
(2) 違う行動をとりにくく・他者の動きに左右
(3) 例自分個人より集団に過大評価を加えていること。

5 まず安全な

解説

1 (2) 「部屋に二人でいた」学生のうち一組だけは、火災報知器の音で避難したが、他の「部屋に二人でいた学生の計六人」は「煙を見てから避難した」とある。
(3) 「部屋に一人でいた場合は、……すぐドアを開けて何か起きていないか確認行動を起こしている」とある。
(4) 「食堂にいた学生に至っては、三分の間、なんの行動も起こさなかった」とあることから、三分たってから避難を開始したことがわかる。

2 記述対策
- **考え方**…「避難が遅れた、部屋に二人でいた学生に聞くと」とある。この二人の「たぶん誤報か点検だと思っていた。まさか火災とは思わなかった。」という発言内容から、どう考えて遅れたのかがわかる。
- **書き方**…発言の二文を一文にまとめる。文末は、「……から。」で結ぶ。

4 (2) 「集団でいると、……左右される」の文章から抜き出す。
(3) (2)のことから「自分個人より集団に過大評価を加えていることが読み取れる」とある。

5 **重要** 「みんながいるから……危険に流される」ことにならないために、「災害が発生したとき、または危ないなと思ったら、まず安全なところへ避難することだ。」と筆者は述べている。

文法の窓2 単語の類別・品詞 ほか

64～65ページ ステージ1

漢字

1 ❶かいそう ❷せんい ❸たんてい ❹ねんぷ ❺たいこ ❻けいこ ❼ひじ ❽ちくいち ❾かじょうが ❿せいは ⓫きじょう ⓬すこ ⓭かえり ⓮はか ⓯じゃっかん ⓰るいじ

2 ❶販売 ❷睡 ❸交渉 ❹推奨 ❺抵抗 ❻項目 ❼暖房 ❽幅

教科書の要点

❶ ①自立語 ②付属語
❷ ①副詞 ②連体詞 ③接続詞 ④感動詞 ⑤動詞 ⑥形容詞 ⑦形容動詞 ⑧助詞 ⑨助動詞
❸ ①普通名詞 ②固有名詞 ③数詞 ④形式名詞 ⑤人称 ⑥指示
❹ ①状態 ②程度 ③陳述（叙述）
❺ ①自立語 ②体言
❻ ①順接 ②逆接 ③並立・累加 ④説明・補足 ⑤対比・選択 ⑥転換
❼ ①活用 ②独立語

66〜67ページ ステージ2

❶ ①明日 は 運動会 が 開か れる 予定 だ。
②急に 暗く なり、雨 が ざっと 降り出し た。
③窓 から 風 が さわやかに 吹き抜け て いく。

❷ ①将来 は 立派な 医師 に なり たい。
②誕生日 に たくさん プレゼント を もらっ た。
③きれいな 花 が ひっそりと さい て い た。

❸ ①読み ②し ③寒けれ ④静かな

❹ ①この 写真 は たしか 夏 に とっ た もの だ。
②ああ、世界 が まったく 違っ て 見える。
③食後 に おいしい コーヒー を 飲み ます か。
④いかなる とき も 努力する こと が 重要だ。

❺ ①エ→イ ②イ→ア ③ウ→ア ④ウ→イ

❻ ①イ ②ウ ③ア ④エ

❼ ①梅・ア ②富士山・イ ③彼・オ ④こと・エ ⑤一人・ウ

❽ ①しばしば・イ ②とても・イ ③決して・ウ ④ふと・ア

❾ ①エ ②ウ ③ア ④イ

❿ ア・イ・エ〔順不同〕

⓫ ①オ ②イ ③ウ ④エ ⑤ア ⑥カ

⓬ ①エ ②ア ③イ ④ウ

解説

❻ ①イは名詞、他は形容詞。③アは連体詞、他は名詞。

❾ ①は「なぜ……か」、②は「まるで……のようだ」、③は「少しも……ない」、④は「たとえ……ても」のように、表現が呼応する。

⓫ ①は逆接、②は並立（へいりつ）・累加（るいか）、③は順接、④は説明・補足、⑤は対比・選択、⑥は転換の接続詞を選ぶ。

それだけでいい／言葉発見④

68〜69ページ ステージ1

❶ ①隠喩（暗喩） ②擬人法 ③直喩（明喩）

❷ ①カ ②エ ③ウ ④オ ⑤キ ⑥イ ⑦ア

教科書の要点 それだけでいい

❶ イ・イ

❷ ①見えている ②輝いている ③ある ④希望 ⑤信ずる（別解 信じつづける）

おさえよう 〔順に〕イ・イ

★ **基本問題** それだけでいい

1 第一連…ウ 第二連…ア 第三連…エ 2 ア

3 例 自分の中にあるもの（別解 形をもたないもの）

4 希望・信じつづける

★解説

1 第一連〜第三連に歌われていることは次のとおり。
第一連…「山」が、自分の目から見える存在として、そこにあればいいと歌っている。よって、ウが適切。

第二連…「海」が、自分からは遠い場所にあるとしても、その場所で輝（かがや）いていればいいと歌っている。よって、アが適切。

第三連…「星」が、自分からは見えず、また、輝いていなくても、確かに存在していればいいと歌っている。よって、エが適切。

2 第一連から第三連ではそれぞれ、連の二行目（「そこに……だけでいい」）と六行目（「……だけでいい」）に反復の表現が用いられているが、第四連では二行目「心にあるだけでいい」のみで、反復はされていない。よってアは間違い。

3 **重要** 「希望」は、実際に目に見えたり、手でさわれたりするものではない。実体がない抽象（ちゅうしょう）的なものであること（＝心の中にある・形がないなど）が書けていればよい。

トロッコ　ほか

70～71ページ　ステージ1

漢字と言葉

1 ①うんぱん　②しょじゅん　③こうばい　④はくぼ　⑤おど　⑥けいしゃ　⑦け　⑧きっぷ　⑨じぜん　⑩きゅうくつ　⑪こうそく　⑫ねんちゃく　⑬ふさ　⑭しょうもう　⑮ふち　⑯あっとう

2 ①冷淡　②色彩　③波紋　④連絡　⑤疲　⑥触　⑦挟　⑧飢

3 ①ウ　②イ　③エ　④ア

教科書の要点

1 芥川龍之介

2 ①ウ　②エ　③エ

3 ①有頂天　②海　③帰って　④無我夢中（別解必死）　⑤羽織　⑥命

おさえよう 〔順に〕イ・イ

72～73ページ　ステージ2

1 (1) 例トロッコの車輪が回り出した音。　(2) イ
2 そろそろ
3 ウ
4 ほとんど有頂天になった
5 古い印ばん～の高い土工
6 例トロッコを断りもなしに触って、土工にどなられたこと。
7 ウ

解説

1 (2) 重要 「どこを見ても、土工たちの姿は見えなかった。三人の子供は恐る恐る、いちばん端にあるトロッコを押した」とあることに着目する。**予想外に大きな音がしたため、無断でトロッコに触っていることが見つかるのではないかと恐れたのである。**

6 記述対策
・**考え方**…前の内容に着目し、「それぎり」の指す内容を捉える。勝手にトロッコに触り、「このやろう！　誰に断ってトロに触った？」と、土工にどなられた体験が書かれている。
・**書き方**…「土工にどなられたこと。」だけでは解答として不十分。どなられた理由にも触れ、「……こと。」で結ぶ。

7 「その記憶」とは、良平たちをどなった「黄色い麦わら帽」をかぶった土工の記憶である。記憶が薄れることを、時とともに色があせていくことにたとえ、「色彩は薄れる」と表現している。

74～75ページ　ステージ3 (1)

1 ア　2 イ
3 例1 遠くに来すぎたことに気づき、帰りのことが心配になったから。
例2 「もう帰ってくれればいい。」と思っているから。
4 イ
5 冷淡・すまない
6 例早く家に帰ること。
7 竹やぶ・雑木林・（広々と薄ら寒い）海・（わら屋根の）茶店
8 イ

解説

1 直前に良平が考えたことが「　」つきで書かれている。これに合うのはア。イ～エは直前の内容と合わないので誤り。

2 トロッコの動きを「止まった」ではなく、「やめた」と、人間の動作にたとえている。

3 記述対策
・**考え方**…海を見て「余り遠く来すぎたこと」に気づいた良平は、「もう帰ってくれればいい。」と思っている。帰りのことが気になって、今までのように楽しめなくなった良平の気持ちを読み取る。
・**書き方**…遠くに来すぎたこと、帰りのことを心配する気持ちを捉え、「……から。」「……ため。」という形で結ぶ。

4 「悠々と茶などを飲み始めた」土工の行動は、遠くまで来すぎて早く家に帰りたいとあせっている良平を「いらいら」させた。

6 記述対策
・考え方…「悠々と茶などを飲み始めた」土工に「いらいら」している様子から、良平が一刻も早く家に帰りたいと考えていることを読み取る。「遠く来すぎたこと」に気づいてから、良平は「家に帰ること」だけを考えている。
・書き方…「どんなこと」と問われているため、「……こと。」という形で結ぶ。

8 重要 トロッコを押す（乗る）「喜び」→遠くへ来すぎたことへの「不安」→早く帰りたいという「あせり」へと変化している。

76〜77ページ ステージ3(2)

1 イ
2 例夕暮れのなか、遠い道のりを、一人で帰らなければならないことがわかったから。
3 ウ　4 例暗くなってきたこと。
5 例走りながら菓子包みを放り出し、板草履や羽織までも脱ぎ捨ててしまった様子。
6 エ　7 不安・心細さ

解説

1 土工の「われはもう帰んな。俺たちは今日は向こう泊まりだから。」という言葉に驚いている。あとに「今からたった一人、歩いて帰らなければならないこと」がわかったとあるように、良平は当然皆で一緒に帰ると思っていたのにそうではなかったのである。

2 記述対策
・考え方…直前の一文が理由にあたる。「そういうこと」の指す内容を捉え、良平がどんなことを知り、泣きそうになったのかを読み取る。「そういうこと」は、それより前で「……こと」という形であげられている三つのことを指している。
・書き方…三つのわかったことを簡潔にまとめ、「……から。」「……ため。」という形で結ぶ。

3 良平は、海に目を向けず、気配だけで海を感じている。そちらを見る余裕もないほど、必死に走り続けていることがわかる。

4 夕焼けで赤く染まった空が暗くなってきたこと（日が沈みそうな様子）を、「ほてりが消えかかって」と表現している。

5 記述対策
・考え方…「これまでのどんな様子から」とあることから、それより前の良平の描写に着目する。良平は「菓子包み」「板草履」「羽織」を、走るのにじゃまなものとして次々とためらいなく道端に捨てている。
・書き方…「菓子包み」「板草履」「羽織」を捨てたという内容を書くこと。「……様子。」という形でまとめる。

6 重要 良平は「不安」と「心細さ」で、帰る途中に何度も泣きそうになっているが、ずっと我慢して駆け続けてきた。アに書かれているような「うれしくてしかたがなかった」という感情ではなく、やっと家に着いたことで、「不安」や「心細さ」、緊張感から解放され、感情（涙）があふれ出したことを読み取る。

意味と意図——コミュニケーションを考える／言葉発見⑤

78〜79ページ ステージ1

漢字と言葉
1 ❶はな ❷ひんぱん ❸いらい　2 ❶依頼 ❷頻繁 ❸離
3 ❶ウ ❷ア ❸イ　4 ❶B ❷A ❸A ❹B

教科書の要点 意味と意図——コミュニケーションを考える
❶ ①意味 ②意図 ③意図の理解〔①・②は順不同〕
❷ 知識や思考・感情
❸ 知識を共有
❹ ①意味 ②意図 ③意図の理解 ④意味 ⑤意図 ⑥適切な解釈 ⑦質問 ⑧依頼 ⑨言外の意図 ⑩文字 ⑪上手 ⑫下手 ⑬言葉の辞書的な意味 ⑭多くの知識

おさえよう 〔順に〕イ・イ

80～81ページ ステージ2

★
1 イ・ウ
2 (1) 意図の理解 (2) イ
3 (1) 例ジャガイモを段ボールごと持ってきてほしいのか、料理に必要な分だけ持ってきてほしいのかという違い。
(2) エ
4 (1) 文脈・一般常識 (2) 複数の可能

★解説

2 (1) 直後に「重要なのは、実は『意味の理解』ではなく、『意図の理解』のほうです」とある。
(2) 「私たちの意図が全て、言葉の意味によって運ばれているわけではありません」、「『意味』によって担われるのは私たちの『意図』のほんの一部」などから捉える。ア、ウ、エはどれも、「言いたいこと」を伝えるうえで「言葉の意味」が重要だという内容になっているので不適切である。

3 (1) 記述対策
・**考え方**…二つの場面の話し手の意図を捉える。「野菜の出荷場」の場面では、「『ジャガイモを段ボールごと持ってきてほしい』という『意図』でそのように言っているでしょう」とある。また、「家の台所」の場面では、「ジャガイモを……料理に必要な分だけ持ってきてほしいということを意図しているかもしれません」とあることからそれぞれの「違い」を押さえる。
・**書き方**…二つの場面での話し手の意図をそれぞれ具体的に示す。文末は、「……という違い。」で結ぶ。
(2) **重要** この場面で意図に違いが生じるのは、言葉の辞書的な意味の他にも、「そのときの状況、文脈、相手と自分との関係、その他の一般常識など」が深く関係しているからである。ジャガイモの具体例の前の段落でも、筆者は、「意図」が「意味」によって担われるのはほんの一部であり、「残りの部分は言葉の意味以外のさまざまな要素によって担われています」と述べている。これらのことから、エが適切である。

4 (1) あとに続く文に着目する。「……を手がかりに」とあることから、必要な箇所を抜き出す。
(2) 最後の一文に着目する。「私たち人間は多くの場合、それを無意識に行っています。」の「それ」は前の一文の内容を指している。その中から「手がかり」の記述を省いた、「複数の可能性の中から『話し手の意図として適切な解釈』をしぼり込む」の箇所を抜き出す。

意見文 根拠を明確にして考えを述べる ほか

82～83ページ ステージ1

漢字
1 ①か ②かさ ③きょうい ④るりいろ ⑤とつじょ ⑥へび ⑦ほりばた ⑧やなぎ ⑨ぼっこう ⑩にく ⑪にぶ ⑫じゅんしゅ ⑬ぼくめつ ⑭かわせい ⑮たき ⑯のぼ ⑰そむ ⑱めんぼく ⑲ひつぜつ ⑳たづな
2 ①完璧 ②元旦 ③老朽 ④曇 ⑤怒 ⑥刺

教科書の要点 意見文
1 考え・納得・根拠
2 ・理由づけ…クラスのみんなの、ごみを減らすという意識が低いため
・意見…教室からごみ箱をなくすのがよい（と思う）

★ **基本問題** 意見文
1 事実 2 安全・免許制にするとよい
3 イ 4 ウ

★解説

1 [1]段落には、近くを走る国道の様子が、自転車の走行を中心に述べられている。これは実際にあったことを述べているので事実である。

2 井上さんの意見は、3段落に述べられているため、そこからあてはまる言葉を抜き出す。

3 **重要** 意見の理由づけは、2段落に述べられている。自転車専用通行帯で、「自転車しか走らないから大丈夫」という安全への意識が緩んだ状態で、危険な乗り方をする（＝スピードを出しすぎる）自転車が多いことを理由にしている。

少年の日の思い出 ほか

84〜85ページ ステージ1

漢字と言葉

1 ❶ふとうめい ❷と ❸ふゆかい ❹かんだか ❺ひんじゃく ❻いた ❼かんてい ❽ねつれつ ❾ゆうが ❿げれつ ⓫しょみん ⓬ていねい

2 ❶享受 ❷攻撃 ❸途中 ❹詳 ❺悟 ❻桑

3 ❶ウ ❷イ ❸ア

教科書の要点

1 私・客・僕

2 （二倍も）気味悪い・正確・正義

3 ①不愉快 ②欲望 ③傷つけられた ④満足感 ⑤下劣なやつ ⑥軽蔑 ⑦償い

おさえよう 〔順に〕イ・ア・ア

86〜87ページ ステージ2

1 宝を探す人 2 微妙な喜び〜った気持ち 3 イ

4 得意（別解 自慢） 5 (1) ウ (2) 模範少年 (3) そのため、

6 例 少年のこっぴどい批評に、自分の獲物に対する喜びが傷つけられたから。

解説

1 「まるで『宝を探す人』のように」とある。「僕」のチョウに対する思いが「宝」という表現に表れている。

4 「得意の余り、せめて隣の子供にだけは見せよう、という気になった」とあることから、珍しいチョウを捕らえ、「得意」になっていること、「自慢」したいと思っていることがわかる。

5 (1) 人間なら誰しも欠点があるものだが、その欠点が見つからないため、「気味悪い性質」で親しみがもてないと感じている。

(3) 「僕」は、「模範少年」に対して、「嘆賞（すぐれた人物だと感心する）」しつつ、嫉妬心から、素直に少年を認められない複雑な気持ちを抱いている。

6 **重要** 直前に「それで」とあることに着目。前に理由となる事柄が書かれている。「それで」は前の文の「こっぴどい批評家のため、……喜びはかなり傷つけられた」ことを指している。理由を問われているので、「……から。」「……ため。」と結ぶ。

88〜89ページ ステージ3

1 例（クジャクヤママユの）有名な斑点を見たいという気持ち。

2 (1) ウ (2) イ 3 この宝を手〜がたい欲望

4 変化前…大きな満足感 変化後…（盗みをした、）下劣なやつ・不安

5 例 クジャクヤママユが潰れてしまったこと。 6 イ

解説

1 **記述対策**

・**考え方**…直前の内容に着目し、「細長い紙きれの下になっているため、「あの有名な斑点だけは見られなかった」という状況を読み取る。

・**書き方**…「どんな気持ち」とあるため、「……気持ち。」という形でまとめる。

2 (2) 「僕を見つめた」と、斑点を人間のように表現している。

4 **重要** 「僕」は、チョウを手に入れた時点では「大きな満足感」しか感じていない。斑点の美しさに自分を見失ってしまったといえる。しかし、「誰か僕の方に上がってくる」音を聞いて我に返る。

「良心」に目覚めた「僕」は、欲望のままに盗みを犯した自分を、**下劣なやつ**だと感じると同時に、誰かに見つかりはしないかという**不安に襲われている**。

6 直前の一文に着目し、盗みをしたという気持ちより、美しい珍しいチョウを自分が潰してしまったことに心を痛めていることを読み取る。

90～91ページ ステージ3 (2)

★
1 彼が僕の言　**2** 繕う（別解 直す）
3 [右から順に]（それは）僕がやったのだ・（僕の）おもちゃをみんなやる・（自分の）チョウの収集を全部やる
4 エ
5 例 エーミールにチョウの取り扱い方を否定され、収集家のほこりが傷つけられたから。
6 一度起きた～ということ
7 そしてチョ

★解説

4 「激したり、僕をどなりつけたりなどはしない」「冷淡にかまえ、依然僕をただ軽蔑的に見つめていた」「冷然と、正義を盾に、あなどるように、僕の前に立っていた」「罵りさえしなかった」「ただ僕を眺めて、軽蔑していた」がエーミールの態度である。

5 記述対策
・**考え方**…「僕」は、エーミールの「君がチョウをどんなに取り扱っているか、ということを見ることができたさ」という言葉を聞いた瞬間に怒りを覚えている。チョウを熱情的に愛していた「僕」のプライドを踏みにじり、心を深く傷つける言葉であったことを読み取る。
・**書き方**…「チョウの取り扱い」方を否定されたことに触れ、「……から。」「……ため。」という形でまとめる。

6 償いのために申し出たことも受け入れられず、「ただ僕を眺めて、軽蔑」するエーミールの様子から、「一度起きたことは、もう償いのできないものだということを悟った」のである。

7 重要 「僕」は、自分のチョウを押し潰すことで自分を罰すると同時に、チョウに熱中してきた自分を否定し、チョウの収集と決別しようとしている。

グループ新聞 一年間の自分とクラスを振り返って

92～93ページ ステージ1

教科書の要点
❶ ①イ ②ウ ③ア ④カ ⑤オ ⑥エ
❷ [右から順に] 3・1・2
❸ ①イ ②ア ③ウ
❹ ①題字（新聞名） ②見出し ③リード ④カコミ
❺ ①オ ②ア ③エ

★**基本問題**
1 トップ記事
2 例 一転して、日本語だけの時間では、好きな和食の話で盛り上がった。
3 ウ
4 例1 言葉が通じ、相手の言葉もわかった喜び。
例2 互いの言葉が通じ合ってうれしい気持ち。
5 イ

★解説

2 新聞では文体を常体（「～だ」「～である」）で統一しているので、「盛り上がりました」と敬体で書かれている部分を直す。

3 交流先の生徒とのやり取りの様子を伝える写真を載せるのが適切。

5 重要 記事の内容を読み取り、それを最もわかりやすく伝える見出しを選ぶ。このカコミには、「全員が必ず一つ以上英語で質問すること。」というクラスの目標を達成するために頑張る様子が書かれているので、**イ**が適切である。

電車は走る

94～95ページ ステージ1

教科書の要点

❶ ①ドキドキ ②キュッ ③ため息 ④高鳴り

❷ 待っている・ムッとしている

❸ ①眠ったふり ②座る権利 ③身勝手 ④ひきょう ⑤ぐあい（別解 気分、体調） ⑥感謝 ⑦世の中 ⑧他の人
〔③・④は順不同〕

おさえよう 〔順に〕イ・ア

基本問題

1 一人分のスペース・二人のおばあさん（別解 おばあさん二人のうち）

2 ウ

3 例1 座れるおばあさんと座れないおばあさんを分けてしまうのは不公平だと思うから。
例2 座れないほうのおばあさんがかわいそうだと思うから。

解説

1 カズオが立ち上がって席を空けても「おばあさん二人のうち、座れるのは一人だけ」なのである。この状況にカズオは席を立つことをためらい、ドキドキしている。

2 「……はずだ」から、そう思いたい、という気持ちが読み取れる。

3 **重要** 前の段落からカズオの心情を読み取る。「不公平だもの」、「かわいそうだもの」という表現に着目し、理由をまとめる。

96～97ページ ステージ2

1 お礼の言葉・感激の笑顔 〔順不同〕

2 イ

3 周囲の空気が急にどんよりと重くなって

4 例1 お姉さんではなく、親切にした私が叱られているような雰囲気なの
例2 みんな、私に感謝しないお姉さんを注意しないの

5 ①困っている人 ②かわいそうな人 ③感謝 ④褒め
〔①・②は順不同〕

6 （「）世の中（」）

解説

1 サユリは、小さい会釈と「あ、どーも。」という言葉だけの状況に、「お礼の言葉も感激の笑顔もない」と不満に思っている。

2 「胸を張る」とは、自信のある様子や、得意になるとき、誇らしい気持ちを表すときに使う。これらにア、ウ、エは合うが、イはあてはまらない。

3 サユリの発言を聞いて、にこにこ笑っていたおばあさんの顔は「一瞬こわばったように見え」、周りの人たちは「目をそらしている」とある。これらの様子を「周囲の空気が急にどんよりと重くなって」と表現している。

4 **記述対策**
・**考え方**…お礼を言わないお姉さんの行動を誰もとがめないことや、正しいことをしたサユリの方がみんなに叱られているような気がすることに対してサユリは「なんで？」と疑問を感じているのである。
・**書き方**…「お姉さんが注意されないこと」や「私が叱られている気がすること」への疑問を、周りの人に訴えるように表す。「なんで」から始まるので、文末は「……の」などで結ぶ。

5 **重要** サユリは「困っている人やかわいそうな人を助けてあげるのは当然のこと」だと言っているが、それと同時に、**4**で読み取ったように、その行為は感謝され、褒められるべきだという考えを持っている。これらを含めた内容がサユリの「正しさ」だといえる。

6 「僕たちは、みんな、電車の中にいる。『世の中』という名前の電車に乗り合わせた乗客だ」から捉える。

紅鯉

98〜99ページ ステージ1

❶ **教科書の要点**
①修 ②わし鼻 ③同級生 ④おばさん ⑤（一人の）青年
⑥黒いコイ ⑦ベンゴイ（別解 紅鯉、紅色のコイ）
〔⑥・⑦は順不同〕

❷ ①自信 ②ぼうぜん ③口惜しさ ④うろたえて ⑤不安
⑥恨めしく ⑦悔しさ ⑧泣きだしそう

おさえよう 〔順に〕ア・ア

基本問題
1 ア 2 直線的・矢・飛んで
3 例1 やっと巡り合った誰もが欲しがっている紅鯉を、あと少しのところで捕り逃がしてしまったから。
例2 誰もが欲しがる紅鯉を手に入れる幸運を、つかみそこねてしまったから。

解説
1 「武者震い」は、重大な場面に臨んで興奮で体が震えること。また「はやる心を抑え」からは、コイを手に入れたくて仕方がない様子が読み取れるので、アの「意気込む気持ち」があてはまる。
2 コイが逃げたときの描写を整理する。「ぴっぴっと直線的に泳ぎながら逃げ道を探し始めた」、「赤い塊が矢のように後ろの方へ飛んでいく」から抜き出す。
3 **重要** 前に「やっと巡り合った幸運をつかみそこねたのだ……誰もが欲しがっている紅鯉を！」とあり、取り逃がした悔しさ（＝口惜しさ）を感じているのである。

100〜101ページ ステージ2

1 (1) ベンゴイを捕り逃がした悔しさ
(2) 例 誰かがベンゴイを見つけてくれること。
2 イ 3 ベンゴイ・黒いコイ
4 鮮やかな朱色 5 エ
6 例1 ベンゴイを手に入れられなかった悔しさよりも、自分の正しさが証明されたことにほっとしたから。
例2 ベンゴイは手に入らなかったが、自分の言ったことが正しいと証明されたから。

解説
1 (2) 「僕」は「さっきも……あてにならねえよ。」と言われたことに対し、うそではないこと（＝僕の正しさ）を証明したいのである。「具体的に」とあるので、その方法は、ベンゴイを見つけることである。
2 **重要** 「そこ」とは、これより前の会話文や「僕」の心情の描写より、〝ベンゴイを見つけたことをうそだと疑われている状況〟を指していることがわかる。よって、イがあてはまる。
3 直前に「二匹のコイがいることになる」とある。「ベンゴイ」を探していたのにさらに「黒いコイ」と合わせて二匹のコイがいたことが、僕にとっての「意外な展開」である。
4 「網から黒い塊（＝黒いコイ）が転がり出た」あとに、「網の中に、鮮やかな朱色（＝ベンゴイ）が見えた」とある。
5 ひろしの「修ちゃん、ほんとに、いたんだ。」という発言により、ひろしも「僕」を疑っていたことがわかる。そのひろしを僕は「にらみつけてやった」ことから、僕が腹を立てている気持ちが読み取れる。
6 **記述対策**
・**考え方**…冒頭部分に、僕は「誰かが僕の正しさを証明してくれることを祈っていた」とある。そして最後の場面で「ベンゴイ」がつかまったことにより、僕の正しさは証明された。この展開に僕はほっとし、ベンゴイを手に入れられなかったことなど「どうでもよかった」のである。
・**書き方**…「そんなこと」が指す内容（＝ベンゴイを手に入れられなかった悔しさ）を明らかにしてまとめる。文末は、「……から。」で結ぶ。

古事記

102〜103ページ ステージ1

言葉

1 ❶ウ ❷ア ❸イ

教科書の要点

❶ ①大国主神 ②八上比売 ③倭建命

❷ ①大国主神（別解 大穴牟遅神） ②わに（別解 ワニ）
③倭建命（別解 日本武尊） ④能煩野

おさえよう 〔順に〕ア・イ

★基本問題

1 倭　2 エ　3 (1) イ　(2) 五・七

★解説

1 Aの歌は「国（＝故郷）」を思って詠んだ歌であるが、倭建命が思う「国」の具体名は「倭」である。

2 **重要** Bの歌のすぐあとに、「思国歌」とある。したがって、選択肢の中では、倭（＝大和）をたたえているエがあてはまる。

104〜105ページ ステージ2

★

1 ⓐはからんとおもう ⓑいいしかば　2 気多之前

3 (1) 吾と汝と、競べて、族の多さ少なさを計らむ　(2) イ

4 ア

5 例 いちばん端に伏せていたワニに、身ぐるみを剝がされてしまったこと。

6 (1) 例1 大穴牟遅神に正しい治療法を教わり、そのとおりにした。
例2 蒲を敷いて寝転がれば治るというオオアナムヂの教えどおりにした。

(2) 大穴牟遅神・八上比売

★解説

1 ⓐ・ⓑ「む」は「ん」とする。語頭以外の「は・ひ・ふ・へ・ほ」は「わ・い・う・え・お」とする。

2 ウサギの言葉の「淤岐島に在りて、此地に度らむ」について、隠岐島からどこへ渡ろうとしていたかを考える。ウサギがワニに言った言葉の中に「この島より気多之前に……」とあることから、「此地」とは「気多之前」であることがわかる。

4 **重要** ウサギがワニの数を数えて渡るふりをして、まさに気多の岬に着くという目的を達成する直前に言っていることから考える。自分にまんまとだまされたワニをあざわらっているのである。

6 (1) **記述対策**

・**考え方**…ウサギの体がもとに戻ったのは正しい治療法を行ったから→その治療法はオオアナムヂ（大穴牟遅神）が教えたというように考える。

・**書き方**…「簡潔」にとあるので、大穴牟遅神の言うとおりにしたという部分を取り出してまとめる。

(2) 最後のウサギの言葉に着目する。

この小さな地球の上で

106〜107ページ ステージ1

言葉

1 ❶ア ❷エ ❸ウ ❹イ

2 ❶例 壊れやすい。 ❷例 優れた知恵や知性。

教科書の要点

❶ ①（全くもって）すばらしい ②（限りなく）愚かしく

❷ パロディ　❸ 壊れそう

❹ 他の生き物・全て同じ（別解 全く平等）　❺ 未来

❻ ①暗示 ②人間本位 ③運命共同体 ④生存の権利
⑤触れ合い ⑥助け合い 〔⑤・⑥は順不同〕

おさえよう 〔順に〕ア・ア

108〜109ページ ステージ2

❶ 1 そして何百　2 絶海の孤島　3 イ

❷ 1 人間本位

2 百年生きる人間　3 エ

4 例運命共同体の生き物の一員にすぎない存在。

解説

❶ 1 「愚かしく悲しむべき存在」というのは、イースター島が**人間の愚かさによって滅びたことに対する感慨**である。よって、それが述べられている四つめの段落が答えとなる。

❷ 1 重要 「人間性原理」にみられるような、**人間を主体とした**「人間本位」の考え方を、**筆者は批判している**。

3 「あれ」は、「人が死んで動物に生まれ変わる」ことを指している。質問者が人間が動物に生まれ変わることをおかしいと思うのは、人間は動物より優れた存在という考えがあるからだということを読み取る。質問者が問題としているのは、人間が「動物に生まれ変わる」という点で、輪廻転生を問題にしているわけではないので、アは不適切。

4 記述対策

・**考え方**…筆者は、人間も動物も生命の重さは平等であり、人間の存在を「運命共同体としての生き物、その一員にしかすぎない」と考えている。

・**書き方**…「運命共同体としての生き物、その一員にしかすぎない」の部分を使い、「……存在。」という形でまとめる。

110〜111ページ ステージ3

★ 1 例1捕まえたチョウの胸を潰して殺すこと。

例2チョウの胸を指で強く押さえて潰すこと。

2 (1) ア　(2) 戦争体験

(3) わけも知ら〜えをくった

3 (1) 例生存の権利を奪われ、殺されてしまう　(2) イ

4 (1) 例他の生き物と温かく触れ合い、助け合っていく運動を進めること。

(2) 運命共同体・責任

★ 解説

1 記述対策

・**考え方**…「それ」という指示語は、二つめの段落の内容を指している。

・**書き方**…「チョウの胸」を「潰す」という内容であれば正答。「……こと。」という形でまとめる。

2 (2) 直後に「何がきっかけか……」とあることに着目すると、続けて「戦争体験がいちばん衝撃的だったから」とある。

3 (1)・(2) 「その矛盾」とは、**特定の動物がちやほやされる一方で、人間によって生存の権利をうばわれた動物もいるということ**。設問に「わかりやすい表現で」とあるので、「生存の権利を失う」ことや、失った結果どうなるのかを簡単な言葉で言いかえるとよい。具体例は同段落の冒頭で取り上げている。

4 (1)・(2) 重要 自然保護や愛護の運動が根強く続いていることを、「生物の、生きるための関わり合いの中で、**人間一人一人もその責任を担う自覚が消えていないこと**」のあかしとして、筆者は喜ばしく感じている。この自覚が、「生き物と人間との温かい触れ合い、助け合いの運動」を進めていくと考えているのである。

食感のオノマトペ

112〜113ページ ステージ1

言葉

❶ ❶ウ　❷イ　❸ア　❹エ

❷ ❶例それとなく教えること。　❷例特に目立っている様子。

教科書の要点

❶ 擬声（別解擬音）・擬態　〔順不同〕

❷ （より）リアル・情感

❸ ①ぷるぷる　②ごりごり　③ぷりんぷりん
❹ ①リアル　②情感　③三百十二　④世代間の相違
⑤感覚　⑥（有力な）手がかり
おさえよう 〔順に〕イ・ア・イ

114〜115ページ ステージ2

❶ 1 調理科学を研究　2 イ
3 日本語のオノマトペがいかに豊富であるかということ
4 例1 食感に関する日本語のオノマトペの数。
例2 食感を表現すると思われる日本語のオノマトペの数。
❷ 1 ①ウ　②ア
2 例 中高年世代はよく使うものの若い世代はあまり使わないという傾向。
3 (1) （「）しゅわしゅわ（」）・（「）ぷるぷる（」）　〔順不同〕
(2) 若い人のほ 〜 印象がある

解説

❶ 3 筆者は英語と日本語を比較（ひかく）し、「日本語のオノマトペがいかに豊富であるかということ」を述べようとしているのである。
4 重要 「食感に関する日本語のオノマトペ」の数が非常に多く、「三百十二語にも及（およ）ぶ」という調査結果を述べている。
❷ 1 ①・②二つめの段落の内容を捉（とら）える。
2 ——線③の前で述べていることを読み取る。二つめの段落では、「中高年世代はよく使うものの若い世代はあまり使わない」傾向（けいこう）にある言葉を取り上げ、その理由を考察している。

116〜117ページ ステージ3

✪ 1 農産物の品質・リズム・親しみ
2 (1) 中高年世代 〜 わないこと
(2) （「）ごりごり（」）・（「）すかすか（」）・（「）こちんこちん（」）・（「）ぷりんぷりん（」）・（「）かちんこちん（」）・（「）ぷりんぷりん（」）　〔順不同〕
(3) （「）しゅわしゅわ（」）・（「）ぷるぷる（」）　〔順不同〕
3 品質の悪い農作物
4 イ
5 食べ物の性質や特色、また個人や世代の食の好み
6 例 客観的に捉えにくい人間の微妙な感覚を、実感をもって伝えてくれる力。
7 ウ

✪ 解説

1 重要 二つめと三つめの段落で理由を考察していることに着目し、筆者の考えた三つの理由を読み取る。
2 (2) 二つめの段落の終わりに「同様の傾向」とあることから、「かちんこちん」「ぷりんぷりん」も抜（ぬ）き出すこと。
(3) 三つめの段落のはじめに「これに対して」とあることに着目。以降で(2)とは逆の傾向にある言葉を取り上げている。
4 理由と結果をつないでいるので、「そのため」がふさわしい。
6 記述対策
・考え方…最後の段落の内容を読み取る。主観的要素が強く、客観的な測定がしにくい人間の微妙（びみょう）な感覚を知る手がかりとして、オノマトペが役に立つという内容を読み取る。
・書き方…何を伝える力があるかを問われているので、「……伝える力」という形で結ぶ。
7 「食感のオノマトペは、食べ物の性質や特色、また個人や世代の食の好みを知る有力な手がかりになる」とある。よって、ウが適切。ア「若い世代ほどよく使われる傾向にある」が誤り。イ「科学的な測定がどんなに進歩しても……感覚の世界は依然（いぜん）として残る」ので誤り。エ「栄養素の量」は科学的に測定できるため誤り。

プラスワーク 聞き取り問題① スピーチ

118ページ

〔解答の漢字や片仮名の部分は、平仮名で書いてもかまわない。〕

(1) 池や田んぼ
(2) 例ヤゴを踏みつぶしてしまうから
(3) 二千四百匹（別解二四〇〇匹）〔算用数字でも可〕
(4) （餌の）アカムシ（別解餌）・飼い方の説明書 〔順不同〕
(5) ウ

解説

(2) 交代で入るのは、大勢が一度に入ってヤゴを踏みつぶすことを避けるためである。

(3) 坂上さんのチームでは七百匹ほど捕まえたが、全体では二千四百匹のヤゴが見つかったと話している。

(4) 坂上さんは、「最後に、」以降で子供たちにヤゴを配るときのことを詳しく説明している。

(5) **重要** 坂上さんはスピーチの中で、「ヤゴ救出大作戦」の手順を「まず、……」「次に、……」「最後に、……」と話していたので、**ウ**が正解。**ア**は「イベントについての質問に最初に答えることで」が、**イ**は「生物部に入った理由を話すことで」が、**エ**は「当日の天気や参加人数を具体的に示すことで」が、それぞれ誤り。

放送文

それでは、聞き取り問題を始めます。

これから、中学生の坂上さんが国語の時間に行ったスピーチと、それについての問題を五問、放送します。放送は一回だけ行います。聞きながら、メモを取ってもかまいません。それでは、始めます。

皆さんは、ヤゴという生き物を知っていますか？　ヤゴとは、トンボの幼虫のことです。トンボはもともと、池や田んぼに卵を産む生き物です。ただ、最近はそういった環境が減っているため、人が泳いでいない時期のプールにも卵を産み付けることが増えているのだそうです。私たちの学校のプールにも、ヤゴがたくさんすみついているので、みんなが使う夏の前に掃除をしなくてはなりません。

私の所属する生物部では、毎年六月の初めに「ヤゴ救出大作戦」というイベントを行います。それは、近くの小学校からたくさんの子供たちに参加してもらい、プールからヤゴを救い出すというイベントです。

今日は先週の土曜日に行われた、「ヤゴ救出大作戦」の手順について説明します。

まず、参加者を四つのチームに分け、チームごとに交代でプールに入ります。なぜ、交代で入るのかというと、大勢の人が一度にプールに入ると、ヤゴを踏みつぶしてしまうからです。プールの水はひざがつかるぐらいの深さですが、滑りやすいので気をつけながらヤゴを捕まえます。

次に、捕まえたヤゴを平たいお皿に入れて数を数えます。数え終わったら、チームごとに用意された大きな水槽に入れます。その日は私たちのチームだけで、七百匹ほど捕まえることができました。全体では、なんと二千四百匹のヤゴが見つかりました。

最後に、子供たちにそれぞれ十匹ずつヤゴを配ります。ヤゴを配るときいっしょに渡すものは、水草と餌のアカムシ、それと、飼い方の説明書です。残ったヤゴは、生物部が交代で世話をします。

今回参加した子供たちに、小さな命を守ることの大切さが少しでも伝わっていたらうれしいです。

問題文

以上で、スピーチは終わりです。それでは、問題です。

(1) 坂上さんは、トンボは、もともとどのような場所に卵を産む生き物だと話していましたか。

(2) 参加者が交代でプールに入るのは、なぜですか。解答欄にあてはまる言葉を書きなさい。

解答文 大勢の人が一度にプールに入ると、［　　］。

(3) 坂上さんは、全体で何匹のヤゴが見つかったと話していましたか。

(4) 子供たちにヤゴを配るとき、水草のほかに何を渡しますか。二つ書きなさい。

(5) 坂上さんのスピーチには、どのような工夫がありましたか。あてはまるものを次の**ア**・**イ**・**ウ**・**エ**から一つ選び、記号で答えなさい。

ア イベントについての質問に最初に答えることで、聞き手が理解しやすくしている。

イ 自分が生物部に入った理由を話すことで、聞き手の興味を引きつけている。

ウ イベントの内容を順序よく話すことで、聞き手に伝わりやすくしている。

エ 当日の天気や参加人数を具体的に示すことで、イベントの内容を想像しやすくしている。

これで、聞き取り問題を終わります。

メモを取るコツ

- 全てを丁寧に書こうと思わず、キーワードだけを書こう。
- 漢字で書かなくてもＯＫ！　全部平仮名でもいいよ。
- 乱暴に書いて後で読み返してもわからない……とならないように気をつけよう。自分で見てわかる程度の字で書こう。
- 複数の人が話している場合は、誰の話なのかも書いておこう。
- 問題文は一回しか読まれないことが多い。何が問われているかに注目して、最後までしっかり聞こう。

プラスワーク　聞き取り問題②　会話

119ページ

〔解答の漢字や片仮名の部分は、平仮名で書いてもかまわない。〕

(1) 例まちの駅に案内する

(2) 例お店の情報を発信するため。

(3) 例（商店街の）郵便局の隣。

(4) 例まちの駅を紹介するポスターを作ること

(5) ウ

解説

(1) 森さんの話を聞いて、平田さんは「『まちの駅』に案内するっていう方法があるよ」とアドバイスしている。

(2) 平田さんは「まちの駅」を「商店街の人たちが……発信したりするための場所」だと説明している。

(4) 森さんは、まちの駅について学校のみんなに知ってもらうために、総合学習の授業でポスターを作ることを先生に提案しようとしている。

(5) 森さんは、「『まちの駅』を紹介するポスターを作ることを、先生に提案してみるのはどうかな」と言っているので、**ウ**が正解。**ア**は「自分の不思議な体験を」が、**イ**は「インターネットで得た情報をもとに」が、**エ**は「自分からも新しい提案をしている」が、それぞれ誤り。

放送文

それでは、聞き取り問題を始めます。

これから、中学生の森さんと平田さんの会話と、それについての問題を五問、放送します。放送は一回だけ行います。聞きながら、メモを取ってもかまいません。それでは、始めます。

森さん　平田さん、ちょっといいかな。この間の休みの日に、困ったことがあったんだ。

平田さん　何があったの、森さん。

森さん　商店街で道をきかれてね。その人はインターネットで話題になっているドーナツ屋さんを探していたんだけど、私が知らなくて……。だから交番まで案内したんだけど、交番の人もどこにあるか知らなかったんだ。

平田さん　そうだったんだ……。森さんも知らないお店だったんだね。もし、今度道をきかれてわからなかったら、「まちの駅」に案内するっていう方法があるよ。

森さん　「まちの駅」って、何？　どんなところなの？

平田さん　「まちの駅」はね、商店街の人たちが、この町を訪(おとず)れた人に町を案内したり、お店の情報を発信したりするための場所なんだ。最近できたばかりなんだよ。

森さん　へえ、そうなんだ。どこにあるの？

平田さん　場所は、商店街の郵便局の隣(となり)だよ。

森さん　平田さん、よく知っているね！　どうしてそんなに詳(くわ)しいの？

平田さん　実は、僕もこの間利用したばかりでさ……。連休中にいとこが遊びに来て、商店街を案内していて見つけたんだ。中にはボランティアの人がいて、おすすめのお店や、「まちの駅」で行われるイベントを紹介(しょうかい)してくれたよ。

森さん　私ももっと早く知っていればなあ……。今度、道をきかれることがあったら案内してみるね。

平田さん　ぜひ、そうしてよ。ボランティアの人も、「まちの駅」をもっと知ってもらいたいって言っていたよ。学校のみんなにも教えたいよね。

森さん　それなら、総合学習の授業で「まちの駅」を紹介するポスターを作ることを、先生に提案してみるのはどうかな。ポスターを目立つところに貼(は)れば、みんな見てくれるよね。

平田さん　いいアイデアだね！　明日、さっそく先生に提案してみよう。

問題文

以上で、会話は終わりです。それでは、問題です。

(1)　平田(ひらた)さんは森(もり)さんの話を聞いて、道をきかれてわからなかったときに、どのような方法があると話しましたか。解答欄(らん)にあてはまる言葉を書きなさい。

解答文　「□」方法がある。

(2)　「まちの駅」が作られた目的は、訪(おとず)れた人に町を案内するためのほかにもう一つありました。それは何のためですか。

(3)　平田さんは、「まちの駅」は商店街のどこにあると言っていましたか。

(4)　森さんは、「まちの駅」を学校のみんなに知ってもらうために、どのようなことを考えましたか。解答欄にあてはまる言葉を書きなさい。

解答文　総合学習の授業で□を先生に提案してみる。

(5)　この会話の内容にあてはまるものを、次の**ア・イ・ウ・エ**から一つ選び、記号で答えなさい。

ア　森さんは、自分の不思議な体験を平田さんに聞いてもらおうとしている。

イ　平田さんは、インターネットで得た情報をもとに、「まちの駅」のことを説明している。

ウ　森さんは、平田さんの話を受けて、自分たちにできることを提案している。

エ　平田さんは、森さんの提案に対して、自分からも新しい提案をしている。

これで、聞き取り問題を終わります。

定期テスト対策 得点アップ！ 予想問題

1 竜 122ページ

1 (1) 例大雨が降って日照り続きが解消されたから。 (2) 例（風呂に入ったように）さっぱりした気持ち（になった）。

2 ア　3 まんざら悪い気持ちでもない

解説

1 (1) あとに続く部分に、雲を呼んで駆ける三太郎(さんたろう)が「田畑一面に大雨を降らせた」とある。また、そのあとに百姓(ひゃくしょう)たちが「日照り続きに頭を抱(かか)えていた」とあるので、この二点を入れる。

2 三太郎が自分がさっぱりしたいために沼から飛び出したことで雨が降った。その結果、三太郎の意図しないところで日照り続きに困る百姓たちの状況を解決することになった。このように意図しない行動が思いがけない好結果を生むことを、「けがの功名」という。

2 クジラの飲み水 123ページ

1 ⓐたくわ　ⓑ比較　ⓒかんせん

2 例脂肪が体内で分解されるときに、炭水化物やタンパク質に比べて多くの水が生まれるから。

3 (1) また、クジ ～ とはない。 (2) 排せつ

4 例体内の余分な塩分や老廃物を排出する役目。

解説

2 直前の一文が理由にあたる。「……から。（ため。）」で結ぶこと。

3 (2) 「貴重な水分は主に排(はい)せつによって失われる」とある。

4 「これはもったいない話のように思える」の「これ」は、直前の「貴重な水分は主に排せつによって失われる」ことを指す。「排せつ」＝「尿を出すこと」の役目は最後の一文に述べられている。

3 空中ブランコ乗りのキキ 124ページ

1 天に昇ってゆく白い魂

2 白い大きな鳥 (別解)大きな白い鳥)　3 ウ

解説

1 「天に昇ってゆく」＝「死」を連想させている。「天に昇ってゆく白い魂(たましい)のように」は、「テントの高い所にあるブランコまで、縄ばしごをするすると登ってゆく」キキの姿を直喩を用いて表現したもの。

2・3 「白」は純粋(じゅんすい)ではかないイメージをもつ色であり、人気を守るためならば命を投げ出してもかまわないと考えた、ひたむきで純粋なキキの生き方を連想させる。また、「鳥」は飛ぶことに命をかけたキキの姿と重ねることができる。

4 字のない葉書(はがき) 125ページ

1 ⓐどの　ⓑ添　ⓒいげん

2 こそばゆいような晴れがましいような気分

3 手紙の中

4 威厳と愛 ～ ない父親　5 エ

解説

2 筆者は「殿」というかしこまった表書きを見て、びっくりすると同時に、一人前の大人として扱われているようで、こそばゆい（照れくさい）ような晴れがましい（誇(ほこ)らしい）ような気分になったのである。

3・4 父は日頃暴君であったが、「手紙の中」には「威厳と愛情にあふれた非の打ちどころのない父親」の姿が見えたということ。

5 筆者は、女学生時代にもらった父からの手紙をなつかしみ、今は亡(な)き父の当時の心情を思いやっている。

5 玄関扉　126ページ

1 ドアを挟んで、外からの力と内からの力がぶつかり合う
2 エ　3 ウ
4 自然に対し～、融合的な

解説

1 侵入しようとする者と中にいる人が押し合う＝「ドアを挟(はさ)んで、外からの力と内からの力がぶつかり合う」様子を、「直接的な闘争の表現」と述べている。
2 空欄(くうらん)のあとの部分が、前の文をまとめて、言いかえていることから考える。
4 引き戸の「相対する者のどちらの位置も侵さず、横に軽やかに滑って視界から消える」という特徴は、「親和的、融合的な日本人の態度」にふさわしいと述べている。

6 竹取物語　127ページ

1 ⓐよろず　ⓑいいける　ⓒうつくしゅうて
2 (1) さぬきの造　(2) 野山にまじ
3 例根もとの光る竹が一本あったから。
4 ウ
5 三寸ばかりなる人

解説

2 (1)・(2) 「野山にまじりて……」の文は竹取の翁(おきな)の職業、「名をば……」の文は名前の説明をしている。
3 直前の文の内容を捉える。
4 「ゐる」は、古文では「座ってじっとしている」様子を表す。現代語では意味が変化した言葉。
5 「三寸」は、約九センチメートル。竹の中の子供は、普通の人間の子供とは違ってとても小さかったのである。

7 故事成語――矛盾　128ページ

1 ⓒ
2 (1) 例盾と矛とを売っている人。
(2) Ⅰ…盾　Ⅱ…例突き通せない
Ⅲ…矛　Ⅳ…例突き通す
3 Ⅰ…こたうる（別解ことうる）ことあたわざるなり
Ⅱ…例答えることができなかった。
4 故事成語…矛盾　意味…例物事のつじつまが合わないこと。

解説

1 ⓐ・ⓑの動作は「楚人(そひと)」、ⓒの動作は「ある人」のもの。
2 (2) 現代語訳に着目する。「突き通すことのできるものはない」は、「何をもってしても突き通せない」、「突き通さないものはない」は「何でも突き通す」と言い換えることができる。
3 Ⅱ 「あたはざる」は、「～できない」という意味。

8 トロッコ　129ページ

1 ⓐ薄　ⓑみちばた
2 例一刻も早く家に向かうこと。
3 例1日が暮れかかっているから。
例2すぐにでも暗くなりそうだから。
4 無我夢中　5 Ⅰエ　Ⅱア　Ⅲウ

解説

2 これよりあとの良平(りょうへい)の行動に着目し、良平がどうしたのかを読み取る。「今からたった一人、歩いて帰らなければならないこと」を知った良平は、初めは泣きそうになったが、すぐに「泣いてもしかたがない」と思い、「どんどん線路づたいに走りだした」。つまり、「一刻も早く家に向かうこと」を考えたのである。
3 直前にある「夕焼けのした日金山(ひがねやま)の空も、もうほてりが消えかかっ

て」に着目する。この部分は夕焼けで空が赤い様子を「ほてる」と表現したものであり、それが消えかかるとは、つまり、日が沈み暗くなりそうだということ。良平は日が沈みそうだということに気づいて、ますますあせったのである。「なぜですか」と理由を問われているので、「……から。」「……ため。」の形でまとめる。

4 「無我夢中」とは、あることに心を奪われ、ひたすらに行動すること。良平はとにかく生きて家に帰りつくことだけを考え、必死に走り続けている。

5 「われはもう帰んな。俺たちは今日は向こう泊まりだから。」と言われたことへの「驚き」→遠い道のりを「たった一人、歩いて帰らなければならないこと」がわかり「絶望」→「泣いている場合ではない」と「覚悟」→夕焼けの空の「ほてりが消えかかって」、「辺りは暗くなる一方」という様子に「あせり」を感じている。イ「期待」、オ「安心」という感情は一度も抱いていない。

9 意味と意図――コミュニケーションを考える 130ページ

1 個人的に知

2 例褒めているつもりが、けなされていると伝わってしまう誤解。

3 例音声的な情報がないから。
例発言者の表情や状況が見えないから。〔順不同〕

4 例言葉の（辞書的な）意味・例その他の多くの知識〔順不同〕

解説

2 直前の文に着目する。「発言者はあなたを褒めているつもりだったのに、あなたはけなされていると思った」とあるように、反対の意図で伝わってしまうことが誤解の内容である。

4 後に続く文に「自分と相手が『言葉の辞書的な意味』のみならず、その他の多くの知識を共有していることを土台にして成立するものです」と説明されている。

10 少年の日の思い出（1） 131ページ

1 ⓐ猫 ⓑ載 ⓒ丹念

2 僕の言うこ～ないだろう

3 ア・イ

解説

2 エーミールが「僕の言うことをわかってくれないし、恐らく全然信じようともしないだろう」と、「僕」は前もってはっきり感じていた。エーミールから許しを得ることがどれほど難しいか、「僕」はわかっているのである。その気持ちが、「試みた」という表現に表れている。

3 エーミールは「僕」の話を聞き、理由はどうであれ、事実だけを捉えて「そんなやつ」と言っている。つまり、「そんなやつ」とは、他人のチョウを盗み、潰してしまうようなやつ、ということ。

11 少年の日の思い出（2） 132ページ

1 軽蔑

2 僕は悪漢だ

3 エ

4 イ・オ

解説

2 「正義」を盾にしているエーミールに対し、「僕」は「悪漢（悪い事をする男。わるもの。）」という対照的な立場になっている。

3 母がかまわずにおいてくれたのは、「僕」の気持ちをわかっていたからである。母は根ほり葉ほり聞かないことで、「僕」にエーミールとのやり取りを繰り返させないように気を配ったのである。

4 エーミールが謝罪を受け入れなかったことで、罪は償えないと自覚した「僕」は、自分の収集したチョウを自ら潰すことで自分を罰している。また、盗みという行為へ走らせたチョウへの熱情を捨て、チョウの収集をやめることを決意したと考えられる。

12 電車は走る　133ページ

1 例体調が悪くて席を譲ることができないから。
2 例お母さんが席に座れたこと。
3 席を「譲ら
4 ウ

解説

2 隣の席のおじさんが席を譲り、お母さんが「ホッとした様子で」席に座ったのを見て「ヒナコまでホッとした」のである。

3 おじさんの舌打ちが、席に座り続けている自分に向けられたものだと感じたヒナコは、心の中で「違うのに。私は席を『譲らなかった……譲れなかった』のに。」と説明している。

4 前の段落で、周りの人に席を譲れない理由を伝えたいのによい手段が浮かばず困っている様子が描かれている。そしてその後ろめたさにたえきれなくなっていることを読み取る。

13 紅鯉　134ページ

1 鮮やかな朱色
2 例1ほらをふいている
例2うそをついている
3 例ベンゴイを見たのは自分一人だけで、その後に一度も姿を現さないから。
4 ア

解説

3 直後の一文「見たのは僕一人だし、……見せてくれない」から、どう説明しても信じてもらえないと思ったことがつかめる。

4 おじさんのひと言で、ベンゴイを見たことはほらだと周りから思われてしまう場面である。僕はこの疑いをどうにかして晴らしたいが、証拠もなくどうにもできないことから、悔しい気持ちが読み取れる。

14 この小さな地球の上で　135ページ

1 人間本位の ~ 権利を失う　2 エ
3 Ⅰ…責任　Ⅱ…自覚
4 例人間が、地球という運命共同体の中で、生き物と人間との温かい触れ合い、助け合いの運動を進めること。

解説

1 動物の薬殺や置き去りによる餓死は、人間本位の考え方により、他の生き物の命が奪われたことの具体例である。

3 「自然保護や愛護の運動」は、「人間一人一人もその責任を担う自覚が消えていない」ことの表れだとして、喜ばしいと感じている。

4 直前の内容を指している。「地球という運命共同体の中で、生き物と人間との温かい触れ合い、助け合いの運動」を進めることが、英知をもつ人間が、「次にやるべき大いなる仕事」だと筆者は考えている。

15 食感のオノマトペ　136ページ

1 栄養素の量　2 エ
3 (1) 例主観的要素が強いから。
(2) 例食べるのは生身の人間だから。
4 イ・エ・オ

解説

1 栄養素など、食べ物に含まれている物質の量は科学的に測定できる。

3 (1) 二つめの段落から読み取る。食べた時の感覚＝食感は、客観的な科学的測定がしにくく、「主観的要素が強」いものである。
(2) ――線②の直前に、「科学的な測定がどんなに進歩しても、食べるのは生身の人間である」とある。

4 **ア**は、後半の段落の初めに「食感自体は主観的要素が強く、客観的に測定しにくい」とあるので文章の内容と合わない。**ウ**消費者の食べ物への強い関心については、文章中で述べられていない。

6 5 4
D C B A

教科書ワーク 国語 特別ふろく②

定期テスト対策に!

聞き取り問題

こちらにアクセスして，ご利用ください。
https://www.kyokashowork.jp/ja11.html

★自宅学習でも取り組みやすいよう，放送文を簡単に聞くことができます。

★学年ごとに最適な学習内容を厳選しました。

（1年:スピーチ・会話／2年:プレゼンテーション・ディスカッション／3年:話し合い・ディスカッション）

★聞き取り問題を解くうえで気をつけたいポイント解説も充実。

放送文を聞きながら書き込めるメモ欄

放送文の内容もすべて掲載で確かめやすい！

▼解答解説

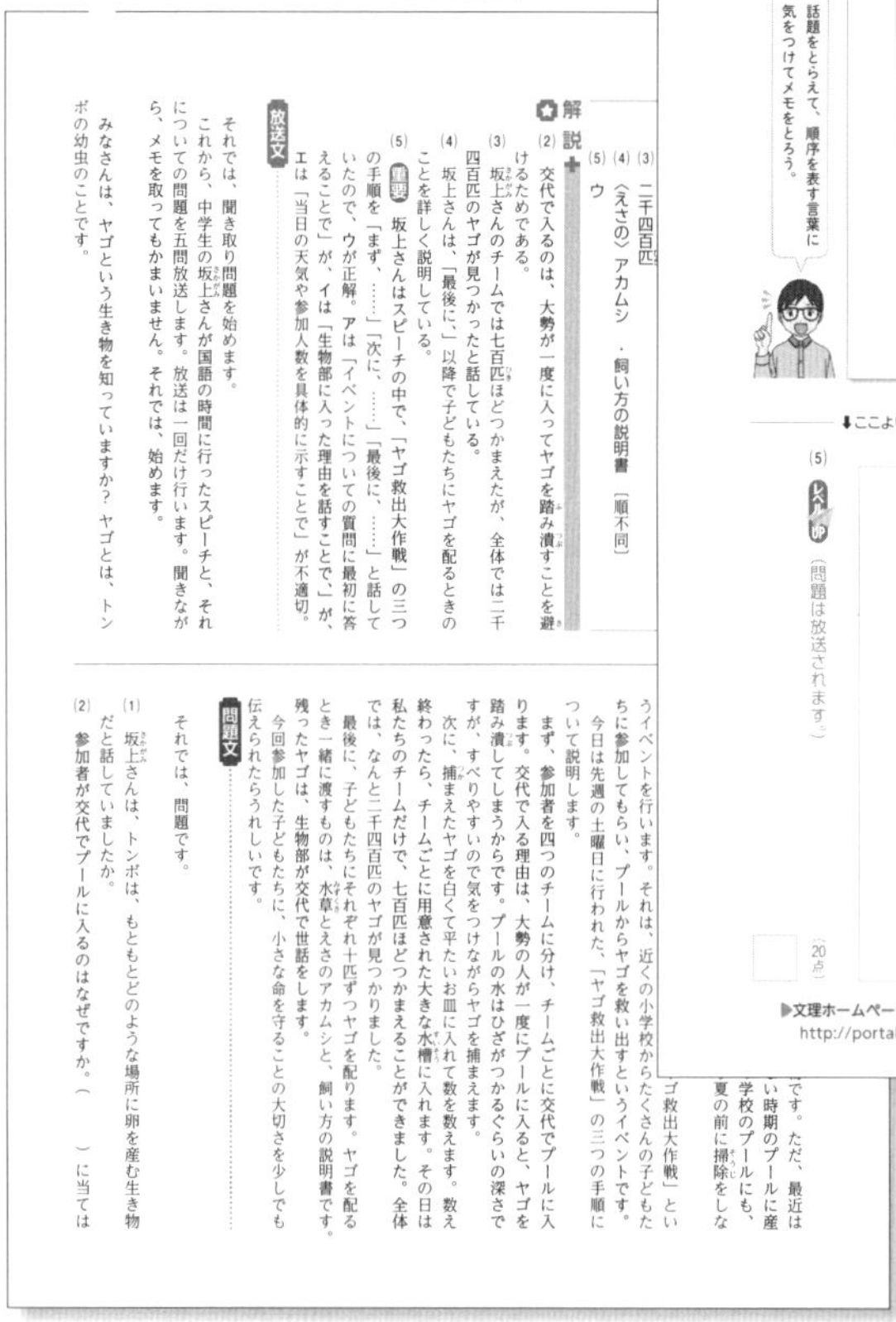

(3) 二千四百匹
(4) 〈えさの〉アカムシ ・飼い方の説明書 〔順不同〕
(5) ウ

解説

(2) 交代で入るのは、大勢が一度に入ってヤゴを踏み潰すことを避けるためである。
(3) 坂上さんのチームでは七百匹ほどつかまえたが、全体では二千四百匹のヤゴが見つかったと話している。
(4) 坂上さんは、「最後に、」以降で子どもたちにヤゴを配るときのことを詳しく説明している。
(5) 坂上さんはスピーチの中で、「ヤゴ救出大作戦」の三つの手順を「まず、……」「次に、……」「最後に、……」と話していたので、ウが正解。アは「イベントについての質問に最初に答えることで」が、イは「生物部に入った理由を話すことで」が、エは「当日の天気や参加人数を具体的に示すことで」が不適切。

放送文

それでは、聞き取り問題を始めます。

これから、中学生の坂上さんが国語の時間に行ったスピーチと、それについての問題を五問放送します。放送は一回だけ行います。聞きながら、メモを取ってもかまいません。それでは、始めます。

みなさんは、ヤゴという生き物を知っていますか？ ヤゴとは、トンボの幼虫のことです。

……です。ただ、最近は……い時期のプールに産……学校のプールにも、……夏の前に掃除をしな……ゴ救出大作戦」というイベントを行います。それは、近くの小学校からたくさんの子どもたちに参加してもらい、プールからヤゴを救い出すというイベントです。

今日は先週の土曜日に行われた、「ヤゴ救出大作戦」の三つの手順について説明します。

まず、参加者を四つのチームに分け、チームごとに交代でプールに入ります。交代で入る理由は、大勢の人が一度にプールに入ると、ヤゴを踏み潰してしまうからです。プールの水はひざがつかるぐらいの深さですが、すべりやすいので気をつけながらヤゴを捕まえます。

次に、捕まえたヤゴを白くて平たいお皿に入れて数を数えます。数え終わったら、チームごとに用意された大きな水槽に入れます。その日は私たちのチームだけで、七百匹ほどつかまえることができました。全体では、なんと二千四百匹のヤゴが見つかりました。

最後に、子どもたちにそれぞれ十匹ずつヤゴを配ります。ヤゴを配るとき一緒に渡すものは、水草とえさのアカムシと、飼い方の説明書です。残ったヤゴは、生物部が交代で世話をします。

今回参加した子どもたちに、小さな命を守ることの大切さを少しでも伝えられたらうれしいです。

問題文

それでは、問題です。
(1) 坂上さんは、トンボは、もともとどのような場所に卵を産む生き物だと話していましたか。
(2) 参加者が交代でプールに入るのはなぜですか。（　　）に当ては……

▼本冊

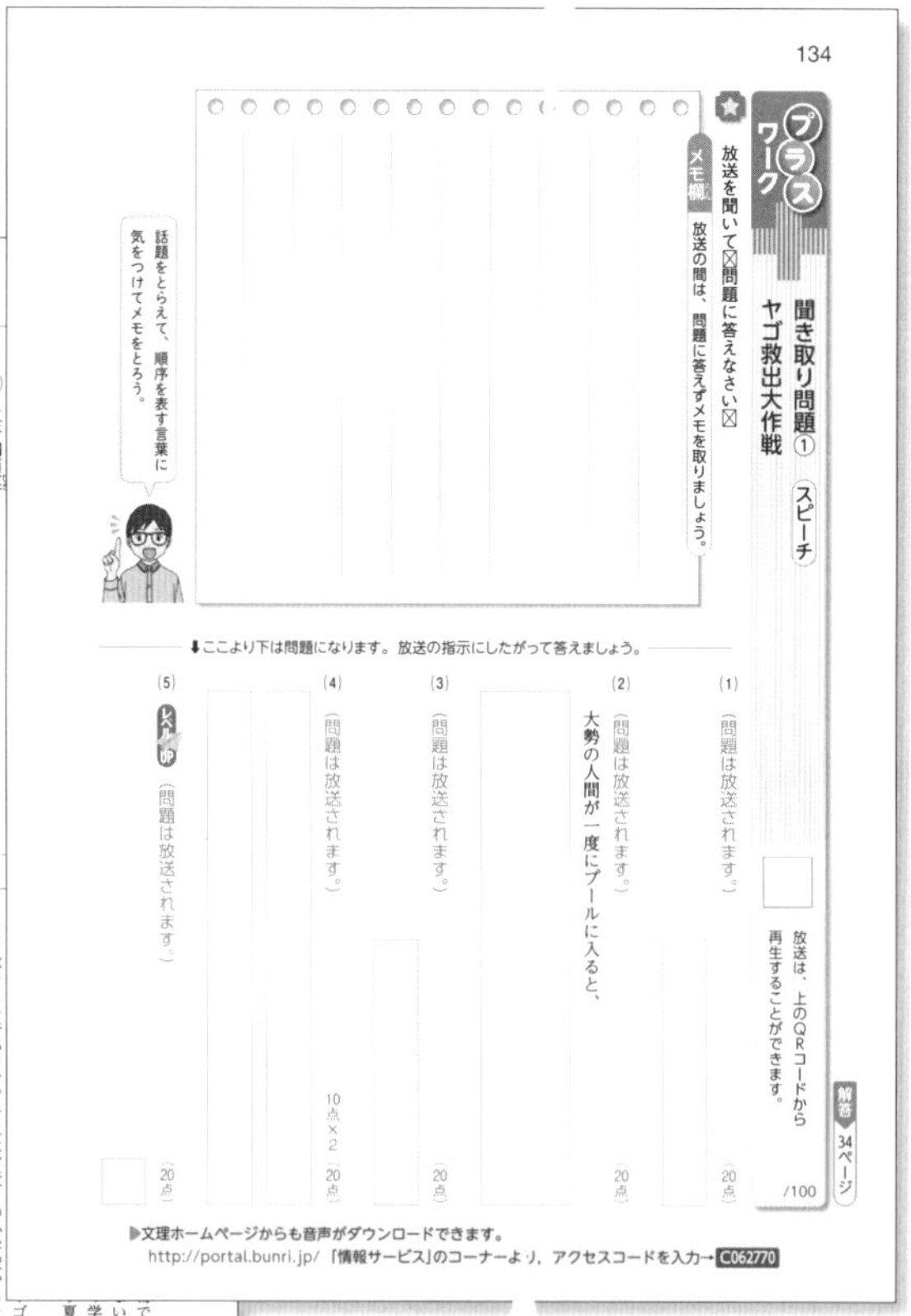

134

プラスワーク

聞き取り問題① ヤゴ救出大作戦 （スピーチ）

解答 34ページ

/100

放送は、上のQRコードから再生することができます。

放送を聞いて☒問題に答えなさい☒

メモ欄 放送の間は、問題に答えずメモを取りましょう。

話題をとらえて、順序を表す言葉に気をつけてメモをとろう。

⬇ここより下は問題になります。放送の指示にしたがって答えましょう。

(1) （問題は放送されます。） （20点）
(2) （問題は放送されます。） 大勢の人間が一度にプールに入ると、 （20点）
(3) （問題は放送されます。） （20点）
(4) （問題は放送されます。） （10点×2）
(5) レベルUP （問題は放送されます。） （20点）

▶文理ホームページからも音声がダウンロードできます。
http://portal.bunri.jp/ 「情報サービス」のコーナーより，アクセスコードを入力→C062770

設問は音声で聞き取って解くタイプだよ。